Alfried Längle, Ingeborg Künz

Leben in der Arbeit?

Existentielle Zugänge zu Burnout-Prävention und Gesundheitsförderung

Alfried Längle, Ingeborg Künz

Leben in der Arbeit?

Existentielle Zugänge zu Burnout-Prävention und Gesundheitsförderung

facultas

Bibliografische Information der Deutschen Nationalbibliothek
Die Deutsche Nationalbibliothek verzeichnet diese Publikation in der Deutschen Nationalbibliografie; detaillierte bibliografische Daten sind im Internet über http://dnb.d-nb.de abrufbar.

Abbildungen stammen, wenn nicht anders angegeben, von den Autoren.

facultas Universitätsverlag, 1050 Wien, Österreich
Umschlagbild: Regina Längle
Korrektorat: Katharina Stadler, Wien
Satz: Wandl Multimedia-Agentur
Druck: finidr, Tschechien
Printed in the E.U.
ISBN 978-3-7089-1493-0 (Print)
978-3-99030-597-3 (epub)
978-3-99030-598-0 (e-pdf)

Inhaltsverzeichnis

Vorwort 9

1 Die existentielle Perspektive auf das Leben 11

2 Der Aufbau des Buches 19

3 Burnout – ein Überblick 21
3.1 Was ist Burnout? 21
3.2 Woran erkennt man Burnout – was sind die Symptome? 22
3.3 Verlauf von Burnout 28
3.4 Ursachen von Burnout 33
3.4.1 Ursachen in den Bereichen Individuum, Arbeitswelt und Gesellschaft 34
3.4.2 Die Verzweckung als formale Ursache des Burnouts 39
3.4.3 Die tiefere Ursache – der Ursprung der Bedürftigkeit durch die Frustration existentieller Grundstrebungen 41

4 Die Vielfalt der Burnout-Prävention 45
4.0 Überblick über die häufigsten Präventionsprogramme 45
4.1 Die Verbesserung des Verhältnisses zur Arbeit (Burnout-Prävention nach Leiter, Maslach) 48
4.2 Der Einzelne und die Organisation selbst (Burnout-Prävention nach Burisch) 49
4.3 Responsible Leadership (Burnout-Prävention nach Leibovici-Mühlberger) 54
4.4 Balance in Stress- und Belastungssituationen (Burnout-Prävention nach Linneweh, Heufelder, Flasnoecker) 55
4.5 Förderung der psychosozialen Gesundheit (Burnout-Prävention nach Kaluza) 58
4.6 Salutogenese und Ressourcenmanagement (Burnout-Prävention nach Meier Kernen und Kernen) 59
4.7 Sinn in der Arbeit (Burnout-Prävention nach Pattakos) 61

5 Burnout-Prävention – der existentielle Schutz 63
5.0 Die existentiellen Grunddimensionen als die Säulen der Prävention 63

5.1 Die erste Säule der Prävention: Das Können ist die Grundlage von allem ... 70
5.1.1 Das Können ... 71
5.1.2 Die Voraussetzungen für das Können: Schutz, Raum und Halt ... 78
5.1.3 Schutzreaktionen bei Bedrohung des Könnens ... 79
5.1.4 Vorgehen beim Auftreten von Schutzreaktionen bzw. der Bedrohung des Könnens ... 83
5.1.5 Die personalen Aktivitäten der ersten Säule: Annehmen und Aushalten ... 85
5.1.6 Weitere praktische Hinweise ... 88
5.2 Die zweite Säule der Prävention: Ohne Mögen wird es zäh ... 91
5.2.1 Das Mögen ... 91
5.2.2 Die Voraussetzungen für das Mögen: Beziehung, Zeit, Nähe ... 93
5.2.3 Schutzreaktionen bei Bedrohung des Mögens ... 95
5.2.4 Vorgehen beim Auftreten von Schutzreaktionen bzw. der Bedrohung des Mögens ... 98
5.2.5 Die personalen Aktivitäten der zweiten Säule: sich dem Positiven zuwenden und um das Negative trauern ... 100
5.3 Die dritte Säule der Prävention: Das Dürfen gibt erst richtig frei ... 102
5.3.1 Das Dürfen ... 102
5.3.2 Die Voraussetzungen für das Dürfen: Beachtung, Gerechtigkeit und Anerkennung, Wertschätzung ... 104
5.3.3 Der Wert des Selbst – der Selbstwert ... 105
5.3.4 Schutzreaktionen bei drohendem Verlust des Eigenen .. 111
5.3.5 Vorgehen beim Auftreten von Schutzreaktionen bzw. der Bedrohung des Selbst-Seins ... 119
5.3.6 Die personalen Aktivitäten der dritten Säule: ansehen, abgrenzen, verzeihen, bereuen und mitteilen von Kritik und Peinlichem ... 122
5.4 Die vierte Säule der Prävention: Im Sollen liegt der Sinn ... 129
5.4.1 Das Sollen ... 129
5.4.2 Die Voraussetzungen für das Sollen: Kontext, Aufgabe, Wert in der Zukunft ... 131
5.4.3 Burnout als ein Defizit an echtem existentiellem Sinn .. 136
5.4.4 Motivationstheoretische Analyse ... 140
5.4.5 Schutzreaktionen beim Gefühl der Sinnlosigkeit ... 141

5.4.6 Vorgehen beim Auftreten von Schutzreaktionen bzw. bei der Bedrohung des Sollens 150
5.4.7 Die personalen Aktivitäten der vierten Säule: sich in Übereinstimmung bringen und sinnvoll handeln 152

6 Wenn Hindernisse den Weg blockieren – nicht aufgeben, sondern anpacken! 154
6.1 Erster Schritt: Das Können ist die Grundlage von allem 158
6.1.0 Die Faktenlage: Was liegt vor? (PEA-0) 158
6.1.1 Gefühl: Wie ist das für mich? (PEA-1) 165
6.1.2 Stellungnahme: Was halte ich davon? (PEA-2) 167
6.1.3 Verhalten: Wie kann ich das umsetzen, was ich will? (PEA-3) 168
6.1.4 Beispiele aus der Praxis 170
6.2 Zweiter Schritt: Ohne Mögen wird es zäh 174
6.2.0 Die Faktenlage: Was liegt vor? (PEA-0) 175
6.2.1 Gefühl: Wie ist das für mich? (PEA-1) 181
6.2.2 Stellungnahme: Was halte ich davon? (PEA-2) 183
6.2.3 Verhalten: Wie kann ich das umsetzen, was ich will? (PEA-3) 184
6.2.4 Beispiele aus der Praxis 187
6.3 Dritter Schritt: Das Dürfen gibt erst richtig frei 193
6.3.0 Die Faktenlage: Was liegt vor? (PEA-0) 193
6.3.1 Gefühl: Wie ist das für mich? (PEA-1) 201
6.3.2 Stellungnahme: Was halte ich davon? (PEA-2) 202
6.3.3 Verhalten: Wie kann ich das umsetzen, was ich will? (PEA-3) 204
6.3.4 Beispiele aus der Praxis 205
6.4 Vierter Schritt: Im Sollen liegt der Sinn 210
6.4.0 Die Faktenlage: Was liegt vor? (PEA-0) 213
6.4.1 Gefühl: Wie ist das für mich? (PEA-1) 222
6.4.2 Stellungnahme: Was halte ich davon? (PEA-2) 223
6.4.3 Verhalten: Wie kann ich das umsetzen, was ich will? (PEA-3) 224
6.4.4 Beispiele aus der Praxis 231
6.4.5 Personale Methoden rund um den Sinn 237

Literaturverzeichnis 249

Anhang
Fragebogen LIDA zur Selbsteinschätzung – Leben in der Arbeit 253

Vorwort

Arbeit und Existenz sind eng miteinander verwoben. Einerseits hängt die Existenz der meisten Menschen von der Arbeit ab, andererseits hat jeder Mensch die Aufgabe, ein erfüllendes Leben – eine „gute Existenz" – neben der Arbeit, aber auch mit ihr, aufzubauen. So liegt es nahe, das Werkzeug der Existenzanalyse zu nutzen, um die Arbeitswelt zu durchleuchten und Anleitungen zu finden für ein ausgewogenes Leben; für ein Arbeiten, das als Leben empfunden wird und darum Erfüllung gibt; für ein Arbeiten, das nicht in die Leere mündet, sich nicht im Stress verheddert und das nicht die Gesundheit und die Lebensfreude belastet; für ein Arbeiten, das als sinnvoll empfunden wird; für ein Leben, das nicht nur die Arbeit kennt.

Motivation für dieses Buch ist, die wissenschaftlich fundierten Kenntnisse der Existenzanalyse für berufliche Organisationen und die darin arbeitenden Menschen zugänglich zu machen. Daraus ergeben sich Anleitungen zu beruflicher Erfüllung und natürlich auch Wege, um Burnout und Stress zuvorzukommen bzw. sie abbauen zu können. Dabei kann es sich nicht einfach um Rezepte handeln, stammen sie doch aus einem philosophischen und psychologischen Verständnis des Menschen. Diese Hilfen entwickeln sich aus einer inhaltlichen Auseinandersetzung mit dem Thema.

Aus dieser Motivation für das Buch ergibt sich auch sein Ziel: Es soll Menschen helfen, in der Arbeit Leben zu finden, vielleicht noch mehr in der Arbeit leben zu können und sich in ihr lebendig zu fühlen. Dann wird Arbeit nicht einfach eine Abfolge von Erledigungen sein, sondern sie wird zur Erfüllung und inneren Freude. Sie soll ein Terrain sein, in dem man aufgeht und eine Bestimmung, eine Be-rufung finden kann. Auf solcher Basis wird dem Stress und der Burnout-Gefahr weitgehend der Boden entzogen und die Gesundheit gefördert – für die Führungskraft ebenso wie für jeden Einzelnen und die Mitarbeiter des Unternehmens.

Das Buch richtet sich an alle, die arbeiten und die Arbeit als Last empfinden, die unter der Mühe und Anstrengung leiden und an jene, denen Gesundheitsförderung ein Anliegen ist – besonders aber an jene, die in verantwortlicher Position Menschen leiten und unterstützen: Personalleiter, Personalentwickler und Führungskräfte. Sie erhalten Einsichten in den Aufbau menschlichen Verhaltens und dessen Beweggründe. Sie werden über die existentiellen Strukturen erfahren und die Fallstricke des Burnouts besser erkennen lernen. Dann können präventive Maßnahmen gesetzt werden und es kann besser Unterstützung gegeben werden. Ebenso bekommen sie ein Wissen darüber, wie sie nachhaltig die eigene Gesundheit und die ihrer Mitarbeiter fördern können. Für Coaches, Psychologen und Berater können die Inhalte des Buches eine ungewöhnliche und ergänzende Perspektive sein, da diese Art des Denkens und dieses Wissen auf dieser professionellen Ebene noch nicht sehr verbreitet ist.

Als existentielles Buch wollen wir auch uns selbst einbeziehen. Wir können bezeugen, dass die vorgestellten Inhalte nicht nur theoretisch begründet sind, sondern dass wir sie selbst erprobt und in eigenen Erfahrungen als hilfreich erlebt haben. Sie können Menschen helfen, die am Beginn eines Burnouts stehen, die zu viel Stress haben oder die mehr Erfüllung in ihrer Arbeit finden wollen.

Die größte Freude wäre für uns, wenn Sie als Leserin, als Leser die Inhalte in Ihr Leben integrieren können und über die Inhalte ins Gespräch kommen – mit sich selbst ins innere Gespräch und mit anderen Menschen im privaten und beruflichen Umfeld. Wir wünschen Ihnen viel Interesse und Erleben beim Lesen!

Wien/Hard, im August 2016 Alfried Längle und Ingeborg Künz

1 Die existentielle Perspektive auf das Leben

Jeder psychologische Zugang zu seelischer Gesundheit, persönlicher Entwicklung und Verbesserung des Wohlbefindens („Glücklichsein") geht von einem bestimmten Blickpunkt aus. Hier wird eine existentielle Perspektive in den Mittelpunkt gerückt. Eine ganze Reihe anderer Blickpunkte wird beschrieben, aber der Hauptteil beruht auf einem Menschenbild, das in der Existenzanalyse entwickelt wurde. Existenzanalyse ist eine Psychotherapie, ein Beratungs- und Coaching-Verfahren, das in der übergeordneten Richtung der humanistischen Psychotherapie angesiedelt ist (Frankl 2011; Längle 2013; 2016; Längle, Bürgi 2014; Stumm 2011). Als humanistisches Verfahren hat die Existenzanalyse den Schwerpunkt im „Humanen", wie der Name schon sagt. Existenzanalytisches Vorgehen hat daher den Fokus auf den Menschen *als Person* gerichtet.

Es gibt natürlich weitere Sichtweisen des Menschen, die in anderen psychotherapeutischen Richtungen zur Anwendung kommen. Auch sie beschreiben wichtige Seiten und Fähigkeiten des Menschen: die psychodynamischen, meist unbewussten Kräfte im Menschen, die Lern- und Adaptationsfähigkeit des Menschen, die Verwobenheit in größeren Systemen, von denen er Teil ist und die er mitbeeinflusst. Sie werden daher auch in diesem Rahmen berücksichtigt.

Die Existenzanalyse wird als eine „Analyse" bezeichnet. Damit wird schon mit dem Namen etwas zum Ausdruck gebracht. Sie ist also ein Verfahren, das etwas „auflösen" soll. Was ist das, was in einer Existenzanalyse aufgelöst werden soll? Man kann ja nicht die Existenz auflösen, denn die ruht in sich. In der Existenzanalyse geht es vielmehr um das Herauslösen der Bedingungen, der Voraussetzungen, der Mittel und Möglichkeiten, um zu einem erfüllenden und gelingenden Leben („Existenz") – auch einer beruflichen Existenz – zu gelangen (Längle 2016). Die Existenzanalyse beschreibt diese Bedingungen *allgemein,* also anthropologisch: Was braucht der Mensch, um zu einem erfüllenden Leben zu gelangen? Die Existenzanalyse ist als praktische Anwendung aber vor allem damit befasst, die Voraussetzungen dafür auch *konkret* zu beschreiben: Was spielt im Leben dieses Menschen eine Rolle? Welche Mittel hat dieser Mensch derzeit zur Verfügung, um so leben zu können, dass er mit sich und den anderen möglichst im Einklang sein kann; dass er Erfüllung erlebt und Sinn findet? Diese konkrete Arbeit geschieht dann im Coaching, in der Beratung oder auch in der Psychotherapie. In allen diesen Fällen werden die konkreten Lebenssituationen des Menschen beleuchtet und mit der Theorie im Hintergrund durchforstet (Längle 2013).

Um aber der Einzigartigkeit und Einmaligkeit des Menschen möglichst gerecht zu werden, wird nicht das allgemeine Muster auf das konkrete Leben übergestülpt, sondern es wird maximal *individualisierend* und ganz auf der Ebene des subjektiven Erlebens, der *persönlichen* Bedürfnisse, Fähigkeiten und Möglichkeiten vorgegangen. Theorie, Vorwissen, Erwartungen usw. des Existenzanalytikers werden beiseitegestellt, um die tiefe, echte eigene Motivation und das persönliche Werterleben der Gesprächspartner zu erfassen. Eine solche Vorgangsweise, die zentral ist für die Existenzanalyse, wird als *phänomenologisch* bezeichnet. Das beschreibt eine Haltung der Offenheit dem anderen und sich selbst gegenüber, dank derer das Wesentliche der Situation oder des Problems sichtbar und spürbar wird (Längle 2013; Längle, Bürgi 2014).

Die Existenzanalyse hat ihre Wurzeln in der Logotherapie Viktor Frankls (Frankl 2005, 2007). Frankl hat mit der Logotherapie eine „Sinnlehre gegen die Sinnleere" geschaffen. Die Weiterentwicklung der Existenzanalyse bestand nun darin, auch die Voraussetzungen für eine Sinnfindung zu schaffen, Methoden zu entwickeln für eine erleichterte praktische Anwendung und eine systematische Krankheitslehre zu entwickeln mit speziellen, phänomenologischen Therapie-Zugängen. Dabei wird das wertvolle Erbe Frankls bewahrt und in einen größeren Rahmen neu eingebettet. Auch in diesem Buch wird darauf zurückgegriffen.

Am kürzesten kann Existenzanalyse beschrieben werden als ein Verfahren, das dem Menschen helfen soll, mit *innerer Zustimmung* zu dem, was er tut, leben zu können. Mit anderen Worten heißt das: Was immer man tut, es wird nur dann als „eigenes Leben" empfunden, wenn man innerlich Ja dazu sagt. Erst wenn man innerlich „dabei" ist, sich einklinkt, „com-mitted" ist, „hat" man was von seinem Leben. Erst durch diesen persönlichen Einsatz wird das Leben, wird die jeweilige Handlung bzw. das jeweilige Erleben *erfüllend*. Denn dann erst, auf der Basis eines solchen inneren „Ja", ist es möglich, sich wirklich zu engagieren, sich ganz hineinzugeben und in fühlenden Kontakt mit dem Wert der Sache zu kommen, der einen dann auch umgehend belohnt und berührt.

Innere Zustimmung ist der Schlüsselbegriff der Existenzanalyse. Zustimmung ist ein Akt der Freiheit, eine Bejahung, die auf dem Gefühl der Stimmigkeit beruht – Zu-„Stimmung". Zustimmung ist nicht allein mit dem Denken zu erreichen, ist vielleicht manchmal gar nicht so „vernünftig" oder rational, weil sie wesentlich aus dem Herzen kommt. Existenzanalyse enthält daher auch eine Schulung des Herzens, ein Ernstnehmen der Gefühle, des ganz Eigenen und Persönlichen. Erst auf dieser Basis kann das Leben wirklich zu seinem Sinn finden, kann der Sinn der Situation gefunden werden. Weil diese innere Zustimmung so zentral ist, wird sie auch in diesem Buch eine zentrale Stellung einnehmen. Im nächsten Abschnitt wird erläutert, was es für die innere Zustimmung alles braucht, d.h. wie sie zu verstehen ist und sich zusammensetzt.

Zum Abschluss dieser einleitenden Vorstellung der Existenzanalyse soll sie als Psychotherapie beschrieben werden, obwohl in diesem Buch nicht auf diese eingegangen wird. Dennoch spielt sie im Hintergrund eine Rolle für die Entwicklung der Zugänge und Gedanken dieses Buches. Existenzanalyse wird als phänomenologisch-personale Psychotherapie verstanden. Wie oben bereits skizziert, wendet sie sich an die Person des Einzelnen, an das „ganz Persönliche", an das Wesen des Menschen, an das, das ihm Würde verleiht. Vor diesem Wesen eines jeden Menschen haben wir Respekt. Das hat natürlich einen Niederschlag in der Vorgangsweise im Coaching, aber auch in diesem Buch. In dieser Methode wird auf die Fähigkeit des Menschen, Person zu sein, d.h. sich selbst zu sein, autonom zu sein, eigenverantwortlich zu sein, besonders geachtet. In der Existenzanalyse ist man bestrebt, respektvoll und die Eigenständigkeit schützend vorzugehen. Darum arbeitet man in ihr in erster Linie „phänomenologisch", also möglichst offen, um Raum zu schaffen im Dialog für das, was diesen Menschen jetzt zu innerst und wirklich bewegt und angeht. Das Ziel existenzanalytischen Vorgehens ist zuerst, den anderen oder sich selbst zu verstehen, die Beweggründe kennenzulernen. Erst dann kommen Theorien, Methoden usw. dazu, wenn es darum geht, Probleme und Behinderungen zu behandeln.

Diese phänomenologische Vorgangsweise und anschließende Behandlung hat in der Existenzanalyse den Fokus auf der Methode der Personalen Existenzanalyse (PEA – Längle 2000c). Darum wird in der *Definition* der Existenzanalyse als Psychotherapie Bezug auf diese spezifische Vorgangsweise genommen. Die Existenzanalyse als Psychotherapie kann also auch folgendermaßen definiert werden: Die Existenzanalyse hat zum Ziel, dem Menschen zu einem emotional freien Erleben, zu authentischen Stellungnahmen und eigenverantwortlichem Umgang mit sich und der Welt zu verhelfen. Erleben, Stellungnahme, Ausdruck und Handeln sind die Eckpfeiler der Personalen Existenzanalyse. Diese zentrale Methode ist selber sehr phänomenologisch. Die PEA stellt das Prozessmodell der Existenzanalyse dar und wird in Kapitel 6 eine wichtige Rolle für die Bearbeitung von Schwierigkeiten und Hindernissen spielen.

Was ist „Existenz"?

In der Existenzanalyse ist der Begriff „Existenz" zentral. Dieser Fachterminus bedeutet so viel wie „Leben". „Personale Existenz" ist also „das eigene, persönliche Leben". Man spricht deshalb gerne von „Existenz", weil der Begriff auf einen Umstand hinweist, der das menschliche Dasein kennzeichnet: Der Mensch ist nicht einfach nur „da", sondern er ist immer als *freier Mensch* da. Das geht so weit, dass sich der Mensch dadurch von allen anderen Lebewesen unterscheidet. Denn er ist das einzige Lebewesen, das nicht leben muss. D.h. er ist so frei, dass er nicht da sein muss, wenn er nicht will. Er ist auch nicht einfach „er oder sie", sondern er ist immer der, zu dem er sich gemacht hat. Er ist geprägt von seinen Entscheidungen. Er ist der, der sich selbst so sein lässt, weil er ja ein freier Mensch ist. Der Mensch entscheidet also immer, wer er ist. Er ist nicht einfach, er ist nicht „irgendwer", sondern er ist immer „sich" (Levinas 1978, S. 38), immer der Entscheidende. Dadurch hebt sich der Mensch aus dem bloß Gegebenen, dem Faktischen heraus. Er ist zwar bedingt, aber nicht zur Gänze von den Bedingungen „bestimmt" (Frankl 2005). Er „ex-sistiert", hebt sich ab vom Boden des Gegebenen, so wie er sich von den vier Beinen im Laufe der Evolution erhoben hat und nun auf zwei Beinen steht und Hände hat für den freien Umgang mit den Dingen. Dies alles bildet einen wichtigen Hintergrund für das Coaching, für Leadership, für Burnout-Prävention. Existenz ist daher das Leben, das vom Menschen selbst gestaltet ist, das Leben, das der Mensch selbst „führt". Es ist das Leben, das er in Freiheit zu leben hat, das er sinnvoll gestalten kann, für das er aber immer und unausweichlich verantwortlich ist. Existieren bedeutet, frei zu sein. Damit ist unweigerlich verbunden, für sein Leben auch verantwortlich zu sein. Wo der Mensch verantwortlich ist, kann er auch schuldig werden für das Führen des eigenen Lebens, aber auch anderen gegenüber. Denn immer ist im Leben mehr oder weniger Freiheit zugegen. Führt der Mensch das Leben gut, erlebt er es oft als freudvoll, manchmal als traurig, schwierig, aber immer kann es erfüllend sein, wenn sich der Mensch an die Grundstrukturen der Existenz hält. Wird das Leben hingegen über einen längeren Zeitraum nicht in der Art „geführt", so kann dies in verschiedene Störungen wie auch in ein Burnout münden.

Die Struktur der Existenz – die existentiellen Grundmotivationen

Die Existenz – das entschieden und verantwortliche Führen des Lebens – hat sich auf vier fundamentale Tatsachen zu beziehen, ohne deren Berücksichtigung das Dasein nicht gelebt werden kann. Sie sind dem Menschen vorgegeben, sodass er ihnen niemals entkommt, selbst wenn er sich nicht um sie kümmert. Werden sie aber vernachlässigt, dann verwickeln sie den Menschen in arge Schwierigkeiten. Denn sie sind so grundlegend, dass ihre Besorgung zu den Grundaufgaben des Menschen gehört. Daher spiegeln sich diese Grundbedingungen der Existenz im subjektiven Erleben als Grundmotivationen. Sie werden personal-existentielle Grundmotivationen (GM) genannt, weil sie die Bedingungen des Personseins beschreiben, also wie die Person in der Welt zur Existenz gelangen kann. Die Bedingungen, die dem Dasein seine nicht verhandelbare Struktur geben und auf die sich der Mensch daher beziehen muss, sind:

1. die **Welt** – die Realität, in die der Mensch hineingestellt ist und die er gut wahrnehmen soll, damit er überleben kann
2. das **Leben** – die im Körper begründete Vitalität, die uns wachsen, reifen und vergehen lässt, und die sich im Fühlen manifestiert
3. das **Sich-selbst-Sein** – das Faktum, dieses Leben mit immer demselben Ich leben zu müssen, wobei man aber mehr oder weniger authentisch („echt") oder sich fremd sein kann
4. das **Stehen in größeren Kontexten** – in ideeller Hinsicht: in Zusammenhängen stehen, für die man lebt; in zeitlicher Hinsicht: eine Zukunft vor sich zu haben. Beide zusammen bilden den Sinnzusammenhang

Existenz hat nun diese vier Bedingungen als Voraussetzung. Auf sie hat sich der Mensch stets zu beziehen. Macht er es gut, erlebt er ein freies, inneres Ja, also seine Zustimmung. Mit innerer Zustimmung leben heißt daher, zu allen vier Dimensionen eine Zustimmung zu haben, zur Welt, zum Leben, zu sich selbst und zu den größeren Kontexten, in denen man steht. Um zur Zustimmung zu jeder dieser vier Bedingungen zu kommen, bringt sich der Mensch selbst ein und prüft, wie jede Dimension für ihn selbst aussieht und angewandt werden kann. Jede Dimension führt daher an ihre spezielle Form des Daseins heran, wie das im Folgenden beschrieben wird. Wenn man die Fragen liest, merkt man gleich, wie gewichtig sie für die Lebensgestaltung sind. Nehmen Sie sich daher etwas Zeit für den folgenden Absatz und gehen Sie mit den Fragen im Inneren mit:

1. Die Welt – KANN ich in dieser meiner Welt sein? Ich bin da, in meiner Welt mit ihren Bedingungen, der Arbeitswelt, der privaten Welt, mit diesem Körper und seiner Gesundheit bzw. Krankheit, mit diesen wirtschaftlichen Bedingungen – sie alle bilden meine aktuelle Welt. Die existentielle Frage ist aber: Ich bin zwar da, aber kann ich hier auch sein, kann ich hier überleben?
2. Das Leben – MAG ich so leben, ist das ein Leben, das ich führen mag, wozu ich Lust habe, das mir wertvoll ist? Ist das ein gutes Leben? Was bräuchte es dazu? Mag ich überhaupt leben, hat Leben für mich einen Wert?
3. Das Sich-selbst-Sein – DARF ich so sein und mich geben, wie ich bin? Oder habe ich mich mehr anzupassen, weil mich sonst keiner schätzt,

niemand mag? Darf ich mich so geben, so zeigen, so verhalten? Entspricht mir das, kann ich so vor mir bestehen und auch vor anderen?

4. Der größere Kontext – SOLL ich das tun? Was soll in dieser Situation getan werden, was ist gefordert, was braucht es? Soll ich da weitermachen, führt das zu einem guten und sinnvollen Ende?

Wenn Können, Mögen, Dürfen und Sollen erfüllt sind, dann resultiert daraus ein echtes, solides, starkes WOLLEN. Das Wollen des Menschen beruht also auf vier Voraussetzungen, was verständlich macht, dass man oft nicht das tut, was man „eigentlich" will. Denn wenn man etwas nicht mag, oder wenn man es derzeit nicht kann, oder wenn es einem nicht wirklich entspricht, oder wenn man keinen wirklichen Bedarf empfindet, warum soll man es dann tun, auch wenn es vielleicht vernünftig erscheint?

Im folgenden Schema sind diese Dimensionen überblicksartig veranschaulicht:

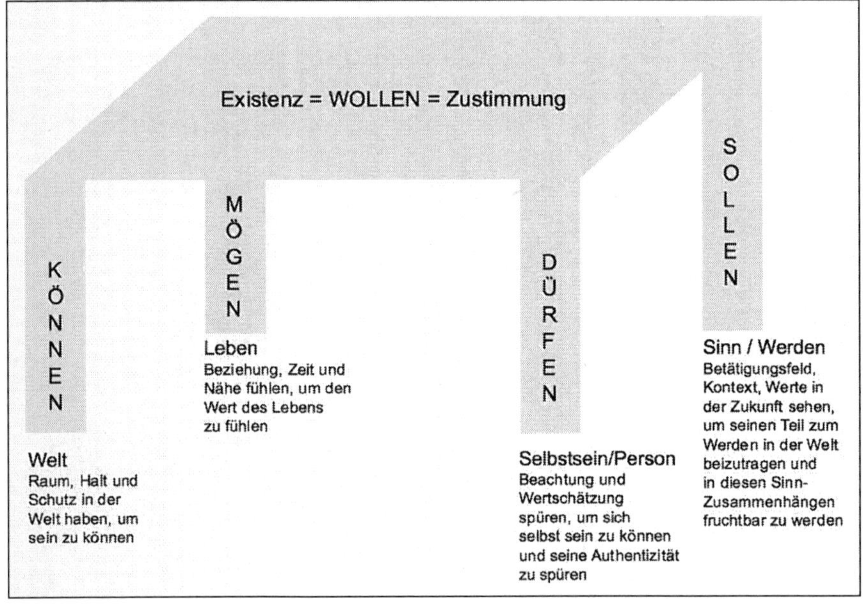

Abb. 1: Die Voraussetzungen für „existentielles Leben" (aus Längle 2005, S. 21)

Um sein Leben persönlich leben und gestalten zu können, braucht es vom Menschen nicht nur das Aufgreifen der Grundfunktionen (Können, Mögen etc.), sondern auch persönliche Aktivität und Beschäftigung mit den einzelnen Dimensionen. Denn es geht darum,

- die Welt mit ihren Bedingungen *annehmen* zu können
- sich dem eigenen Leben, den Gefühlen und Beziehungen *zuwenden* zu mögen
- sich selbst, das eigene Personsein, die eigene Art und Weise des Umgehens mit sich und anderen ansehen zu können
- die Handlung auf die Zukunft und die größeren Zusammenhänge, Anforderungen und Aufgaben *abzustimmen*

Hier soll nur eine Einführung in die Grundlagen der Existenzanalyse gegeben werden, eine erste Landkarte. Wenn die Dimensionen der Burnout-Prävention in der Existenzanalyse behandelt werden (in Kapitel 5), wird auf diese Grundlagen Bezug genommen werden und es wird noch vertiefend auf die Dimensionen eingegangen werden.

Die Dimensionen der Existenz in der Arbeitswelt

Diese Dimensionen spielen in der Arbeitswelt natürlich auch eine große Rolle. Die Realisierung der existentiellen Verankerung bedeutet: Auch ein erfülltes Arbeitsleben braucht als Grundlage eine innere Zustimmung – konkret, eine innere Zustimmung zu diesen vier Grundbedingungen der Existenz.

Das bedeutet – und das gilt auch, wenn man schon in einem Burnout steht[1]: Erfüllung im Arbeitsleben findet man nur, wenn man innerlich zustimmen bzw. Ja sagen kann

- zur eigenen Arbeits- (und Innen-)Welt mit ihren Anforderungen und Mechanismen
- zu dem, wie es sich anfühlt, wenn man in der Arbeit steht, also zum „Arbeitsleben"
- zu sich selbst als einzigartiger Person mit ihren Stärken und Schwächen
- zum größeren Zusammenhang, zum „Großen und Ganzen" der Arbeit und ihres Stellenwerts im eigenen Leben sowie zum eigenen Tun

Praktisch gesprochen bedeutet dies, dass es eine Zustimmung, ein inneres Ja braucht zur Art und zum Umfang dessen, was man tut; eine Einsicht in die Notwendigkeit, Wichtigkeit bzw. den Bedarf; ein Gefühl für die eigene Wer-

[1] Die Markierung der Textstellen mit grauem Hintergrund hebt hervor, was für die Menschen, die gerade in einem Burnout sind, in erster Linie wichtig ist zu lesen. Wir weisen im Kapitel 2 („Der Aufbau des Buches") darauf hin.

tigkeit und für das eigene Können sowie für die Zeitressourcen, um die Arbeit als erfüllend erleben zu können. Natürlich kann ein zu großes Arbeitspensum von Dingen, die man gerne tut, auch ermüden – aber der Stressfaktor ist nicht die Menge der Arbeit an sich, sondern die fehlende innere Zustimmung zu ihr. Erschöpfend ist, wenn man die Dinge „halt macht", weil sie notwendig sind oder niemand anderer sie macht oder weil man das Geld braucht. Geht das Leben über einen längeren Zeitraum so, dann kann dies in ein Burnout münden. Es sei schon hier auf das Kapitel 3.4.3 verwiesen, in dem der Ursprung der Bedürftigkeit durch die Frustration der personal-existentiellen Grundstrebungen aufgezeigt wird.

2 Der Aufbau des Buches

Eigentlich handelt das Buch ja von der Erfüllung und vom Leben in der Arbeit. Dieser Inhalt wird im nächsten Abschnitt über seinen Kontrast – nämlich über das Thema „Burnout" aufgerollt. Darum wird im Folgenden ein Überblick über Burnout gegeben; darüber, was Burnout ist, wie man es erkennt, wie es verläuft und welche Ursachen dafür ausgemacht werden können.

Dem folgt bereits als erster praxisnaher Teil ein Überblick über gängige Burnout-Präventionen durch unterschiedliche psychologische Ansätze. Das leitet über zum ausführlichen existenzanalytischen Verständnis von Burnout-Prävention und wie Erfüllung in der Arbeit erreicht werden kann. Dies dient uns dann als Grundlage für die Ausführungen zur Stressreduktion, zur Burnout-Prävention und zur Gesundheitsförderung. Die Entwicklung dieser Inhalte geschieht entlang der bereits genannten vier Dimensionen der Existenz und enthält zahlreiche praktische Anleitungen.

Im Mittelpunkt des 5. Kapitels steht die existenzanalytische Burnout-Prävention im Spannungsfeld zwischen Gesundheit und möglicher Erkrankung (Abb. 2). Kapitel 6 zeigt existenzanalytische Wege auf, um zu mehr Erfüllung und somit Leben in der Arbeit zu gelangen.

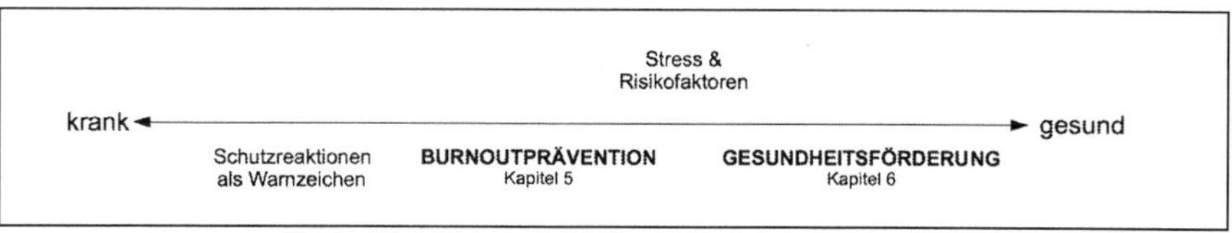

Abb. 2: Burnout-Prävention im Spannungsfeld zwischen Gesundheit und möglicher Erkrankung

Unsere Abhandlungen sind jedoch in einen noch größeren Kontext eingebettet, weil das Individuum in einer Organisation (Unternehmen, Arbeitsplatz) steht. Und auch dieser Zusammenhang ist noch weiter umrahmt von dem noch umfassenderen Einfluss der Gesellschaft und Kultur (Abb. 3).

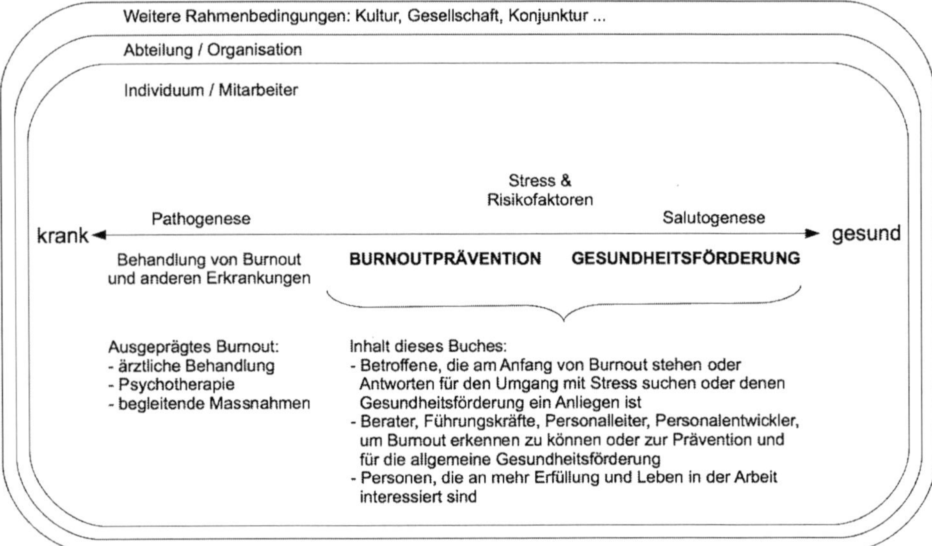

Abb. 3: Positionierung der Inhalte des Buches im Themenbereich „Burnout"

Dieses Buch ist so aufgebaut, dass die wesentlichen Textstellen für Stressgeplagte oder schon im Burnout Befindliche durch graue Hinterlegung gekennzeichnet sind, damit sie sich schnell zurechtfinden.

Der einfacheren Lesbarkeit halber ist der gesamte Text in der Männlichkeitsform geschrieben. Selbstverständlich sind damit alle Geschlechter gemeint.

3 Burnout – ein Überblick

3.1 Was ist Burnout?

Burnout ist heute ein gängiger Begriff. Kaum ein anderer Begriff hat in den letzten Jahren so eine Karriere in seiner Verbreitung gemacht wie dieser. Burnout ist zum Modewort geworden. Jeder weiß, dass das englische Wort „Burnout" „ausgebrannt sein" heißt – durch Arbeit, Anstrengung, Stress. Woher kommt der Begriff aber eigentlich? Erstmals wurde er in Amerika von dem deutschstämmigen Psychoanalytiker Herbert J. Freudenberger (1974) verwendet. Christina Maslach und Susan E. Jackson haben zum Burnout den ersten Fragebogen entwickelt, das Maslach Burnout Inventory MBI (1981).

Obwohl der Begriff so verbreitet ist, gibt es interessanterweise keine allgemeingültige Definition und auch keine Untersuchungsergebnisse, die eindeutige Kriterien für eine Diagnose oder auch nur für eine genauere Begriffsbestimmung abgeben würden. Es gibt aber viele Untersuchungen zu Burnout in den unterschiedlichsten Bereichen. Burisch (2006) fasst die Lage sehr gut zusammen, wenn er schreibt, dass Burnout individuell durch fast alles ausgelöst werden könne, was einem Individuum gegen den Strich gehe und trotz aller Anstrengungen nicht abzustellen sei. „Burnout ist eine langdauernd zu hohe Energieabgabe für zu geringe Wirkung bei ungenügendem Energienachschub." (ebd., S. 7). Die Autoren sehen als eine allgemeine Grundlage für Burnout, wenn sich Stress mit dem Gefühl der Hilflosigkeit, der Ausweglosigkeit, einem Sich-gefangen-Fühlen paart und diese Situation länger anhält bzw. chronisch wird.

Trotz einer mangelhaften Begriffsschärfe ist die Bezeichnung „Burnout" dennoch wertvoll für die Beschreibung von Problemen, die mit dem Verbrauch von zu viel Kraft und Energie durch Anstrengungen verschiedenster Art wie Arbeit, psychische Anforderungen und Belastungen usw. zu tun haben. Der Begriff hat den praktischen Vorteil, dass er griffig und leicht verständlich ist, sodass sich auch psychologische und medizinische Laien etwas darunter vorstellen können. Damit dient er der Prophylaxe und Prävention, hilft für ein besseres Verständnis von Erschöpfungssymptomen und kann zu früherer Behandlung anleiten, weil das subjektive Erleben damit einem Störungsbegriff zugeordnet werden kann. Das, was unter Burnout verstanden wird, ist jedoch zu unscharf, um es als eigenständiges Krankheitsbild nach den internationalen Diagnoseschemata DSM oder ICD führen zu können. Es wird im ICD 10 nur unter der Zusatzdiagnose Z73 – Probleme mit Bezug auf Schwierigkeiten bei der Lebensbewältigung – geführt.

Der Zustand eines Burnouts entsteht, wenn Menschen bei chronischen Belastungen und Dauerstress die eigenen Energiereserven verbrauchen und längere Zeit über ihrem Kräfteniveau beansprucht sind. Das Burnout-Syndrom ist daher eine anhaltende Form des Überengagements, erlebter Dauerbelastungen und Überforderungen. Dass es dazu kommt, kann an überzogenen Erwartungen des Subjekts ebenso liegen wie an anhaltenden äußeren oder inneren Anspannungen. Das können auch einfache Situationen sein wie z. B. Belastungen, die auf Enttäuschungen basieren. Wichtig für die Entstehung ist, dass es immer an Entspannung und Erholung mangelt, sodass es zu einer Abwärtsspirale auf dem energetischen Niveau kommt. Daher entsteht Burnout, allgemein gesprochen, nur dann, wenn die Anforderungen an eine Situation höher sind als die für ihre Bewältigung vorhandenen Ressourcen und deren zeitnahe Regeneration. Dies führt zu einer immer stärker werdenden Anspannung und zunehmenden Frustrationen, was schließlich in einen regelrechten „Raubbau“ an den eigenen Energieressourcen mündet.

Burnout ist eine Erkrankung des ganzen Menschen und kann sich sowohl auf der mentalen/geistigen als auch der psychischen sowie der somatischen Ebene zeigen. „In voller Ausprägung umfasst Burnout die Erschöpfung aller Seinsbereiche – und erreicht die Ebene der körperlichen wie geistigen sowie auch seelischen Erschöpfung.“ (Burn On statt Burn Out, Schriftenreihe des Wirtschaftsförderungsinstituts Nr. 347, S. 7). Anders gesagt: Die eintretende Erschöpfung im Burnout ergreift alle drei Dimensionen des Menschseins, wie sie Frankl (1959) beschrieben hat:

1. die *somatische* Dimension: körperliche Schwäche, funktionelle Störungen (z. B. Schlaflosigkeit) bis hin zu körperlichen Krankheiten
2. die *psychische* Dimension: Lustlosigkeit, Freudlosigkeit, emotionale Erschöpfung, Reizbarkeit
3. die *personale* Dimension: Rückzug von Anforderungen und Beziehungen, entwertende Haltungen sich selber und anderen/anderem gegenüber.

3.2 Woran erkennt man Burnout – was sind die Symptome?

Burnout zu erkennen ist nicht immer ganz leicht. Denn es zeigt sich anfangs eher harmlos und ohne markante Symptome. Erst wenn diese eher unspezifischen Symptome in einem größeren Zusammenhang gesehen werden und die Umstände der Entstehung und des Verlaufs miteinbezogen werden, kann ein Burnout mit einer recht großen Wahrscheinlichkeit erkannt werden. Meistens beginnen die Symptome leicht und unauffällig und es sind

„gewöhnliche Zeichen“, die an keine besondere Störung denken lassen, weil jeder Mensch schon müde und erschöpft war und dies daher als ein passagerer und natürlicher Zustand eingestuft wird. Daher ist es wichtig, die Symptome des Burnouts zu kennen.

Zunächst werden hier die wichtigsten Symptome (eigentlich Symptomgruppen) vorgestellt. Schon anhand dieser Kennzeichen kann ein Burnout üblicherweise erkannt werden. Anschließend wird eine Reihe von Fragebögen vorgestellt, die der Unterstützung der Diagnosestellung dienen können. An ihnen und den verschiedenen Aufzählungen von Symptomen, die sie enthalten ist bereits die Unterschiedlichkeit der Beschreibung von Burnout-Symptomen ersichtlich, was deutlich macht, wie schwierig es manchmal ist, eine eindeutige und verbindliche Diagnose zu stellen. Anschließend wird der Verlauf der Burnout-Entwicklung mit einer detaillierteren Beschreibung der Symptome gegeben.

Die vier Kernsymptome

Burisch (2006) fasst das moderne Verständnis von Burnout in einem sehr schönen und praktikablen Überblick zusammen. Er unterscheidet vier Bereiche, die im Burnout gestört sind:

1. **Erschöpfung (körperlich, geistig, seelisch)**
   Die körperliche, geistige und seelische Erschöpfung zeigt sich unter anderem dadurch, dass sich die betreffende Person seit Monaten matt, ausgelaugt und erschöpft fühlt, mehr Erholungszeiten als früher benötigt, anderen Menschen weniger Mitgefühl entgegenbringen kann und insgesamt flachere emotionale Reaktionen hat.

2. **Widerstand gegen die Arbeit**
   Es wird keine Freude mehr an der Arbeit empfunden. Dies kann so weit gehen, dass man sogar Widerwillen gegen sie verspürt.

3. **Verschlechterung der Sozialbeziehungen**
   Die Verschlechterung der Sozialbeziehungen erfolgt einerseits durch *Depersonalisation*. Damit ist der Verlust des Persönlichen, der Zugänglichkeit im Umgang mit anderen Menschen gemeint. Die persönliche Note, die ursprünglich echte Lebendigkeit weicht einer fassadenhaften Distanz. Dies kann so weit gehen, dass die Menschen nur noch mechanisch (wie Roboter) funktionieren.
   In unseren Worten bedeutet das, dass die Person, das Wesen eines Menschen, nicht mehr wirklich in Erscheinung tritt. Dadurch wird das Eige-

ne (das persönliche Anliegen) nicht mehr gelebt. Das hat eine Feedback-Schleife zur Folge. Man entleert sich selbst zunehmend und infolgedessen geht das Interesse weiter verloren und die Beziehungen zu anderen verflachen. Man geht nicht mehr so auf den anderen ein, verliert das Einfühlungsvermögen, bezieht sich nicht mehr auf den anderen. Innerlich zunehmend ausgehöhlt, können auch negative Gefühle sich und anderen gegenüber entstehen, wie etwa Zynismus.
Einher mit dem Verlust des eigenen Personseins geht ein Phänomen, das gemeinhin als *Dehumanisierung* bezeichnet wird und im Zusammenhang mit Burnout oft auftritt. Damit ist eine Versachlichung des Menschen gemeint, eine Umgangsweise, die die Menschen nicht mehr als Menschen sieht, sondern als Objekte oder Funktionen. Die Mitarbeiter werden dann zum „Humankapital", die Patienten zu „Pflegeobjekten", die Kollegen zu „Zuarbeitern". Mit dieser Entwertung der anderen Menschen gehen oft abweisende Gefühle einher wie Abscheu, Widerwillen, Unerträglichkeit oder sogar Ekel. Diese Versachlichung des Menschen hat zumeist den Zweck, eine innere Distanz herzustellen und sich die Menschen vom Leibe zu halten, um nicht zu sehr betroffen zu sein, nicht mitfühlen zu müssen (was zusätzliche Energie kosten würde) und so „empathischen Stress" zu vermeiden. Außerdem wird oft ein Gefühl der Überlegenheit damit verbunden.

4. **Verringerte Zufriedenheit mit der eigenen Leistung**
Bei Burnout haben die Menschen das Gefühl der mangelnden Leistungsfähigkeit. Sie erleben sich nicht mehr als den Anforderungen gewachsen und leiden darunter, immer weniger zu erreichen, obwohl sie sich immer mehr vornehmen und immer mehr anstrengen. So werden beispielsweise auch Arbeiten mit in die Freizeit genommen. Es entsteht das Gefühl, dass man in einer Tretmühle sitzt und immer häufiger und schneller tritt, aber es geht nicht voran. Anders gesagt: Mit immer mehr Energie erreicht man immer weniger. Anfänglich kann das noch kompensiert werden. In späteren Phasen kommt es dann zur Resignation.

Von all den Symptomen ist die Erschöpfung das wichtigste und primäre im ganzen Geschehen. Erst wenn dieses länger besteht, kommen die anderen Kernsymptome dazu. Neben diesen Kernsymptomen gibt es weitere burnoutspezifische Symptome und Begleitsymptome wie Schlafstörungen, chronische Müdigkeit, Appetitstörungen, Konzentrationsstörungen, gesteigerte Infektanfälligkeit, erhöhter Blutdruck, Magengeschwüre u. v. m.

Die gebräuchlichsten Fragebögen zur Erfassung von Burnout
Zur Kurzdarstellung der Fragebögen wird oftmals eine Zusammenfassung der Einschätzung durch Burisch gegeben, der wohl zu den Erfahrensten im Bereich der Burnout-Forschung im deutschen Sprachraum zählt.

1. **Maslach Burnout-Inventory (MBI)** von Maslach & Leiter
   Das von Maslach und Leiter entwickelte Burnout-Inventory MBI (Maslach, Leiter 2001, S. 11 f.) geht von folgenden Ursachen für Burnout aus:
   - Arbeitsüberlastung: Wir fühlen uns überlastet.
   - Mangel an Kontrolle: Wir haben nicht genug Kontrolle über das, was wir tun.
   - Unzureichende Anerkennung und Belohnung: Wir erfahren zu wenig Anerkennung und Belohnung.
   - Verlust der Gemeinschaft: Wir erleben einen Zusammenbruch der Gemeinschaft.
   - Mangel an Fairness: Wir werden nicht fair behandelt.
   - Wertekonflikt: Wir haben es mit widersprüchlichen Werten zu tun.

   Das MBI besteht aus 22 Items, die in folgende 3 Skalen gegliedert sind:
   - Emotionale Erschöpfung (Emotional Exhaustion, EE) mit 9 Items
   - Depersonalisation (DP) mit 5 Items
   - Leistungs(un)zufriedenheit (Personal Accomplishment PA) mit 8 Items

   Zu diesem MBI gibt es mittlerweile einige Ergänzungen und Neuerungen wie beispielsweise das MBI-HSS in dritter Auflage (Maslach, Jackson & Leiter 1996) oder die MBI General Survey, die für Berufstätige aller Art gedacht ist.
   Burisch meint: „Das MBI in der Form HSS hat sich über Jahre als ‚Goldstandard' der Burnout-Forschung etabliert; mehr als 90 % der veröffentlichten Studien setzten es ein. Angesichts der ... Schwachstellen erstaunt das." (Burisch 2006, S. 36)

2. **Tedium Measure (TM)** von Pines
   Diese „Überdruss-Skala" besteht aus 21 Items, die hinsichtlich der Häufigkeit des Auftretens einzelner Symptome beantwortet werden.
   In einer Untersuchung von Burisch schnitt das TM mit einer inneren Konsistenz von 0,94 und einer Validität von 0,76 sehr gut ab. Allerdings bezweifelt er, dass das TM eine ausreichende diskriminative Validität gegenüber Depression, Selbstwertgefühl oder Ängstlichkeit besitzt (Burisch 2006, S. 35).

3. Das **Oldenburg Burnout-Inventar OLBI** von Ebbinghaus (1986) enthält die Skalen Erschöpfung (8 Items) und Engagement (8 Items).

4. **Beanspruchungsscreening bei Humandienstleistungen BHD-System** von Hacker, Reinhold, Darm, Hübner & Wollenberger (1995)
   Es besteht aus dem BHD-Fragebogen und der Hilfe zur Organisations- und Arbeitsanalyse im Pflegebereich (BHD-Checkliste). Burisch äußert sich dazu folgendermaßen: „Weder Konsistenz- noch Stabilitätskoeffizienten sind sehr beeindruckend." (Burisch 2006, S. 37)

5. **Hamburger Burnout-Inventar HBI** von Burisch
   Das HBI ist ein Selbsterkundungsinstrument. Dabei geht es um eine Einschätzung der eigenen Gefährdung, ein Burnout-Syndrom zu erleiden. Es richtet sich an Personen ab dem 17. Lebensjahr. Das HBI wurde in den 1980er- und 1990er-Jahren entwickelt und besteht aus 40 Fragen mit 10 Skalen:
   1. Emotionale Erschöpfung: Gefühle von Überlastung und Erschöpfung als Folge der Arbeit.
   2. Leistungsunzufriedenheit: Mangel an Zufriedenheit und Stolz auf die eigene Arbeit und Leistung.
   3. Distanziertheit: Geringe Anteilnahme an anderen. Reserviertheit im Kontakt.
   4. Depressive Reaktion auf emotionale Belastungen: Neigung zu Niedergeschlagenheit als Folge von belastenden Erlebnissen.
   5. Hilflosigkeit: Gefühl des Gefangenseins, der Ratlosigkeit, Mutlosigkeit.
   6. Innere Leere: Gefühl, abgestorben, leer, unlebendig zu sein.
   7. Arbeitsüberdruss: Innerer Widerstand gegen die eigene Arbeit, Unlust, Widerwillen.
   8. Unfähigkeit zur Entspannung: Schwierigkeiten beim Abschalten von Arbeitsproblemen, die einen bis in die Freizeit verfolgen.
   9. Selbstüberforderung: Neigung zu Perfektionismus und strengen Maßstäben für die eigene Leistung, was selbsterzeugten Stress verursacht.
   10. Aggressive Reaktion auf emotionale Belastung: Gereiztheit schon bei unbedeutenden Anlässen.

   Die Durchführungsobjektivität kann als hoch angenommen werden, da das HBI ein standardisierter Fragebogen ist. Die durchschnittliche Reliabilität beträgt 0,83 und die durchschnittliche Validität 0,32.
   Burisch betont, dass das HBI kein Diagnoseinstrument ist und man bei Verdacht eine zusätzliche Abklärung benötigt. Dies gilt aber unserer Meinung nach für alle hier beschriebenen Fragebögen.

6. **Burnout-Screening-Skalen BOSS** von Hagemann & Geuenich
   Auf der Homepage von Hogrefe (www.testzentrale.de) steht dazu (Jänner 2016):
   Einsatzbereich: Jugendliche und Erwachsene von 18 bis 65 Jahren. Verwendung in der Arbeitsmedizin, Psychotherapie und psychosozialen Beratung sowie in der hausärztlichen Versorgung und wissenschaftlichen Gesundheitsforschung. Die Anwendung ist bei Personen in allen Berufsgruppen möglich und ist nicht auf eine bestimmte Berufsgruppe beschränkt.
   Verfahren: Die Burnout-Screening-Skalen (BOSS) sind Selbstbeurteilungsverfahren, die bei Personen mit Verdacht auf das Vorliegen einer Burnout-Problematik eingesetzt werden. Es stehen drei unabhängig voneinander einsetzbare Fragebögen zur Verfügung (BOSS I, II und III). Die Fragebögen BOSS I und BOSS II beinhalten jeweils 30 Items und dienen der Erfassung von psychischen, physischen und psychosozialen Beschwerden, wie sie typischerweise im Rahmen eines Burnout-Syndroms auftreten. BOSS I beinhaltet vier Skalen, mit denen Beschwerden in den Lebensbereichen Beruf, eigene Person, Familie und Freunde über einen Beurteilungszeitraum von drei Wochen erfasst werden. BOSS II besteht aus drei Skalen (körperliche, kognitive und emotionale Beschwerden) und umfasst einen Beurteilungszeitraum von sieben Tagen. In der 2., überarbeiteten und erweiterten Auflage steht zusätzlich der Fragebogen BOSS III zur Verfügung. Er umfasst 20 Items und dient der Erfassung von Zufriedenheit und Ressourcen in den vier Lebensbereichen Beruf, eigene Person, Familie und Freunde. Der Beurteilungszeitraum des BOSS III beträgt drei Wochen.

7. **Burnout-Mobbing-Inventar (BMI)** von Satow (2013)
   Das BMI misst zuverlässig die chronische Überforderung (Burnout), die chronische Unterforderung (Boreout), Mobbing und die physischen und psychischen Folgeerscheinungen. Es ist für unterschiedliche Berufsgruppen geeignet und umfasst folgende Skalen:
   - Burnout (chronische Überforderung)
   - Boreout (chronische Unterforderung)
   - Mobbing (soziale Ausgrenzung)
   - Demotivation
   - Psychische und physische Folgesymptome
   - Umgang mit Stress (Coping)

Es gibt noch viele weitere Fragebögen zu den verschiedensten Themen wie Gesundheit, Wohlbefinden, Gesundheitsverhalten, gesundheitsförderliche

Arbeit, gesundheitliche Ressourcen, Stress bzw. Stressbewältigung und Stressfolgen, Beanspruchung und Burnout.

Die Burnout-Gefährdung kann auch physiologisch mittels der Herzratenvariabilitäts-Messung erhoben werden, bei der der Grad der Belastung erfasst wird. Dazu wurde ein Messverfahren vom Institut für Chrono-Psychologie der Sigmund Freud Universität in Wien entwickelt.

3.3 Verlauf von Burnout

Der Verlauf des Burnouts folgt einer Abwärtsspirale was Energie, Freude, Kraft, Motivation und die Häufigkeit von Sozialkontakten betrifft. Bei der Entwicklung von Burnout handelt es sich oft nicht nur um eine Zunahme von Symptomen, sondern man kann typische motivationale Momente beobachten, die weiter in das Burnout hineintreiben. Freudenberger und North (1992) haben dies sehr schön zusammengetragen und beschreiben folgende Verlaufsform (aus Burn On statt Burn Out 2011, S. 13 f. und von den Autoren ergänzt):

STADIUM 1–3: Eintrittskarte in die Welt der Erfolgreichen

Gerade Menschen mit hoher Leistungsbereitschaft und inhaltlichen Visionen ordnen für die Erreichung ihrer Ziele die eigenen Bedürfnisse unter. Sie leben oftmals mit erheblicher Selbstbeschränkung unter der Devise „ohne Fleiß, kein Preis".

Stadium 1: Der Zwang, sich zu beweisen ...
Der Wechsel vom Wunsch, etwas zu leisten, zum Zwang, sich zu beweisen, ist die gefährliche Eintrittspforte in die Abwärtsspirale. Kritisch sind verbissene Entschlossenheit und Dauerspannung im Sinne eines „Turboantriebs", um den eigenen Ansprüchen genügen zu können. Hier sieht man, dass der Betroffene selbst an der Entwicklung seines Burnouts beteiligt ist.

Stadium 2: Verstärkter Einsatz ... wenn der Zwang zum Druck wird
Schlechtes Gewissen, überzogenes Verantwortungsgefühl und das andauernde massive Gefühl der Dringlichkeit der Aufgaben führen zu einem steigenden Druck auf sich selbst und zu maximaler Motivierung: „Das MUSS jetzt sein", „Es geht nicht anders".

Hier meint die betreffende Person, möglichst alles selbst machen zu müssen und nicht delegieren zu können. Sie macht Überstunden, weil sie ihr

Arbeitsvolumen ansonsten nicht mehr bewältigen kann. Dies sind in der Regel sehr beliebte Mitarbeiter. Hier ist als Führungskraft Vorsicht geboten, damit sie sich nicht mitverantwortlich macht, wenn ein Mitarbeiter in ein Burnout kommt. So wäre in diesem Fall ein Gespräch der Führungskraft mit ihrem Mitarbeiter ratsam, bei dem sie ihre Sorge ausdrückt und versucht, zu ermitteln, welchen Ausgleich der Mitarbeiter hat bzw. haben könnte.

Stadium 1	Der Zwang sich zu beweisen
Stadium 2	Verstärkter Einsatz
Stadium 3	Subtile Vernachlässigung eigener Bedürfnisse
Stadium 4	Verdrängung von Konflikten und Bedürfnissen
Stadium 5	Umdeutung von Werten
Stadium 6	Verstärkte Verleugnung der aufgetretenen Ergebnisse
Stadium 7	Rückzug
Stadium 8	Beobachtbare Verhaltensänderung
Stadium 9	Depersonalisation/Verlust des Gefühls für die eigene Persönlichkeit
Stadium 10	Innere Leere
Stadium 11	Depression
Stadium 12	Völlige Burnout-Erschöpfung

Abb. 4: Stadienmodell nach Freudenberger/North

Stadium 3: Subtile Vernachlässigung eigener Bedürfnisse

Aufmerksamkeit und Sensibilität für sich selbst verlieren zunehmend an Bedeutung. Stattdessen ist man immer starrer auf die Aufgabe fixiert. Erste Erschöpfungsgefühle treten auf, bisweilen auch schon Fehlleistungen und Vergesslichkeit.

Dieses Stadium ist u.a. dadurch erkennbar, dass Betroffene weniger oder kürzere Pausen und Urlaube machen, nicht mehr so viel Freude empfinden und ständig erreichbar sind. Hier ist es sinnvoll, kritisch zu hinterfragen, warum man selbst bzw. der Mitarbeiter ständig erreichbar sein muss, nicht delegieren kann und was ihn dabei bewegt. Er sollte sensibilisiert werden, auf sich zu schauen und zu erkennen, was dieses Verhalten mit ihm macht und wohin es führen kann. Weiters ist es ratsam, die Ängste zu bearbeiten, die dahinter stecken, dass er nicht delegieren kann und glaubt, immer erreichbar sein zu müssen.

In diesem Stadium werden die Menschen bei der Arbeit und in ihren Freizeitaktivitäten hektischer. Dies zeigt sich unter anderem in der Esskultur (schneller essen, Fast Food) und darin, dass sie keine Zeit zum Genießen haben. Generell herrscht mehr „Action".

Ab diesem Stadium nehmen Schlafstörungen, Krankheitsanfälligkeit und Substanzmissbrauch zu.

STADIUM 4–6: Jetzt wird's eng

In diesen Stadien entscheidet sich, ob eine Person in ein manifestes Burnout geraten wird oder nicht. Die Stadien 1–3 sind fast als kulturspezifischer Hintergrund unserer Lebens- und Arbeitswelt anzusehen. Geht jedoch der Prozess weiter, so gerät die betroffene Person immer mehr auf den Weg der Selbstverleugnung und Entfremdung von sich. Die innere Beziehung, das Verbundenbleiben mit sich geht verloren. Der betroffene Mensch steht hier gleichsam an einer Weggabelung: führt die Lebens-/Arbeitsüberlastung zu einem passiven „Nicht-auskommen-Können" oder wird der aktive, notwendige Weg der Veränderung gewählt?

Stadium 4: Verdrängung von Konflikten und Bedürfnissen

Probleme und Konflikte werden aufgeschoben, da dem Betroffenen keine Zeit dafür bleibt. Das kann mit einem drastischen Bild verglichen werden: Wenn man den Müll nicht wegbringt, fängt er an zu stinken. Ähnlich ist es mit den seelischen Problemen – sie erzeugen einen Druck, wodurch die psychische Belastung zunimmt. So sollte man beispielsweise schon längst mit dem Partner reden, hat aber keine Zeit und Kraft dazu.

Die Verleugnung wird manifest: Rationalisierungen, Verdrängung sowie Verschiebung von Konflikten und Ersatzbefriedigungen (Essen, Rauchen, Shopping) werden eingesetzt, chronische Müdigkeit untermalt das Bild, körperliche Einbrüche (vom Körper erzwungene Auszeiten) treten auf. Durch die Verdrängung von Konflikten erfolgt ein Zurückbleiben des seelischen und geistigen Wachstums, denn Konflikte bewirken auch eine kritische Sichtweise von sich selbst und geben oft einen Anstoß zu Veränderungen.

Stadium 5: Umdeutung von Werten

Zwischenmenschliches verliert an Wert, emotionale Werte haben keine Bedeutung mehr, stattdessen tritt zunehmende Verhärtung ein. Berechnung, übertriebenes Kontrollbedürfnis, ein Gefühl der Verwirrung und Entwertung sozialer Kontakte folgen. Die Autoren sehen hier aber nicht eine Umdeutung der Werte, sondern eine Verschiebung der Werte aufgrund von verdrängten Konflikten, vernachlässigten Bedürfnissen und Isolierung. So hat die Arbeit weiterhin einen hohen Wert, aber Kunst, Religiosität oder Beziehungen verlieren zunehmend an Bedeutung.

In diesem Stadium nimmt die Empathie ab, da man schon so besetzt ist vom Eigenen. Die Betroffenen zeigen nicht wirkliches Interesse und befinden sich in einer „paraexistentiellen" Lebenshaltung (Furnica 1998). Paraexistentiell bedeutet, dass das Leben wie sinnorientiert aussieht, es aber nicht ist. „Para" bedeutet „neben" – man ist „daneben". Statt dialogisch eingebunden zu sein, werden die eigenen Ziele und Vorhaben um jeden Preis und rücksichtslos verfolgt. „Para" heißt diese Haltung deshalb, weil ein Zweck und nicht ein Sinn verfolgt wird. Existentiell steht man daher neben dem Leben, das deshalb inhaltlich leer ist.

Stadium 6: Verstärkte Verleugnung der aufgetretenen Probleme

Die Spirale der Verleugnung wird enger: Härte gegen sich und andere, Bitterkeit und Enttäuschung gegenüber der Umgebung, Zynismus, Intoleranz, Entwicklung eines starren, eingeengten Denkens und zunehmende Isolierung von der Umwelt herrschen vor.

Die Probleme werden nicht angegangen, weil die Menschen schon zu sehr beansprucht sind. Meist ist in diesem Stadium noch keine Einsicht da bzw. die Betroffenen sind der Ansicht, dass es jetzt noch nicht möglich sei, die Probleme anzugehen. In diesem Stadium erfolgt ein Verlust des Zugangs der Personen zu ihrer inneren Welt. Deshalb sehen sie nicht, wie es ihnen eigentlich geht und dass sich ihre Probleme schon bedrohlich verschärft haben.

Bei der Beratungs- oder Psychotherapiearbeit mit Menschen in diesem Stadium ist eine verstehende Haltung wichtig, eine, die davon ausgeht, dass es einen Grund hat, wenn sie unzugänglich sind (sie müssen sich schützen, denn die Offenheit könnte ihnen zu viel nehmen). Daher sollten zunächst alternative Verhaltensweisen überlegt werden, damit die Personen dann später darauf aufbauen können.

STADIUM 7–12: Wer einmal auf die schiefe Bahn kommt, wird immer schneller

Burnout als Regulationskrankheit des GANZEN Menschen in seiner sozialen Welt und Arbeitsumwelt bedeutet ein Missverhältnis zwischen erlebten Anforderungen der Lebens-/Arbeitsumwelt und den Möglichkeiten und Fähigkeiten des Menschen, diese zu erfüllen. Die Stadien 7–12 sind mit der Situation eines Seiltänzers mit Gleichgewichtsstörungen zu vergleichen, der unbeirrbar und jede Warnung in den Wind schlagend dahinschlingert, um letztendlich durch das Schwinden seiner Kräfte abzustürzen.

Stadium 7: Rückzug

Die Isolation nimmt zu: Kontakte werden aktiv gemieden, eine Rückwendung nach innen erfolgt. Das Auftreten von eigenbrötlerischem Verhalten, emotionale Verflachung, Abstumpfung (Fühllosigkeit), Fluchtmechanismen (TV) und der Griff zu falschen „Therapien" (Medikamentenmissbrauch, Alkohol) gehen mit diesem Stadium einher. Es kommt zu Hoffnungslosigkeit und Resignation. Auch kann man einen Orientierungsverlust beobachten – die Menschen „krallen" sich an das, an dem sie gerade dran sind. Ihre Tätigkeit erscheint ihnen schon längst als sinnlos, deshalb verrichten sie ihren Dienst nun nach Vorschrift.

Hält dieser Zustand länger an, führt er zu Verbitterung. Durch den Rückzug und die zunehmende Isolation sind die Betroffenen auch nicht mehr zugänglich für Kritik. Im Erklärungsversuch sind paranoide Züge erkennbar: Die Menschen meinen beispielsweise, man tue ihnen alles zuleide oder man mobbe sie heimlich.

Von diesem Zustand wird das ganze Leben erfasst, auch die Privatsphäre. In einer Studie wurde gefunden, dass bei einem Burnout auch das Privatleben keine Kompensation mehr bieten kann (Karazman 1994; Karazman & Morawetz 1996).

Stadium 8: Beobachtbare Verhaltensänderung ... wenn nur noch Abschottung geht

Die Verhaltensänderung wird für jeden auffällig: Eine paranoide Weltsicht beginnt sich zu etablieren, massive Mechanismen, sich unerreichbar zu machen (z.B. Telefon wird abgeschaltet), Ausreden und Ausflüchte dominieren.

In diesem Stadium werden aus den ursprünglich Tüchtigen ängstliche, gereizte Menschen. Man sieht Vermeidungsverhalten, Aggressionen, Intoleranz und Nörgeln. Die Betroffenen machen häufig Fehler oder haben vermehrt Unfälle. Es ist das Vollbild der Neurasthenie (Nervenschwäche) erkennbar.

Stadium 9: Depersonalisation/Verlust des Gefühls für die eigene Persönlichkeit

Spätestens in dieser Phase kommt es zur Depersonalisation. Die Entfremdung erreicht die Grundfesten der Persönlichkeit: Vernachlässigung der eigenen Grundbedürfnisse (Gesundheit), Selbstverneinung, Kontaktverlust, Unfähigkeit, fremde Bedürfnisse wahrnehmen zu können, Erleben einer nur mehr mechanischen Funktionsweise. Das automatische Funktionieren zeigt sich auch darin, dass der persönliche Charakter in der Arbeit und die Fähigkeit, mit anderen Menschen (und zu sich selbst) in fühlenden Kontakt zu kommen, verloren gehen.

Stadium 10: Innere Leere

Das Gefühl von Ausgehöhltheit weitet sich aus: Phobien und Panikattacken können auftreten. In diesem Stadium der inneren Leere und Sinnlosigkeit fühlt man nichts mehr, es schwingt nichts mehr. So ist die Freizeit eine leere oder betäubte Zeit (Suchtmittel). Es treten ein suchtartiger Zwang nach Ersatzbefriedigungen (Sex, Essen, Alkohol) sowie Fluchtszenarien (Drogen) auf. Oft verschlafen die Betroffenen das Wochenende, da sie nicht wissen, was sie mit ihrer Zeit anfangen sollen, und um wieder zu Kräften zu kommen.

Stadium 11: Depression ... wenn das Leben sinnlos wird

Wenn ein Werterleben nicht mehr gegeben ist, breitet sich Depression aus: Tiefe Verzweiflung und Erschöpfung, verstärktes Gefühl der „-losigkeit" (Ausweglosigkeit, Sinnlosigkeit, Lustlosigkeit, Freudlosigkeit ...), Wunsch nach Dauerschlaf als „Lösung", völlige Abstumpfung den eigenen Bedürfnissen gegenüber, Verwahrlosung, Selbsthass, Selbstmordgedanken und Risikoverhalten (z.B. im Verkehr) herrschen vor.

Stadium 12: Völlige Burnout-Erschöpfung ... wenn die Erschöpfung lebensgefährlich wird

Am Endpunkt der Erkrankung steht der Ich-Verlust. Es besteht ein psychischer, physischer und mentaler Zusammenbruch. Es kommt zu einem Einbruch des Immunsystems mit stark gesteigerter Krankheitsanfälligkeit, auch für bedrohliche Organerkrankungen. Diese vermehrt auftretenden Krankheiten dienen als Schutz vor dem Weitermachen.

In diesem Stadium treten häufig sowohl Selbstmordimpulse auf als auch Angst vor einem möglichen Kontrollverlust, sodass die Betroffenen dem Suizid nicht mehr sicher widerstehen können.

3.4 Ursachen für Burnout

Die Ursachen des Burnouts sind vielfältig. Um einen Überblick zu verschaffen, werden die Hauptquellen, aus denen die Überforderung kommen kann, näher betrachtet. Anschließend wird in das Innenleben des Menschen geschaut und es werden die existentiellen Ursachen beleuchtet.

3.4.1 Ursachen in den Bereichen Individuum, Arbeitswelt und Gesellschaft

Zur Beschreibung der Hauptbereiche, die zu Burnout führen können, ist das Resonanz-Interdependenz-Modell nach Leibovici-Mühlberger (2011, S. 17 f.) sehr hilfreich. Es wird im Folgenden wiedergegeben.

Das Resonanz-Interdependenz-Modell

Abb. 5: Resonanz-Interdependenz-Modell nach Leibovici-Mühlberger

Das Burnout des Betroffenen speist sich je nach persönlicher individueller Lebenssituation in unterschiedlichem Ausmaß aus diesen drei Bereichen (ebd. 2011, S. 18):

1. Der Bereich des Individuums

Burnout begünstigend ist, wenn das Motiv nicht die Freude an der Tätigkeit oder Organisation ist, sondern die Notwendigkeit, das Selbst unter Beweis stellen zu müssen.

Burnout begünstigende Eigenschaften sind (ebd.):

- starke Koppelung des persönlichen Selbstwertes an Leistungserfüllung
- hohe persönliche Leistungsanforderung
- hohe Selbstdisziplinierungsfähigkeit
- geringe Akzeptanz eigener Grenzen und Bedürfnisse
- deutlich prosoziale Haltung
- erhöhtes Kontrollbedürfnis
- überzogenes Harmoniebedürfnis
- Tendenz, Konflikten auszuweichen
- verstärkte Ängstlichkeit, Fehler zu machen
- Instrumentalisierbarkeit durch die Umgebung
- Bewertungs- und Abwertungsbereitschaft sich selbst und anderen gegenüber
- oftmals ein Hang zu Absicherung und Perfektion

Ergänzend dazu gibt es unterschiedliche Persönlichkeitsmerkmale, die ein Burnout begünstigen können:

- Wenn Personen schon als Kinder an der Sorge für die Familie beteiligt wurden und z. B. als für jüngere Geschwister verantwortlich eingebunden wurden, dann ist es für diese Erwachsenen selbstverständlich, viel zu leisten. Sie sind es gewohnt, auch später viel Last zu übernehmen, was mit einer Disposition für Burnout verbunden ist.
  Wichtig sind auch Glaubensmuster und irrationale Einstellungen wie beispielsweise: „Sei stark!" und „Sei lieb!" Sie können zu „Antreibern" werden, wie sie in der Transaktionsanalyse genannt werden.
- Perfektionismus
- Idealismus, da dieser ein hohes Engagement verlangt.
- Auch die Schwierigkeit, sich abgrenzen zu können, trägt zur Entstehung von Burnout bei. Abgrenzungsschwierigkeiten können verschiedene Ursachen haben wie z. B. einen mangelnden Selbstwert, Defizite am Geliebtwerden, Persönlichkeitsstörungen oder auch Neurosen.

Obwohl auf die Prävention später eingegangen wird, soll schon an dieser Stelle im Sinne der Kontrastbildung andeutungsweise davon gesprochen werden. Schutz vor Burnout kann der Mensch durch alle vier Grunddimensionen der Existenz (die weiter unten beschrieben werden) erhalten:

1. Wenn die Person etwas bewirken kann, so gibt dies Schutz gegen Ohnmacht und Hilflosigkeit.
2. Eine Prävention stellt auch ein gutes soziales Netzwerk dar.
3. Wertschätzung sich selber und anderen Menschen gegenüber und die Fähigkeit, würdigen zu können und Erfolge gelten zu lassen, stärken ebenfalls. Auch Kontakte aufrechtzuerhalten und Offenheit in der Begegnung zu anderen und gegenüber Veränderungen wirken sich positiv aus. Fatal wäre es aber, sich nicht abgrenzen zu können!
4. Wichtig ist, einen Sinn in der Arbeit zu sehen und das Gefühl zu haben, dass diese für etwas gut ist und dass man selbst für etwas gut ist.

2. Der Bereich der Arbeitswelt

Die Organisationen sind einem zunehmenden Konkurrenzdruck ausgesetzt. Dies wirkt sich sowohl auf die hard facts wie herausfordernde Zielsetzungen als auch auf die soft facts wie Organisationskultur aus (Leibovici-Mühlberger 2011, S. 21).

Burnout begünstigende Arbeitswelten:

- kaum erlebte Möglichkeit zur Einflussnahme auf Entscheidungsprozesse
- intransparente Ablaufstruktur
- geringe Kooperation und Teambildung
- starke Konkurrenzförderung
- geringe Vermittlung von Wertschätzung und Anerkennung
- eine Leistungskultur nach dem Motto „Kein Tadel ist Lob genug."

Die Bedeutung folgender Faktoren hängt besonders vom Erleben der Betroffenen ab und kann weniger durch objektive Kriterien beschrieben werden:

- Wenn die Mitarbeiter häufiger und länger arbeiten, beispielsweise aufgrund von Sparmaßnahmen oder Krankenständen.
- wenig Selbstbestimmung und Eigenverantwortung, Verlust von Autonomie durch die Arbeitsstrukturen
- „People work": vorwiegend mit Menschen zu tun zu haben
- Hohe Anforderungen wie z. B. eine alleinerziehende Mutter mit kleinen Kindern, Grippeepidemien bei Ärzten, Postboten zu Weihnachten oder Rettungsmannschaften bei Katastrophen. Es kann eben auch die Beanspruchung aus Notlagen heraus sein, die Menschen an den Rand ihrer Kräfte bringt, und es ist nicht immer das Getriebensein aufgrund von Persönlichkeitsfaktoren.

Zu beachten sind auch die Rahmenbedingungen in der Arbeit, die als Modalitäten Einfluss auf die Entstehung von Burnout haben:

- zu wenig soziale Unterstützung
- Teamwork klappt nicht
- Spannungen in den Organisationen
- fehlendes Gemeinschaftsgefühl
- viel Zeit für sinnlose Tätigkeiten wie beispielsweise das Erstellen von Statistiken
- wenig Lob und Wertschätzung
- wenig Handlungsspielraum und Autonomie
- zu wenig Information und Kommunikation
- zu hohe Anforderungen, Leistungsdruck
- Angst vor Arbeitsplatzverlust
- Zunahme der Intensität der Arbeit durch Sparmaßnahmen

Ohne hier schon auf die spezifische Prävention oder gar Behandlung des Burnouts eingehen zu wollen, ist es naheliegend, kurz zu erwähnen, was hier hilfreich wäre, um dieser Entwicklung gegenzusteuern.

- Selbstbestimmung und Identifikation mit der Arbeit sind nicht nur als Prävention gegen Burnout gut, sondern steigern auch die Arbeitszufriedenheit.
- Eine gute Arbeitszufriedenheit, ein gutes Arbeitsklima, verbunden mit Autonomie der Mitarbeiter, sind gute Prädiktoren für gesunde Mitarbeiter. Autonomie bedeutet auch, dass die Menschen Person sein können. Ansonsten ist schon das Arbeitsklima depersonalisierend.
- In einer groß angelegten norwegischen Studie mit 2.628 Personen in Krankenhäusern (Akre et al. 1997) wurde herausgefunden, dass bei einer offenen und unterstützenden Kommunikation in der Organisation die Burnout-Rate niedriger ist.

Als Ursachen für Burnout nennen Maslach und Leiter (2001, S. 11 ff.) Arbeitsüberlastung, Mangel an Kontrolle, Verlust der Gemeinschaft und Wertekonflikte, unzureichende Anerkennung und Belohnung sowie Mangel an Fairness.

Grobner (2015) verweist darauf, dass neben einzelnen Mitarbeitern auch ganze Unternehmen „ausbrennen" können. Sie erwähnt nicht nur die Wichtigkeit der Führungskräfte beim Erkennen von und im Umgang mit Burnout, sondern auch, an welchen Symptomen man ein „organisationales Burnout" erkennen kann und wie man zur Prävention vitale und sinnstiftende Rahmenbedingungen schaffen kann.

Symptome eines „organisationalen Burnouts“ (ebd., S. 190 f.):

- Mangel an Identität und Identifikation der Mitarbeitenden
- Tornado-Management – viel Wirbel statt Wirkung: ständige Wechsel, Veränderungen und Unklarheiten
- Informationsmangel
- depressive Kultur: „Es gibt nichts, wofür man sich engagieren möchte, worauf man sich freut.“
- Abschottung und Innenschau
- Umgangsformen und Kommunikation werden rauer
- Zunahme von Krankenständen und innerer Kündigung

Grobner (ebd., S. 191 f.) führt ein Leitbild für eine vitale Organisation an:

1. Ein attraktives Zukunftsbild sorgt für Orientierung und Identifikation.
2. Vitale Strukturen sorgen für Beteiligung. Dabei werden bewusste Reflexion und ständige Verbesserung ermöglicht und die Mitarbeiter so weit wie möglich beteiligt.
3. Die Führung sorgt für ein wertschätzendes Klima.
4. Mitarbeiter können ihr Potenzial am Arbeitsplatz voll entfalten.
5. Die Infrastruktur am Arbeitsplatz fördert Vitalität und Begegnung.
6. Mitarbeiter können ihre verschiedenen Lebenswelten vereinbaren.
7. Das Unternehmen fördert persönliche Vitalität.

Dieses Leitbild steht im Einklang mit den vier Grundbedingungen der Existenz, wie von der Existenzanalyse propagiert (vgl. Kapitel 1).

3. Der Bereich der Gesellschaft

In unseren Industriegesellschaften haben tiefgreifende Veränderungen stattgefunden. Globalisierung, Technologieentwicklung, beschleunigtes Lebenstempo usw. wirken sich auch auf den Einzelnen aus und schlagen sich als Burnout-Mitursachen nieder. Markowetz (2015) beispielsweise zeigte anhand einer Untersuchung der Nutzung von Smartphones bei 60.000 Personen auf, dass die Besitzer im Schnitt 53-mal am Tag ihr Handy aktivierten. Er zeigt die dramatischen Folgen für unser (Arbeits-) Leben auf und spricht in diesem Zusammenhang sogar von einem „digitalen Burnout“.

Leibovici-Mühlberger (2011, S. 17) nennt folgende Burnout begünstigende gesellschaftliche Faktoren:

- hoher Konsumdruck
- Verlust sozialer Stützsysteme

- Förderung einer Kultur des narzisstischen Individualismus
- Grundwerteinflation
- hoher Leistungsdruck
- starker Selbstmanagementanspruch
- enormer Anstieg des Lebenstempos
- hohe Flexibilitätsanforderung
- Wertepluralismus
- Chancenvielfalt und Wahldilemma

Die Bereiche Individuum, Arbeitswelt und Gesellschaft sind – da Ursachen – auch der Schlüssel zur Prävention.

Vor diesem Hintergrund des aktuellen und verbreiteten Verständnisses von Burnout wird im Folgenden eine existentielle Perspektive eingenommen. Diese rückt das Individuum in den Mittelpunkt und geht auf seine Entscheidungen und den persönlichen Umgang mit den Anforderungen ein. Denn der Schlüssel zum Burnout – ebenso wie zum erfüllenden und glücklichen Leben – liegt beim Einzelnen. So sehr gesellschaftliche Umstände, Außenanforderungen oder Zeitgeist eine Rolle bei der Entstehung von Burnout spielen, letztlich ist es die einzelne Person, die in diesem Milieu mitspielt oder nicht, es erkennt, damit umgeht und entsprechend handelt. Damit wird das Burnout nicht nur als Symptom einer konsumorientierten, leistungsbezogenen, gierigen Zeit gesehen, was es als Massenphänomen auch ist, sondern es wird zum Symptom des Einzelnen, der unbedacht, unbeabsichtigt, unbewusst, wehrlos und vielleicht hilflos aus einer eigenen Pathologie heraus oder aber auch bewusst und gezielt ins Burnout gerät.

3.4.2 Die Verzweckung als formale Ursache des Burnouts

Burnout entsteht grundsätzlich durch anhaltende Überlastung und Überforderung. Darin sind sich alle Autoren einig. Die existenzanalytische Sichtweise beleuchtet bei der Entstehung von Burnout nicht nur den „Weltbezug", d. h. die viele Arbeit, den äußeren Stress, die ungeeignete Organisation usw., sondern auch die innere Haltung der Person. Dabei wird deutlich, dass die Überforderungen manchmal auch aufgrund einer spezifischen Haltung zum Leben bzw. zur Arbeit entstehen, einer Haltung, bei der Ziel- und Zweckorientierung vor der Werte- und Sinnorientierung stehen. Diese Haltung ist geeignet, direkt ins Burnout zu führen, geht sie doch an den Lebensinhalten vorbei und führt daher zu einem Erleben von Leere.

Grundlage: Haltung zum Leben, die tatsächlich gelebt wird
(existentielle Haltung, Existenzverständnis, Lebensentwurf)
↓
Wenn nicht im Einklang mit der existentiellen Wirklichkeit von
Offenheit, Dialog und Werterleben
(Elemente gelingender Existenz)
↓
Defizienzsymptome: somatisch, psychisch, noetisch
↓
Burnout-Symptome als ***Schutz*** vor weiterer Schädigung

Abb. 6: Formale Ätiologie des Burnouts aus existenzanalytischer Sicht (nach Längle 2000a, S. 111)

Ein oft verstecktes Problem, das ins Burnout führt, ist die Verkennung der „existentiellen Wirklichkeit" (Längle 2013; 2016). Diese besteht in einer Offenheit, die das ganze Dasein durchzieht. Es ist eine doppelte Offenheit, eine Offenheit nach innen, sich selbst gegenüber, also dem, was sich in einem tut, den Gefühlen, Gedanken, Stimmungen, Bedürfnissen, dem Körper usw. gegenüber, und eine Offenheit nach außen für andere, für die Welt, die Dinge, die Natur usw. Dank dieser Offenheit kann der Mensch in einen dialogischen Austausch mit sich und mit den anderen kommen. Dank dieser doppelten Offenheit und dem mit ihr verbundenen möglichen Austausch kann ein inneres Gefühl des Berührtwerdens entstehen. Dieses innere Erleben soll nicht abgewertet oder übergangen werden, denn es ist das, was ausmacht, dass wir persönlich zugegen sein können. Ohne diese Grundlage entsteht eine innere Entleerung. Man ist dann zwar zielgerichtet, aber nicht wertorientiert, d. h. nicht auf das ausgerichtet, was einen persönlich berührt. Das geht dann eben am Leben vorbei. Da es aber durchaus dem Zeitgeist von heute entspricht, so zielorientiert zu leben, fällt es manchmal lange nicht auf, dass darin eine Ursache des Burnouts liegen kann. Doch eine solche Haltung bzw. Denkweise ist gravierend. Durch die Verkennung der existentiellen Wirklichkeit gerät sowohl der Eigenwert des anderen als auch der Wert des eigenen Lebens aus dem Blick. Dadurch wird man beiden Seiten nicht gerecht, steht in keinem Dialog mehr, kommt in die innere Isolierung und Werteverarmung, was zunehmend Stress erzeugt. Jedem Burnout liegt aus existentieller Sicht tatsächlich eine utilitaristische (d. h. zweckgerichtete) Lebenshaltung mit konsekutivem Verlust des Lebensgefühls zugrunde. Mildernd muss jedoch hinzugefügt werden: Die utilitaristische Haltung kann auch vorübergehend und freiwillig eingenommen werden, weil gerade eine Phase besonderer Anstrengung erforderlich ist, um z.B. ein Projekt abzuschließen, eine Notsituation zu überbrücken usw.

Auf der anderen Seite ist aber zu bedenken, dass es auch viele verlockende Zwecke gibt, die aufgrund ihrer Verführungskraft zu einer Art Utilitarismus verleiten. Wenn beispielsweise jemand Betriebswirtschaft studiert, weil ihn die Inhalte interessieren oder weil er später gerne mit Menschen zu tun haben will, dann ist dies ein wertorientiertes Verhalten. Wird aber nur deshalb Betriebswirtschaft studiert, damit man später Manager werden kann, um in dieser Position mehr zu verdienen, sozial angesehener zu sein und eine steile Karriere machen zu können, dann kann schon hier die Wurzel für ein späteres Burnout liegen. Das existentiell Relevante dabei ist, dass in dieser zweckorientierten Haltung zwar ein Einverständnis zur eigenen Vorgangsweise und ihren rationalen, berechnenden Überlegungen gegeben wird, aber keine wirkliche *innere Zustimmung* zum Inhalt des Studiums vorliegt. Handlungen, die über längere Zeit ohne innere Zustimmung zum Wert der Tätigkeit gemacht werden, führen zu Unerfülltheit, was Stress macht und so zu Burnout führen kann.

Eine utilitaristische, d.h. primär zweckorientierte Lebenshaltung führt notwendigerweise zum Verlust von Lebendigkeit und kann daher auch leicht depressive Verstimmungen oder auch innere Verunsicherung verursachen, weil sich der Betroffene gewissermaßen aus dem Leben nimmt. Denn die rein sachliche Orientierung führt zu einem Beziehungsverlust zu dem, was man tut, und letztlich auch zu sich selbst. Durch diese doppelte Beziehungsarmut – nach außen zu Menschen, zur Tätigkeit und nach innen zu sich selbst, zu den eigenen Gefühlen – entstehen Leere und Gereiztheit. Burnout ist die psychische Rechnung für ein schon lange verfremdetes, beziehungsarmes Leben (Längle 2000a).

3.4.3 Die tiefere Ursache – der Ursprung der Bedürftigkeit durch die Frustration existentieller Grundstrebungen

Wenn Menschen unter einem Mangel an lebenswichtigen Inhalten leiden, wie z.B. an Zuwendung, Schutz, Angenommensein, Wertschätzung usw., dann erzeugt das ein drängendes Gefühl, das als Bedürftigkeit oder Not empfunden wird. Es drängt den Menschen innerlich danach, die Zuwendung oder Aufmerksamkeit usw. zu bekommen. Er hat das Gefühl, dass etwas Wichtiges fehlt. Wenn der Drang dieser Mangelzustände stark wird, beginnt der Mensch, sich mehr und mehr an dem zu orientieren, was ihm fehlt, und gerät so in ein Leben, das von der inneren Zustimmung (vgl. Kapitel 1 „Die existentielle Perspektive auf das Leben") abweicht und daher zunehmend als fremd erlebt wird. Denn unter dem Druck des Mangels folgt er nicht mehr der situativen Anforderung, sondern dem schon länger bestehenden Defizit. Damit kommt es aber nicht mehr wirklich zu einem Austausch, sondern es wird der innere Spannungszustand der Situation übergestülpt. Fehlt aber der Dialog mit der Situation, dann wächst die Frustration. Denn man ist nicht im Austausch mit den realen, aktuellen Gegebenheiten, sondern hinkt dem in der Vergangenheit entstandenen Mangel hinterher und verpasst die Gegenwart. Dadurch ist ein erfülltes und mit innerer Zustimmung gelebtes Leben nicht mehr möglich. Der existentielle Mangel hat eine psychische Bedürftigkeit zur Folge. Sie stellt eine so starke, geradezu triebhafte Kraft dar, dass ihr die aktuellen Situationen untergeordnet werden, was andererseits so viel bedeutet wie: man wird ihnen nicht mehr gerecht, sondern verwendet („verzweckt") sie für die eigenen Bedürfnisse. Solche Mangelzustände können nun in allen vier Grunddimensionen der Existenz (GM – Grundmotivation) beobachtet werden (vgl. Abb. 7):

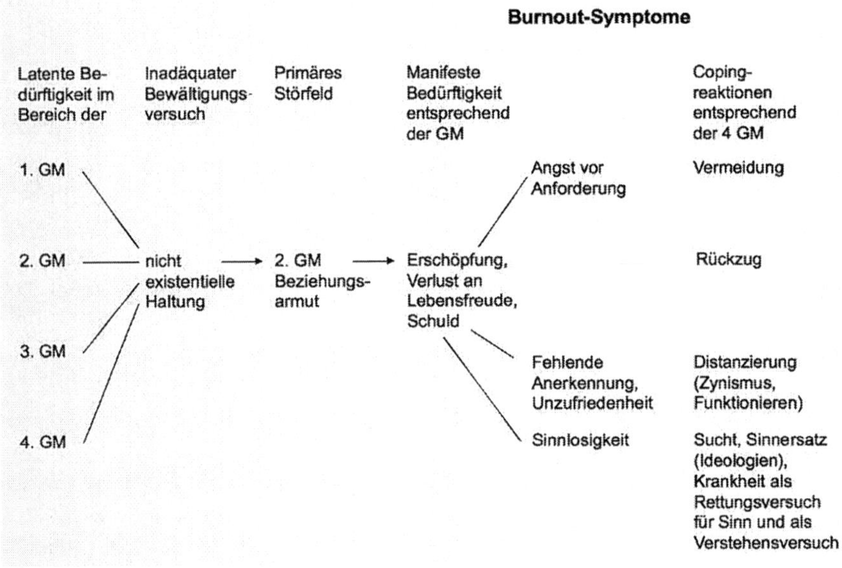

Abb. 7: Burnout-Symptome aufgrund psychischer Bedürftigkeit im Bereich der Grundmotivationen (Längle 2000a, S. 108)

Hinter dem Leiden am Burnout finden sich Mangelzustände in allen vier Grundmotivationen:

Defizite in der ersten Grundmotivation: Menschen mit einem Mangel an Halterfahrung und dem Gefühl der Verunsicherung und des Bedrohtseins sind empfänglich für (starr) geordnete Tätigkeiten, an die sie sich klammern können, weil sie darin Halt finden. Sie suchen in allem in erster Linie nach Sicherheit, Absicherung und Schutz.

Defizite in der zweiten Grundmotivation: „Störungen auf dieser Ebene, wie zum Beispiel blockierte Emotionalität, Beziehungsangst, emotionale (depressive) Überlastung, führen zu einem Basisgefühl des Verpflichtetseins. Solche Menschen sind empfänglich für helfende Berufe, in denen sie trotz ihrer Bemühungen den Schuldgefühlen nicht entkommen und wie in einem Gefängnis eigener Bedürftigkeit sich für andere hergeben. Sie kämpfen darum, für andere keine Belastung zu sein, eigene Ansprüche hintanzustellen, nicht schlecht sein zu wollen, keine Belastung darzustellen.“ (Längle 2000a, S. 111).

Defizite in der dritten Grundmotivation: „Störungen in diesem Bereich machen den Menschen empfänglich für Verlockungen von Selbstwertangeboten, wie sie zum Beispiel Karriereberufe oder Geld mit sich bringen. Die Bedürftigkeit besteht hier in einem Mangel an Selbstwert, der den Menschen gleichsam in eine Sucht nach Anerkennung treibt.“ (ebd.).

Defizite in der vierten Grundmotivation: Hier geht es „um das Finden eines Sinns, also eines größeren Zusammenhanges, in dem man sich selbst und sein eigenes Leben verstehen kann. Wer diese existentielle Haltung, für die die anderen drei Grundmotivationen Voraussetzung sind, nicht hat, ist anfällig für Sinnersatz, für „Schein-Sinne“ (z.B. Modeströmungen, gesellschaftlich anerkannte Ziele, ideologische Erklärungen usw.).“ (ebd.).

Defizite in einer Grundmotivation können zum Teil durch andere Grundmotivationen kompensiert werden. So kann einem Priester beispielsweise der Glaube und das Sinnerleben (4. GM) über die Schwierigkeiten des Zölibats (z.B. Mangel an körperlicher Nähe – 2. GM) hinweghelfen.

Die schon im vorigen Abschnitt beschriebene nicht existentielle Haltung ist ein Hauptfaktor der Entstehung von Burnout, weil mit ihr eine innere Entleerung verbunden ist. Sie sei darum auch in diesem Abschnitt noch einmal erwähnt. Die nicht existentielle Haltung besteht in einer Zweckgerichtetheit: anstatt sich offen ansprechen zu lassen von dem, womit man beschäftigt ist, und seinen Wert zu erleben, wird das Objekt den eigenen Zielen und Vorstellungen untergeordnet und in seiner Eigenwertigkeit nicht belassen, sondern zum Nutzwert herabgestuft. Dies führt zu einer Beziehungsverarmung (und zwar in beide Richtungen: innere und äußere Beziehung), was wiederum innerlich kalt und leer macht. Denn ohne Beziehung gibt es kein Werterleben und ohne Werterleben verarmen die Beziehungen. In weiterer Folge stellen sich Erschöpfung, Verlust von Lebensfreude und Schuldgefühle ein.

4 Die Vielfalt der Burnout-Prävention

Bevor wir auf die spezifische Burnout-Prävention aus existentieller Sicht eingehen, möchten wir die wichtigsten Zugänge zur Prävention vorstellen. Damit werden der state of the art wiedergegeben und wichtige Informationen und Hinweise gegeben, die natürlich auch in der existenzanalytischen Prävention gelten, wenngleich manches in einer anderen Systematik und mit anderen Zusammenhängen verknüpft auftaucht. Es wird dabei auch deutlich, dass es ebenso wenig eine einheitliche Prävention von Burnout gibt wie eine einheitliche Definition oder ein einheitliches Verständnis von der Genese des Burnouts. Kurzum: es gibt kein allgemeines Rezept zur Prävention! Es ist letztlich immer situativ und individuell abzustimmen, wie der betreffende Mensch vor der Entwicklung eines Burnouts geschützt werden bzw. sich selbst schützen kann. Der Umstand dieser Vielfalt verweist unserer Ansicht nach erst recht auf die Wichtigkeit eines existentiellen Zuganges.

4.0 Überblick über die häufigsten Präventionsprogramme

Wegen der großen Vielfalt von Ursachen für Burnout ergeben sich auch viele unterschiedliche Vorgangsweisen in der Prävention. Einige davon werden im Anschluss in den Kapiteln 4.1 bis 4.7 näher beschrieben. Der Übersichtlichkeit halber werden sie hier in einer Tabelle zusammengefasst:

Tab. 1: Überblick über einige Burnout-Präventionsprogramme

Autor(en)	Fokus	Kurze Beschreibung/Inhalt
Leiter und Maslach	Verbesserung des Verhältnisses zur Arbeit	1. Probleme der Arbeitsbelastung lösen 2. Kontrollprobleme lösen 3. Belohnungsprobleme lösen 4. Gemeinschaftsprobleme lösen 5. Fairnessprobleme lösen 6. Werteprobleme lösen
Burisch	Möglichkeiten des Einzelnen, seines Bezugs zur Organisation und der Organisation selbst	1. *Ansatzpunkt:* die oder der Einzelne • nachdenken – klären – ändern, was zu ändern ist • mit dem Problem nicht alleine bleiben • Werkzeugkoffer schaffen, mit dem man sich selber ruhigstellen kann • gesunde Lebensweise • Ansätze an Kognition und Verhalten 2. *Ansatzpunkt:* die oder der Einzelne im Kontext der Organisation • Personalauswahl • Zeit- und Selbstmanagement

Autor(en)	Fokus	Kurze Beschreibung/Inhalt
		• Training in sozialer Geschicklichkeit • Bekämpfung unrealistischer Erwartungen • Work-Life-Balance • kollegiale Unterstützungsgruppen • individuelle kollegiale Unterstützung • Beratung und Coaching • Karriereplanung • Psychotherapie und Überweisung zum Arzt • Beratung und Hilfe bei Rehabilitationsmaßnahmen • Arbeitsplatzwechsel 3. *Ansatzpunkt*: die Organisation • Mitarbeiterbefragungen und psychosozialer Check-up • Arbeitsgestaltung im weiteren Sinn • Arbeitszeitgestaltung • Management-Entwicklung • Karrieremanagement • Weiterbildung • Fitness- und Wellness-Programme • vorbeugende Sozialisierung • Konfliktmanagement, Informationsfluss, Entscheidungsbeteiligung • Organisationsentwicklung • Gesetzgebung (z. B. Arbeitssicherheit) • firmeneigene Hilfsangebote • Outplacement • Workshops
Leibovici-Mühlberger	Responsible Leadership	1. Stärkung der Eigenwahrnehmung als Führungskraft 2. Stärkung der eigenen Wahrnehmung von anderen 3. Stärkung der Interaktionskultur 4. Stärkung der Organisationsstruktur 5. Stärkung der Prozesskultur
Linneweh, Heufelder, Flasnoecker	Finden und Halten der Balance in Stress- und Belastungssituationen	Für die ganzheitliche Balance ist das Selbstmanagement zentral. Dazu gehören: • Selbstverantwortung (Körper): Erkennen physischer Stressreaktionen, bewusstes Umgehen mit dem eigenen Körper und ein ökonomischer Einsatz der zur Verfügung stehenden Kräfte • Selbstmotivation (Psyche): subjektives Stresserleben, Einstellung, Stresstoleranz und Gelassenheit • Selbst- und Sinnkompetenz (Geist): Stressursachen erkennen, Möglichkeiten, sich selbst treu bleibend und selbstbestimmt zu leben, Orientierungsmuster, Normen und Wertvorstellungen

Autor(en)	Fokus	Kurze Beschreibung/Inhalt
Kaluza	Förderung der psychosozialen Gesundheit	Kaluza entwickelte ein Gesundheitsförderungs-programm mit folgenden Modulen: Modul 1: Selbstfürsorge – Wohlbefinden und angenehmes Erleben im Alltag Modul 2: soziales Netzwerk und soziale Unterstützung Modul 3: Selbstwirksamkeit – Vertrauen in die eigenen Stärken Modul 4: Sinnorientierung – Wert-Zielklärung und positives Zukunftskonzept
Meier Kernen und Kernen	Salutogenese und Ressourcen-management	Ressourcen im Arbeitsfeld, die zur Burnout-Prävention beitragen: 1. Professionelle Ressourcen: • Transparenz in der Arbeit • Ganzheitlichkeit • Entscheidungs- und Kompetenzspielraum • Qualifikationspotenzial • Aufgabenvariabilität 2. Institutionelle Ressourcen: • Sozialverhalten Vorgesetzte • Sozialverhalten Arbeitskollegen • quantitative positive Herausforderung • qualitative positive Herausforderung 3. Persönliche Ressourcen: die wichtigsten seien: • soziale Unterstützung • Kohärenzgefühl (Verstehbarkeit, Handhabbarkeit, Sinnhaftigkeit)
Pattakos	Sinn in der Arbeit	Sieben Prinzipen, die seiner Meinung nach Sinn geben: 1. Wir können unsere Einstellung gegenüber allem frei wählen. 2. Wir können unseren Willen zum Sinn erfüllen, wenn wir uns bewusst für sinnvolle Werte und Ziele engagieren. 3. Wir können in jedem Augenblick unseres Lebens Sinn entdecken. 4. Wir können lernen zu erkennen, wie wir nicht gegen uns selbst arbeiten. 5. Wir können uns aus der Distanz betrachten, um Einsichten und neue Perspektiven zu entwickeln, und über uns lachen. 6. Wir können unsere Aufmerksamkeit so lenken, dass wir auch sehr schwierige Situationen bewältigen. 7. Wir können über uns hinauswachsen und die Welt verändern, und sei es nur ein kleines bisschen.

4.1 Die Verbesserung des Verhältnisses zur Arbeit
(Burnout-Prävention nach Leiter und Maslach)

Der Ansatz von Leiter und Maslach wird deshalb hier angeführt, weil er die erste ausführlichere Beschreibung von Burnout bzw. Burnout-Prävention in Organisationen ist. Sie beschreiben folgende sechs Strategien ausführlich (Leiter, Maslach 2007):

1. Probleme der Arbeitsbelastung lösen

Schritt 1: Problem definieren (Erschöpfung, übermäßige Verfügbarkeit, nicht genügend Zeit, zu viel zugewiesene Arbeit)
Schritt 2: Ziele setzen (Belastbarkeit erhöhen, ungestörte Arbeitszeit schaffen, Zeitmanagement verbessern, Arbeitsbelastung reduzieren)
Schritt 3: handeln (nach den Punkten wie unter 2. angeführt)
Schritt 4: Fortschritt verfolgen

2. Kontrollprobleme lösen

Schritt 1: Problem definieren (in allen Bereichen kontrolliert werden, ineffektive Vorgesetzte, ineffektive Teams)
Schritt 2: Ziele setzen (mehr Autonomie, gemeinsame Führung, Wiederherstellung des Teams)
Schritt 3: handeln (nach den Punkten wie unter 2. angeführt)
Schritt 4: Fortschritt verfolgen

3. Belohnungsprobleme lösen

Schritt 1: Problem definieren (unzureichende Entlohnung, mangelnde Anerkennung, unbefriedigende Arbeit)
Schritt 2: Ziele setzen (mehr Geld, Anerkennung, bessere Arbeitsaufgaben)
Schritt 3: handeln (nach den Punkten wie unter 2. angeführt)
Schritt 4: Fortschritt verfolgen

4. Gemeinschaftsprobleme lösen

Schritt 1: Problem definieren (Gruppenbildung, schlechte Kommunikation, Entfremdung)
Schritt 2: Ziele setzen (Konfliktlösung, bessere Kommunikation, Einigkeit)
Schritt 3: handeln (nach den Punkten wie unter 2. angeführt)
Schritt 4: Fortschritt verfolgen

5. Fairnessprobleme lösen

Schritt 1: Problem definieren (Geringschätzung, Diskriminierung, Vetternwirtschaft)
Schritt 2: Ziele setzen (Respekt fördern, Vielfalt schätzen, Fairness sicherstellen)
Schritt 3: handeln (nach den Punkten wie unter 2. angeführt)
Schritt 4: Fortschritt verfolgen

6. Werteprobleme lösen

Schritt 1: Problem definieren (Unehrlichkeit, destruktive Wirkung/Nachhaltigkeit, Bedeutungslosigkeit)
Schritt 2: Ziele setzen (Integrität bewahren, konstruktive Werte fördern, Sinn hinzufügen)
Schritt 3: handeln (nach den Punkten wie unter 2. angeführt)
Schritt 4: Fortschritt verfolgen

Dieser Ansatz kann als ein erster Schritt oder Einstieg in die Beschäftigung mit Burnout gesehen werden. Die Autoren sind sich der Pragmatik dieses Ansatzes bewusst und empfehlen ihn nur denjenigen Personen, die nicht besonders gewillt oder motiviert sind, sich gründlicher mit Burnout auseinanderzusetzen. Auch für eine Organisation mag es einfacher sein, solchen simplen Anleitungen zu folgen. Es ist mit einer kurzzeitigen Besserung zu rechnen, nach dem Motto: „Lieber weniger als nichts". Für eine nachhaltige Besserung ist aber eine gründlichere Auseinandersetzung mit den Burnout-Ursachen nötig.

4.2 Der Einzelne und die Organisation selbst (Burnout-Prävention nach Burisch)

Matthias Burisch (2006, S. 246 f.) gibt eine ausführliche Zusammenfassung der möglichen Burnout-Prävention. Er unterteilt sie auf drei Ebenen:

1. Ansatzpunkt: die oder der Einzelne

- **nachdenken – klären – ändern, was zu ändern ist**
  Regelmäßiges Neben-das-Geschehen-Treten, Nachdenken und Klären. Gerade beim Beginn – in der 1. Phase des Burnout-Prozesses – tritt eine charakteristische Kopflosigkeit ein. Man weiß eigentlich gar nicht, was da geschieht. Wenn man abends nach Hause kommt, ist das Nachdenken und Analysieren auch beschwerlich. Viele trinken lieber ein Bier

oder ein Glas Wein und gehen dann schlafen. Dadurch entsteht aber keine Klarheit. Teufelskreise bauen sich auf und werden nicht erkannt und unterbrochen. Deswegen ist es wichtig, nachzudenken, zu klären und zu ändern, was zu ändern ist.
Dazu dienen Selbst-Aufmerksamkeit (z.B. Führen eines Stress-Tagebuches), Selbst-Diagnose (z.B. Fragebogen BOSS) oder sorgfältig ausgesuchte Ratgeberliteratur. Hilfreich ist auch das Nutzen individueller Entscheidungsfreiräume und die Reduzierung unrealistischer Ansprüche an sich selbst (eigener und projizierter).

- **mit dem Problem nicht alleine bleiben**
  Burisch rät dazu, präventiv soziale Netze aufzubauen, mit Menschen in Kontakt zu treten, die einen kennen, und Feedback einzuholen: Leute zu bitten, einen darauf aufmerksam zu machen, wenn man beispielsweise reizbarer wird. Dies entspricht einem externen Frühwarnsystem: das Umfeld merkt Verhaltensänderungen (z.B. Aggressionen oder leichteres Ausbrechen in Tränen) sehr gut.
- **Werkzeugkoffer schaffen,** mit dem man sich selber ruhigstellen kann
  Das schafft Entspannung (z.B. Entspannungstechniken, Spaziergänge).
- **gesunde Lebensweise**
  Dazu gehören richtige Ernährung und Bewegung.
- **Ansätze an Kognition und Verhalten**
  Durch Beratung, Coaching oder Psychotherapie beispielsweise die Gründe für die Berufswahl betrachten. Denn wer psychisch davon lebt, bei anderen bestimmte Resonanzen hervorzurufen – im Wesentlichen Anerkennung und Zuneigung –, lebt sicherlich Burnout gefährdeter.

2. **Ansatzpunkt: die oder der Einzelne im Kontext der Organisation**
   - **Personalauswahl**
     F. D. Roosevelt meinte: „Wenn du die Hitze in der Küche nicht aushältst, geh besser raus." Um Burnout zu vermeiden, müsste man sagen: „Geh am besten erst gar nicht hinein." Bewerber mit offensichtlichem „Helfer-Syndrom" sollten z.B. von einer Krankenpflegeschule abgewiesen werden.
   - **Zeit- und Selbstmanagement**
     Dazu gehören auch Arbeitstechniken und das Kompetenzmanagement.
   - **Training in sozialer Geschicklichkeit**
     Bei vielen Personen würde es helfen, bei der Selbstbehauptung, beim „Neinsagen" anzusetzen.
   - **Bekämpfung unrealistischer Erwartungen**
     Es existieren in den unterschiedlichsten Bereichen Mythen, wie bei-

spielsweise die Meinung, dass man mit seiner Ausbildung der Arbeitssituation gewachsen sei. Das drückt sich unter anderem im Satz „Einem Ingenieur ist nichts zu schwör." aus. Unrealistische Erwartungen bestehen manchmal auch darin, dass man annimmt, andere bräuchten Hilfe von einem, was zu Frustrationen auf beiden Seiten führen kann, wenn dies nicht vorab geklärt wurde.

- **Work-Life-Balance**
  Ein Kernproblem der arbeitenden Bevölkerung aller industrialisierten Nationen ist: Wie verhindere ich, dass meine Arbeit mein Leben auffrisst und wie behalte ich trotzdem meinen Job?
- **kollegiale Unterstützungsgruppen**
  Darunter werden geleitete, strukturierte Gruppen (z. B. Erfahrungsaustauschgruppen) verstanden.
- **individuelle kollegiale Unterstützung**
  Diese wird viel zu selten genutzt. Oft würde ein „Rippenstoß" unter zweien, die sich gut kennen oder befreundet sind, schon helfen.
- **Beratung und Coaching**
- **Karriereplanung**
  Die Vermeidung eines „Karriereknicks" wäre in der heutigen Zeit der Unberechenbarkeit besonders nötig. Besonders Selbstständige müssen ihre Karriereplanung in die eigene Hand nehmen. Nicht wenige Zahnärzte, Anwälte oder Steuerberater kompensieren ihren immer gleichen Arbeitsalltag durch Vortragsreisen, Fortbildungen und Beiträge in Fachzeitschriften.
- **Psychotherapie und Überweisung zum Arzt**
- **Beratung und Hilfe bei Rehabilitationsmaßnahmen**
  Eine niederländische Studie ergab beispielsweise, dass nur 55 % der wegen Burnout krankgeschriebenen Mitarbeiter an ihren Arbeitsplatz zurückkehren. Hier wären Wiedereingliederungshilfen eine lohnende Investition für die Organisationen.
- **Arbeitsplatzwechsel**
  Auch ein Arbeitsplatzwechsel (entweder innerhalb oder auch außerhalb der Organisation) ist eine präventive Möglichkeit. Allerdings ist hier zu beachten, dass man nicht vom „Regen in die Traufe" wechselt.

3. **Ansatzpunkt: die Organisation**
   - **Mitarbeiterbefragungen und psychosozialer Check-up**
     Diese sind immer zu empfehlen, vorausgesetzt, die Ergebnisse verschwinden nicht in der Schublade, sondern werden aktiv in Veränderungen umgesetzt.

Wenn in solchen Befragungen Stress- oder Burnout-Fragebögen eingebaut werden (selbstverständlich anonym), dann nimmt sich die Organisation sozusagen den Puls und darüber hinaus wird das Thema aus der Tabuzone befreit. So gibt es beispielsweise vom Institut für Sucht- und Gesundheitsforschung ISGF Zürich einen Fragebogen zur Erfassung von Mitarbeiterzufriedenheit und Burnout in der Suchthilfe (QuaThe-Team-58).

- **Arbeitsgestaltung im weiteren Sinn**
  Dazu zählen Job-Enlargement, Job-Enrichment, Job-Rotation, Rollenklärung und Arbeitszirkel beispielsweise zur Verbesserung der technischen Arbeitsumstände (z. B. Beleuchtung, Belüftung etc.).
- **Arbeitszeitgestaltung**
  Durch großzügige Gewährung von Freizeit, Sabbat-Monaten und Teilzeitarbeit sowie Verhinderung exzessiver Überstunden sollte das Burnout-Potenzial verringert werden.
- **Management-Entwicklung**
  Empfehlungen zu Burnout präventivem Führungsstil im Rahmen der Personalentwicklung tragen ebenfalls positiv zur Prävention bei.
- **Karrieremanagement**
  Auch das Karrieremanagement, das unter anderem die Fort- und Weiterbildung, die Potenzialentwicklung und den Personaleinsatz (die richtige Frau/der richtige Mann am richtigen Platz) beinhaltet, trägt zur Vermeidung von Burnout bei.
- **Weiterbildung**
  Um dauerhaften Stress zu vermeiden, ist ein lebenslanges Lernen vor allem für Arbeitsplätze mit raschem technologischen Fortschritt unverzichtbar (z. B. im EDV-Bereich). In den 1980er-Jahren haben sich Trainings in Kommunikation, Kooperation und Konfliktbewältigung als Mittel gegen Burnout bewährt.
- **Fitness- und Wellness-Programme**
  Manche Großfirmen machen ihren Mitarbeitern derartige Angebote oder sie subventionieren einen firmeneigenen Sportverein, was sich finanziell sogar rechnen soll.
- **vorbeugende Sozialisierung**
  Dazu zählen Programme, die die Bewerber vor der Einstellung mit den Realitäten des Berufs vertraut machen, und schrittweise Einführungsprozesse, die die Arbeitsbelastung anfangs niedrig halten. Es gibt für beides positive Erfahrungsberichte (z. B. wurde die Fluktuationsrate gesenkt).

- **Konfliktmanagement, Informationsfluss, Entscheidungsbeteiligung**
  Cherniss (1995) schlägt Trainings zur Verbesserung des „organisationalen Verhandlungsgeschicks“ vor. Das Verhandlungsgeschick soll sich auf drei Komponenten erstrecken: 1. die Fähigkeit, Konflikte mit Kollegen und Vorgesetzten zu vermeiden oder zu lösen, 2. für eigene Initiativen die Unterstützung der Organisation zu finden und 3. ein analytischer und behutsamer Umgang mit Schwierigkeiten innerhalb der Organisation. Dadurch kann manche Falle umgangen werden.
- **Organisationsentwicklung**
- **Gesetzgebung** (z.B. Arbeitssicherheit)
  Maßnahmen zur Prävention von Stress und Burnout sparen oft mehr ein als sie kosten. So sind beispielsweise die Organisationen in Österreich verpflichtet, auch die psychischen Belastungen am Arbeitsplatz zu evaluieren und gegebenenfalls Maßnahmen einzuleiten.
- **firmeneigene Hilfsangebote**
  Obwohl Konsens unter den Wissenschaftlern besteht, dass sich dort investiertes Geld mehrfach amortisiert, scheint es derartige Programme mehr in den USA, weniger aber in Europa zu geben. Hier liegt eine ungenützte Chance! So hat beispielsweise Leica Geosystems AG in der Schweiz einen eigenen Sozialberater, der schon viel abfangen kann.
- **Outplacement**
  Das beinhaltet Hilfe bei der Neubeschäftigung von Mitarbeitern, die das Unternehmen verlassen müssen. Bei „Massenentlassungen“ kommt es immer wieder vor, dass Firmen diese Dienstleistung breiter anbieten, unter Umständen mithilfe externer Berater oder des Arbeitsmarktservices.
- **Workshops**
  Entsprechende Interventionen in Form von Workshops können ebenfalls präventiv wirken.

Burischs Präventionsprogramm ist als gute Ergänzung zum existenzanalytischen Ansatz zu empfehlen. Er ist ein ausgewiesener Experte auf diesem Gebiet. Besonders schätzenswert ist die Genauigkeit und fachliche Begründung seines Vorgehens: das Thema ist wissenschaftlich fundiert und umfassend aufbereitet (auch Nachbardisziplinen wurden betrachtet). Er entwickelte zudem einen Fragebogen zur Selbsteinschätzung, das Hamburger Burnout-Inventar (siehe dazu Kapitel 3.2, Punkt 5).

4.3 Responsible Leadership
(Burnout-Prävention nach Leibovici-Mühlberger)

Wie bei Leiter und Maslach wird hier der Blickwinkel auf die Organisation gelegt. Erstere fokussieren auf den Einzelnen in seinem Arbeitsumfeld und die inhaltliche Gestaltung der Arbeit. Im Gegensatz dazu wird beim Ansatz der „Responsible Leadership – Caring Culture" ausgehend vom Gesundheitsmanagement beschrieben, was aus Sicht der Unternehmensführung unternommen werden kann. Nach Leibovici-Mühlberger (2011, S. 23 f.) gilt es, fünf Kernbereiche (Säulen) einer Organisation zu stärken und somit ebenfalls zur Prävention von Burnout bei Mitarbeitern beizutragen:

Säule 1: Stärkung der Eigenwahrnehmung als Führungskraft – Sensibilisierung für Vorzeichen eigener Erschöpfung

Schritt 1: Selbstcheck (Wie bemerke ich erste Vorzeichen von Burnout bei mir selbst?)

Schritt 2: Entlastungsportfolio erstellen (Delegationsmöglichkeiten, Ressourcen, unterstützende Netzwerke)

Schritt 3: neuerlicher Selbstcheck

Schritt 4: professionelle Stressorenanalyse, falls keine oder mangelnde Verbesserungen in Schritt 3 erzielt wurden

Säule 2: Stärkung der eigenen Wahrnehmung von anderen

Schritt 1: Wahrnehmung meines Mitarbeiters bezüglich erster Vorzeichen von Burnout (Checkliste zur Unterstützung)

Schritt 2: zeitgerechtes Mitarbeitergespräch bei Burnout-Verdacht

Schritt 3: unterstützende Maßnahmen für den Betroffenen

Säule 3: Stärkung der Interaktionskultur

Säule 4: Stärkung der Organisationsstruktur

Säule 5: Stärkung der Prozesskultur

Ganz im Sinne der Existenzanalyse ist die Ansicht Leibovici-Mühlbergers: „Unbestritten ist, dass der Bereich persönlicher Eigenverantwortung jedes Einzelnen für ein mögliches Burnout von zentraler Bedeutung ist." (ebd., S. 23). Es scheint, als ob die beschriebene Vorgangsweise auf dem in der Existenzanalyse Wesentlichen wie Entscheidung, Freiheit und Verantwortung aufbaut. Sie kann demnach als eine gute, strukturierte Ergänzung der grundlegenden Ansätze der Existenzanalyse dienen.

4.4 Balance in Stress- und Belastungssituationen (Burnout-Prävention nach Linneweh, Heufelder, Flasnoecker)

Für die ganzheitliche Balance ist nach Linneweh, Heufelder und Flasnoecker (2010, S. 61 f.) das Selbstmanagement zentral. Dazu gehören:
- Selbstverantwortung (Körper): Erkennen physischer Stressreaktionen, bewusstes Umgehen mit dem eigenen Körper und ein ökonomischer Einsatz der zur Verfügung stehenden Kräfte
- Selbstmotivation (Psyche): subjektives Stresserleben, Einstellung, Stresstoleranz und Gelassenheit
- Selbst- und Sinnkompetenz (Geist): Stressursachen erkennen, Möglichkeiten, sich selbst treu bleibend und selbstbestimmt zu leben, Orientierungsmuster, Normen und Wertvorstellungen

Zur körperlichen Balance tragen die richtige Bewegung (auch körperliche Fitness), Ernährung (inkl. Essen mit Genuss und Freude) sowie die Muße, das richtige Maß und die Meditation (Pausen-, Freizeit- und Urlaubsgestaltung, erholsamer Schlaf, Entspannungsmethoden) bei.

Bei der ausführlichen Beschreibung der psychischen Balance wird hervorgehoben, dass hierfür die Einstellung von großer Bedeutung sei.

Bei der geistigen Balance geht es um:
- eine Life-Balance von Beruf/Leistung/Erfolg, Familie/Freunde/soziale Kontakte und Freizeit/Gesundheit/körperliches Wohlbefinden
- eine Familie und Partnerschaft als sozialer Rückhalt
- Lebensprioritäten mit der Überprüfung eigener Ziele ("Love it, change it or leave it, but change yourself.")
- Werte: Vor wem verantworte ich mein Tun? Ist es vorwiegend selbstbestimmt oder fremdbestimmt?
- Lebensphasen und Lebenssinn

Für die berufliche Balance ist ein „gesundes" Unternehmen im Sinne der betrieblichen Gesundheitsförderung wichtig. Daneben ist dafür zu sorgen, dass:
- der zunehmenden Fremdbestimmtheit entgegengewirkt wird
- Lernen und Reifen erfolgt und somit auf Ressourcen und Kompetenzen geachtet wird
- auf Selbstkompetenz in der Führungsrolle Wert gelegt wird
- stärkende Netzwerke geschaffen werden

Auch Zeitmanagement und Arbeitsorganisation könnten entlasten.

Weiters kann Folgendes helfen, die berufliche Balance zu verbessern:
- Zeitdruck reduzieren
- Entscheidungsdruck ohne ausreichende Information und ohne ausreichende Zeit vermeiden
- richtiger Umgang mit Ärger und Konflikten
- Wettbewerbsdruck in Beruf, Familie und sozialer Umgebung abbauen
- Rollendefinition in Beruf, Familie und sozialer Umgebung
- Rückmeldung, Anerkennung, sachliche und emotionale Unterstützung

Die Autoren geben eine Checkliste an, die bei der Zeit- und Arbeitsorganisation zur Analyse der Tätigkeiten und Aufgaben hilfreich sein kann. Wir finden sie wertvoll und möchten sie unseren Lesern daher nicht vorenthalten:

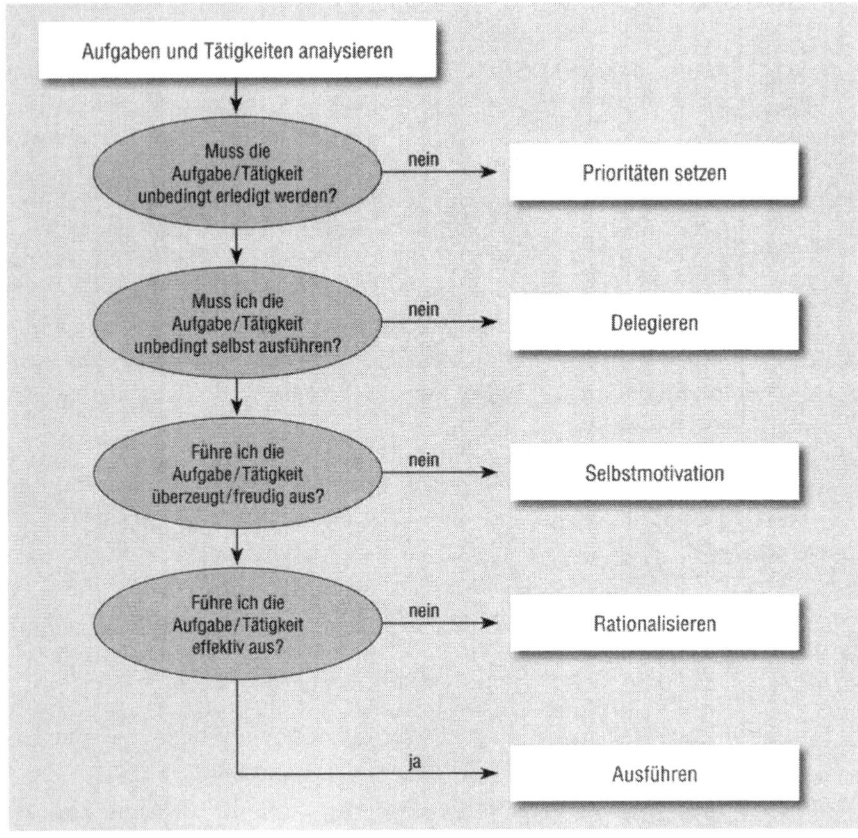

Abb. 8: Checkliste zur Analyse und Ordnung der Aufgaben nach Kernen (1999)

Linneweh et al. verstehen unter Burnout-Kompetenz „die Fähigkeit, mit Spannungs- und Belastungssituationen erfolgreich umzugehen, d.h. den Umgang mit sich selbst, seiner Umwelt und seinen Mitmenschen so zu organisieren, dass die Wirkung von Stressoren minimiert, Stresstoleranz und Stressabwehr aber maximiert werden" (ebd., S. 217). Diese Burnout-Kompetenz kann durch persönliche Gesundheitsförderung aufgebaut werden.

Dieser Ansatz wurde deshalb hier eingebracht, weil er die ganzheitliche Lebensbalance im Fokus hat. So erfolgt sowohl für den Körper als auch für die Psyche und den Geist eine Anamnese als Basis für das weitere Vorgehen. Darauf baut die Therapie auf. Diese Vorgangsweise ist weiters von Interesse, weil sie dasselbe Menschenbild von Körper, Psyche und Geist zur Grundlage hat wie die Existenzanalyse.

Tab. 2: Darstellung eines ganzheitlichen Programms für Burnout-Prävention nach Linneweh, Heufelder, Flasnoecker (2010, S. 218)

	Anamnese	**Therapie**	**Umsetzung**
Modul A – Körper	**Medizinische Anamnese** • Neurostressprofil • Hormonprofil • Genprofil • oxidatives Stressprofil **Anamnese der Risikofaktoren** • Lifestyle • familiäre Risiken • Medical Check	**Medizinischer Therapieplan** • Analyse und Interpretation der medizinischen Ergebnisse **Aktive Lebensführung** • Ernährungsplan • körperliches Fitnessprogramm • Entspannungsübungen	**Kontrolle der Laborwerte** • Anpassung des Therapieplans **Aktive Lebensführung** • Überprüfung und Coaching • Überwindung von Widerständen zur Verhaltensänderung
Modul B – Psyche	**Persönlichkeitsanalyse** • Burnout-Test • gefährdete Persönlich • keitstypen • Selbst- und Fremdbestimmung	**Psychische Balance** • Erhöhung der Stresstoleranz • Veränderung stresshafter Einstellungen • Persönlichkeits- und Selbstkompetenz	**Veränderung stresshafter Lebensstile** • Arbeits- und Zeitmanagement • Stress- und Burnout-Prophylaxe • Teamentwicklung mit Partnern und Mitarbeitern
Modul C – Geist	**Life Balance** • Partnerschaft • Freizeit • berufliche Stressursachen	**Führung der eigenen Person** • Lebensprioritäten • familiäre und berufliche Lebensplanung • Work-Life-Balance	**Selbstmanagement** • Training on the job • Beseitigung von Rollenkonflikten • persönliches Wachstum

4.5 Förderung der psychosozialen Gesundheit (Burnout-Prävention nach Kaluza)

Kaluza (2011) entwickelte im Auftrag des Deutschen Roten Kreuzes ein Gesundheitsförderungsprogramm zur Wiederherstellung und Aufrechterhaltung der seelischen Gesundheit. Dieses Programm wird hier deshalb vorgestellt, weil es große Ähnlichkeit mit der Struktur der existentiellen Grundmotivationen hat und einen inhaltlichen Schwerpunkt auf die psychosozialen Ressourcen legt. Ein primär ressourcenorientierter Ansatz und die Stärkung des Individuums ist generell als nützlich anzusehen. Das Motto dieses Gesundheitsförderungsprogrammes ist: „Gesundheit fördern durch Schatzsuche statt Fehlerfahndung – Wir begleiten Sie auf der Schatzsuche und geben Ihnen Werkzeuge zur Schatzsuche in die Hand" (ebd., S. 14).

Es gliedert sich in folgende vier Module:

Modul 1: Selbstfürsorge – Wohlbefinden und angenehmes Erleben im Alltag
Modul 2: soziales Netzwerk und soziale Unterstützung
Modul 3: Selbstwirksamkeit – Vertrauen in die eigenen Stärken
Modul 4: Sinnorientierung – Wert-Zielklärung und positives Zukunftskonzept

Modul 1 beinhaltet „die Förderung eines angenehmen, genussvollen Erlebens im Alltag auf Basis einer selbstfürsorglichen Grundhaltung" (ebd., S. 15). Hier geht es um Themen wie Wohlbefinden im Alltag (Was habe ich heute Angenehmes erlebt?), Genussquellen (Was macht bzw. machte mir Freude?), Herstellen von Wohlbefinden (Wie kann ich mir selbst Gutes tun?) und ein Wohlfühlprojekt (Was will ich zukünftig für mich tun?).

Intention des Moduls 2 ist der „Aufbau und die Pflege eines unterstützenden sozialen Netzes und das Erleben positiver, nährender sozialer Beziehungen" (ebd., S. 15). Dies soll erreicht werden durch die Reflexion über das eigene soziale Netzwerk (Wer gehört dazu? Wer tut mir wie gut?) und wie es gepflegt wird (Was tue ich bereits? Was werde ich zukünftig tun?).

Im Modul 3 geht es um „die Stärkung von gesundheitsförderlichen Einstellungen, insbesondere im Hinblick auf eine optimistische Selbstwirksamkeitsüberzeugung" (ebd., S. 15). Behandelt werden hier Themen wie Erfolge und Stärken, wofür die jeweilige Person Anerkennung verdient, wie sie gedanklich gut mit sich umgeht und wie sie ihren Optimismus stärken kann.

Modul 4 fokussiert auf die „Auseinandersetzung mit eigenen Werten, Zielen und Zukunftsvorstellungen als mögliche Sinnstifter und zur Stärkung des Sinnhaftigkeitsgefühls" (ebd., S. 15). Hier werden die Fragen behandelt: Welche Werte leiten mich? Wo will ich hin? Welches Ziel setze ich mir? Was werde ich tun?

Das Programm ist sehr übersichtlich strukturiert. Es versucht, eine fast „checklistenartige" Vorgangsweise mit dem Erleben zu verbinden. Gemeinsamkeiten mit der existenzanalytischen Vorgangsweise finden sich bei allen Modulen (vgl. Kapitel 5). Der Kursleiter kann flexibel vorgehen und einige vom Programm vorgegebene Arbeitsblätter nützen.

Gesamthaft kann gesagt werden, dass dieser Ansatz bei der Existenzanalyse vorzufinden ist, allerdings ist die Vorgangsweise in der Existenzanalyse vertiefter.

4.6 Salutogenese und Ressourcenmanagement (Burnout-Prävention nach Meier Kernen und Kernen)

Dieser Ansatz zur Burnout-Prävention legt besonderen Wert auf die betrieblichen Ressourcen und die Salutogenese (und somit auf Positives). Dabei geht es um das subjektive Erleben des Menschen im Kontext der Arbeit, das durch die Organisation, die Führungskraft und die Person selbst beeinflusst werden kann. Meier Kernen und Kernen zeigen in Form einer Pyramide die Stadien von der Gesundheitsförderung bis hin zur Wiedereingliederung nach einem Burnout und parallel dazu die Bereiche des persönlichen und betrieblichen Ressourcenmanagements (s. Abb. 9).

Meier Kernen und Kernen (2013, S. 83 f.) haben in einer empirischen Studie die zentralen Ressourcen evaluiert, die zur Burnout-Prävention beitragen und zugleich die Gesundheit fördern. So beschreiben sie folgende Ressourcen im Arbeitsfeld:

1. **Professionelle Ressourcen** (wie ich meine Tätigkeit erlebe)
   - Transparenz in der Arbeit
   - Ganzheitlichkeit
   - Entscheidungs- und Kompetenzspielraum
   - Qualifikationspotenzial
   - Aufgabenvariabilität

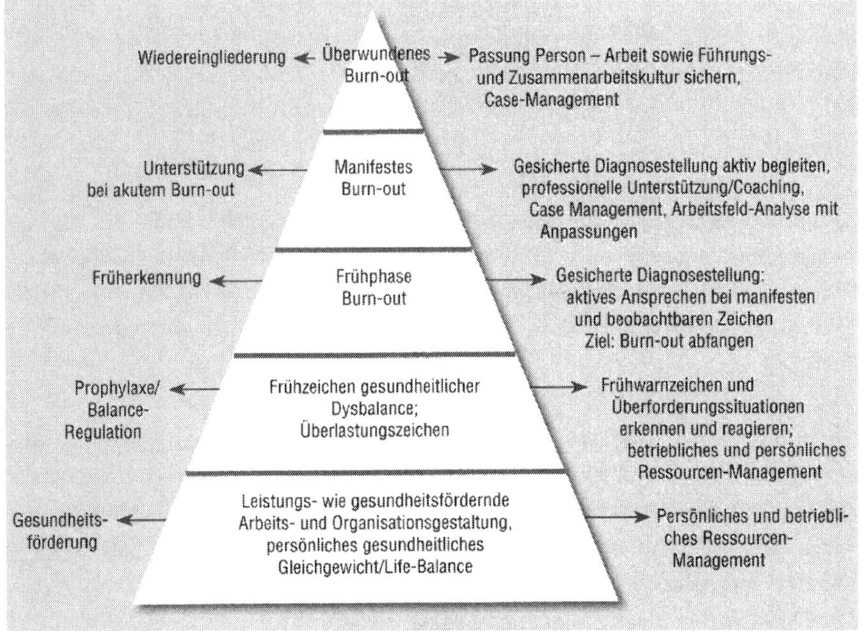

Abb. 9: Betriebliches Ressourcenmanagement nach Kernen (1999)

Zentral dabei ist das subjektive Erleben.

2. **Institutionelle Ressourcen**
   - Sozialverhalten Vorgesetzte
   - Sozialverhalten Arbeitskollegen
   - quantitative positive Herausforderung
   - qualitative positive Herausforderung

3. **Persönliche Ressourcen:** die wichtigsten seien
   - soziale Unterstützung
   - Kohärenzgefühl (Verstehbarkeit, Handhabbarkeit, Sinnhaftigkeit)

Neben diesen Ressourcen sollte auf die betrieblichen Rahmenbedingungen als weitere strukturelle und kulturelle Einflussfaktoren geachtet werden. So haben sich eine Vertrauenskultur, eine Kooperations- und Konfliktbewältigungskultur und eine Innovations-/Lernkultur als besonders wirksam erwiesen.

Generell ist es wichtig, „dass sich das Management als oberste Priorität für die Mitarbeitenden ... einsetzt und diese als Menschen (Eigenwert) und nicht nur als Arbeitskraft (Nutzwert) schätzt." Weiters ist es Aufgabe des Managements, „den Mitarbeitern zu ermöglichen, Sinn durch ihre Aufgabe und Tätigkeit zu finden, indem eine sinnorientierte und dialogische Vertrauenskultur durch die Führung gelebt wird. Dazu braucht es Freiraum und Entwicklungsmöglichkeiten in der Arbeit." (ebd., S. 90).

Meier Kernen und Kernen arbeiteten in zwei Schritten. Zuerst erhoben und visualisierten sie die subjektiv erlebbaren Ressourcen mittels eines validierten und periodisch neu geeichten Fragebogens. Aufgrund dieser Ergebnisse erfolgte im Rahmen eines Gesprächs das phänomenologische Ergründen des Ressourcenempfindens und dessen vielfältiger Ausprägungen mit den Einflussfaktoren in der dazugehörigen Lebenssituation.

Dieser Ansatz verbindet sehr schön sowohl eine quantitative als auch eine qualitative Vorgangsweise. Er wurde empirisch untersucht und aktuell an über 5.000 Beschäftigten angewendet. Daher ist er aussagekräftig. Der Ansatz bezieht sich mehrheitlich auf die Schweiz und hauptsächlich auf Personen im erwerbsfähigen Alter zwischen 30 und 60 Jahren. Es ist jedoch anzunehmen, dass er auf den deutschsprachigen Raum übertragbar ist. Daher sollten Interessierte ermuntert werden, diesen Ansatz genauer für sich in Betracht zu ziehen, und sich gegebenenfalls mit Meier Kernen und Kernen in Verbindung setzen.

Das Konzept des persönlichen und betrieblichen Ressourcenmanagements hat eine Nähe zur Existenzanalyse in der Gewichtung des subjektiven Erlebens und im phänomenologischen, persönlich geführten Gespräch.

4.7 Sinn in der Arbeit
(Burnout-Prävention nach Pattakos)

Pattakos' Anleitungen zur Burnout-Prävention beruhen auf der Logotherapie von Viktor Frankl. Er entnimmt ihr sieben Prinzipen, die seiner Meinung nach präventiv wirken. Sinn sei für die Prävention deshalb zentral, weil er helfe, das Denken neu zu strukturieren: „Durch die Suche nach Sinn können wir Schematismen durchbrechen, unser Denken neu strukturieren, uns aus erstarrten Mustern lösen, den Schlüssel finden, mit dem wir die Tür unserer metaphorischen Gefängniszelle aufschließen können." (Pattakos 2005, S. 25).

Die folgenden sieben Prinzipien Frankls geben Pattakos' Meinung nach dem Leben und der Arbeit Sinn (Pattakos 2005):

1. Wir können unsere Einstellung gegenüber allem frei wählen. Unsere Wahlfreiheit am Arbeitsplatz erlangen wir nur, wenn wir uns als Teil der Lösung sehen und nicht als Teil des Problems.
2. Wir können unseren Willen zum Sinn erfüllen, wenn wir uns bewusst für sinnvolle Werte und Ziele engagieren. Der Wille zum Sinn kommt von innen. „Wir haben nicht nur die Wahl, wir tragen auch die Verantwortung für unsere Wahl." (ebd, S. 90).
3. Wir können in jedem Augenblick unseres Lebens Sinn entdecken.
4. Wir können lernen zu erkennen, wie wir nicht gegen uns selbst arbeiten.
5. Wir können uns aus der Distanz betrachten, um Einsichten und neue Perspektiven zu entwickeln, und über uns lachen.
6. Wir können unsere Aufmerksamkeit so lenken, dass wir auch sehr schwierige Situationen bewältigen.
7. Wir können über uns hinauswachsen und die Welt verändern, und sei es nur ein kleines bisschen.

Das Ansinnen von Pattakos ist hoch gesteckt, doch lässt das Ergebnis zu wünschen übrig. Die sieben Punkte erwecken den Anschein, eher willkürlich aneinandergereiht zu sein. Eine Systematik der Auswahl und Begründung, warum es gerade diese braucht, würde helfen, besser zu verstehen, warum sie zusammengehören. So wirken manche Punkte doch eher einfach, machen sich z. T. wie Glaubenssätze aus und geben obendrein keinen praktischen Zugang und kaum konkrete Anleitungen zur Durchführung.

Frankl hat uns ein viel fundierteres Erbe hinterlassen. Burnout-Prävention könnte besser im Sinne Frankls beschrieben werden, wenn wir beispielsweise seine „3 Wertekategorien" (Erlebniswert, schöpferischer Wert und Einstellungswert) auf die Organisationen und die Arbeit in ihnen anwenden. Darauf wird in Kapitel 6.4 eingegangen.

5 Burnout-Prävention – der existentielle Schutz

5.0 Die existentiellen Grunddimensionen als die Säulen der Prävention

Wie schon im ersten Kapitel „Die existentielle Perspektive" erläutert, geht es in der Existenzanalyse um die Bedingungen, die zu einer erfüllten Existenz führen. Das Anliegen ist also, herauszufinden, was es braucht, um zu einem erfüllenden Leben zu gelangen. Wie schon erwähnt, ist dafür vor allem das persönliche, innere Einverständnis zu dem, was man tut, wichtig, diese *innere Zustimmung*.

Dies sind nicht nur theoretische Überlegungen. Wie wichtig es ist, innerlich Ja zu sagen, schlägt sich z.B. in der Arbeitszufriedenheit nieder. Das lässt sich auch messen. So zeigen zahlreiche Studien, von denen wir gerade mal zwei herausgreifen, dass ein solcher Zusammenhang zwischen innerer Zustimmung und Arbeitszufriedenheit auch tatsächlich besteht. Bostelmann (2013) arbeitete diesen Zusammenhang bei Lehrenden heraus und konnte dabei eine direkte (inverse) Korrelation zwischen Arbeitszufriedenheit und Burnout in der Lehrtätigkeit finden. Das heißt, je mehr innere Zustimmung und Zufriedenheit mit der Arbeit bei den Lehrenden da war, desto mehr waren sie vor Burnout geschützt.

Zu ganz ähnlichen Ergebnissen kamen Schermuly et al. (2011): Sie fanden einen Zusammenhang zwischen Empowerment, Arbeitszufriedenheit und emotionaler Erschöpfung bei Konrektoren (stellvertretenden Schulleitern). Das Interessante an dieser Untersuchung ist, dass die emotionale Erschöpfung nicht nur bei guter Arbeitszufriedenheit geringer ist (bzw. die Arbeitszufriedenheit größer ist bei geringer emotionaler Erschöpfung – Korrelationen geben bekanntlich keine Richtung vor), sondern dass die Arbeitszufriedenheit mit dem Empowerment noch stärker korreliert als mit der emotionalen Erschöpfung. Die statistische Beschreibung des Empowerments weist wiederum gute Korrelationen auf mit Größen, die mit den existentiellen Grundmotivationen parallel gehen (hier bezeichnet als Kompetenz, Bedeutsamkeit, Selbstbestimmung, Einfluss).

Empowerment ist eine in den USA gebräuchliche Bezeichnung für eine „Ermächtigung" zur Selbstständigkeit, die den Mitarbeitern Autonomie und Mitbestimmungsmöglichkeiten am Arbeitsplatz zuspricht. Damit verbunden ist ein offener Zugang zu Information und intensivierte (aufgabenbezogene) Kommunikation mit Kollegen und Vorgesetzten. Dies ist ein interessantes, sehr existentielles Konzept, das dem Einzelnen großen Respekt für seine Person und Fähigkeiten entgegenbringt und natürlich nur funktioniert, wenn die Mitarbeiter mit dem Vertrauen und der Erweiterung ihres persönlichen Spielraums (und der damit verbundenen persönlichen Verantwortung) einverstanden sind. Auch wenn damit einer Humanisierung des Arbeitsplatzes nicht unbedingt das Wort geredet wird (oder für Mitbestimmung plädiert wird), bringt eine solche Unternehmensphilosophie doch eine Herausforderung der Mitarbeiter mit sich, sich persönlich zu engagieren und eigene Entscheidungen zu treffen. Damit ist eine Provokation der inneren Zustimmung zu dem, was sie tun, verbunden. Man kann nicht mehr so leicht unbeteiligt sein. Aus existentieller Sicht könnte darin ein wichtiger Grund für den Erfolg liegen (vgl. http://wirtschaftslexikon.gabler.de/Archiv/55835/empowerment-v9.html).

Dem Burnout geht immer eine Belastung voraus. Doch wie setzt sich diese Belastung zusammen? Dazu hat Jiménez (2000) von der Universität Graz einen interessanten empirischen Zugang entwickelt. Er entwarf nämlich einen sehr strukturierten Fragebogen zur Analyse des Belastungserlebens und überprüfte ihn empirisch (ABEL 2000). Das in unserem Zusammenhang Interessante ist, dass sich die Subskalen sehr mit den Inhalten der Grundmotivationen der Existenzanalyse überschneiden. Er bezeichnet sie als Erleben von Kontrolle und Vorhersagbarkeit (was einen Teil der 1. Grundmotivation abdeckt), Sinnverlusterleben (4. Grundmotivation), Erleben von emotionaler Erschöpfung (2. Grundmotivation), sozialer Rückzug (vermutlich 2. und 3. Grundmotivation) und reduzierte Leistungsfähigkeit (was wieder mit der 1. Grundmotivation zusammenhängt). Eine kleine Zugabe: Jiménez, Dunkl und Bramberger (2013) geben auf der Homepage des research teams die Möglichkeit für eine kurze kostenlose Burnout-Testung gemäß ihrer Theorie.

Diese empirische Untersuchung bestätigt weitgehend, was von der Existenzanalyse theoretisch als für ein seelisch gesundes Leben erforderlich beschrieben wird (siehe auch die zahlreichen Untersuchungen dazu, die mit der Existenzskala gemacht wurden – Längle, Orgler, Kundi 2000 –, bzw. überhaupt im Rahmen der Logotherapie über die Bedeutung der Sinnfindung – Batthyány 2016). Wir haben schon in Kapitel 3.4.3 auf die ursächliche Verbundenheit der existentiellen Grundmotivationen mit dem Burnout hingewiesen. Es wird im weiteren Verlauf noch deutlicher sichtbar, wie das Burnout mit Mangelzuständen in den vier Grundmotivationen verbunden ist. Wir können an dieser Stelle einleitend schon resümieren, dass die beste Burnout-Prävention aus existenzanalytischer Sicht darin besteht, den vier Grundbedingungen der Existenz Genüge zu tun und in jeder Dimension zu einer inneren Zustimmung zu kommen. Was es dazu braucht und wie das gehen kann, ist Inhalt dieses Kapitels.

Entsprechend den vier Grundbedingungen der Existenz kann man für die Prävention vier Säulen beschreiben, die in den nachfolgenden Kapiteln ausführlich behandelt werden. Vorab und für einen Überblick wird hier eine kurze Zusammenstellung gegeben:

1. Säule: Es geht zunächst darum, Ja sagen zu können zu seiner „Welt" mit ihren Bedingungen und Möglichkeiten, um einen Ansatzpunkt zu haben für tatsächliche Veränderungen. Dies wird erreicht, indem man daran arbeitet, sowohl seinen Körper (Selbstbezug) als auch die Außenwelt mit ihren Gegebenheiten (Weltbezug) annehmen und aushalten zu lernen. Dafür braucht es Schutz, Raum und Halt, um das Gegebene annehmen zu können und sich in der Folge auch darauf beziehen zu können.
2. Säule: Nun geht es um das Ja zu seinem eigenen Leben und zu seinen Gefühlen. Dies wird erreicht, indem man auf seine Gefühle achtet (Selbstbezug) und sich den Werten (Weltbezug) zuwendet. Dann wird auch der Wert der Arbeit fühlbar. Dafür braucht es Beziehung, Zeit und Nähe zu dem, was man tut, um die Wertigkeit der Inhalte, mit denen man befasst ist, fühlen zu können.
3. Säule: Die nächste Dimension stellt das Ja zu sich selbst und zu seinem Personsein dar. Dies wird erreicht, indem man den Blick auf sich als Person (Selbstbezug) und auf die anderen (Weltbezug) richtet und „wirklich hinsieht", d.h. versucht, das Wesentliche zu erfassen. Dafür braucht es Beachtung, Gerechtigkeit, Anerkennung und Wertschätzung, um sich selbst sein zu können und seine Authentizität zu finden.
4. Säule: Auf dieser Grundlage ist ein volles Ja zu seiner Zukunft und zu den größeren Zusammenhängen, in denen man sich vorfindet bzw. in die man sich hineinbegeben hat, möglich. Dazu ist es wichtig, das Betätigungsfeld, den Wert des Kontextes und einen Wert in der Zukunft zu sehen, um zum Werden in der Welt beitragen zu können und in diesen Sinnzusammenhängen fruchtbar werden zu können. So wird ein sinnvolles Handeln (aus der subjektiven Sicht des Akteurs) erreicht.

In der Arbeit mit diesen Inhalten besteht eine gewisse Abfolge für die Burn-out-Prävention, die zwar nicht starr ist, aber als Richtlinie eine Idee zur Vorgangsweise liefert (s. Abb. 10):

1. Die Burnout-Prävention setzt naturgemäß an den *Voraussetzungen für die Erfüllung der Grundmotivationen* an. Das heißt konkret, dass
   - Schutz, Raum und Halt (1. GM) zu schaffen ist, um die Realität annehmen und aushalten zu können und Vertrauen zu erleben.
   - Beziehung, Zeit und Nähe zu gewinnen ist, um durch Zuwendung und manchmal auch Trauern in eine Verbundenheit zu kommen mit sich selbst, den anderen Menschen und Dingen, und Werte zu finden (2. GM).
   - Selbstwert durch Beachtung, Gerechtigkeit und Wertschätzung (3. GM) entwickelt wird, was Authentizität ermöglicht.
   - Sinn durch ein Tätigkeitsfeld, das in einem größeren Ganzen gesehen wird und Werte in der Zukunft enthält (4. GM), entstehen kann, wodurch das Leben als ganzes einen Sinnzugang erhält.
2. Solange diese Voraussetzungen nicht erfüllt sind, wird wieder an ihnen gearbeitet oder man kehrt zu jener zurück, die weiterhin oder jetzt erst als defizitär aufscheint.
3. Sind die Voraussetzungen erfüllt, ist es möglich, mit voller innerer Zustimmung zu leben und zu arbeiten. Das bedeutet, dass fortan die persönliche Befähigung zur Hingabe an die Tätigkeit gegeben ist. Man ist offen und zugänglich für die Angebote und Anforderungen aus der Welt und aus sich selbst. Ein dialogischer Austausch kann stattfinden.[2] Man beginnt, in der Welt frei zu atmen, selbst wenn man mit Problemen zu tun hat, weil man wirklich mit sich lebt. Das verändert alles. Es entsteht eine ganz andere Art, die Arbeit zu erleben und zu erfüllen: sie wird persönlich auf sich bezogen, einmalig in der Anforderung, und man erlebt sich selbst in seiner Einmaligkeit und Einzigartigkeit als nicht austauschbar.

---

[2] Zur Wichtigkeit des inneren und äußeren Dialogs wurde in der Existenzanalyse mehrfach gearbeitet (Kolbe 2001; Längle 1992; 2004; Sykes 2010, S. 127–153; Steinert 2014). Der offene Dialog gilt in der Existenzanalyse als Kriterium für seelische Gesundheit. Psychische Störungen treten also demgemäß dort auf, wo es zu Fixierungen kommt, sodass kein freier Austausch nach innen und außen möglich ist. Diese Erkenntnis floss auch in die Definition der Existenzanalyse ein (vgl. Kapitel 1).

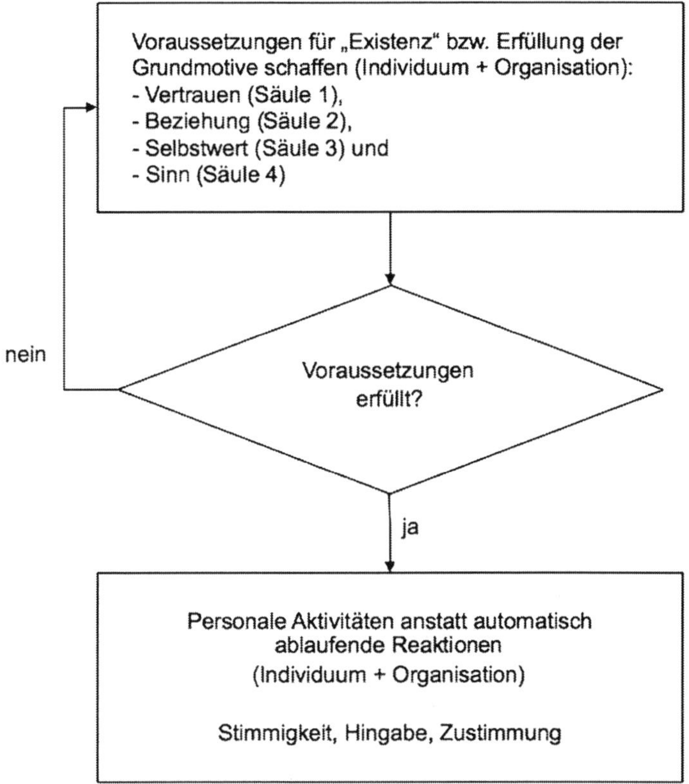

Abb. 10: Ablauf der Burnout-Prävention basierend auf der Existenzanalyse

Ängste als Haupthindernis der Prävention

Ein Haupthindernis in der Prävention von Burnout ist das Auftauchen von Ängsten. So können oft die Voraussetzungen für eine erfüllende, wertvolle Existenz nicht geschaffen werden, weil Ängste die Erfüllung der Grundmotivationen behindern. Diese Ängste können in jeder Grundmotivation auftauchen und haben dann auch spezifische Gesichter. Wenn die Ängste stärker sind, bedürfen sie ohne Zweifel einer psychotherapeutischen Behandlung. Doch können sie auch in leichter Form auftreten, und dann ist es für die Arbeit an sich selber (bzw. im Coaching) hilfreich, sie mit ihrer spezifischen Thematik zu kennen. Darum wird hier die Information über die spezifischen existentiellen Ängste weitergegeben (vgl. Längle 1997). Das folgende Schema gibt einen Überblick über die vier Angsttypen (Abb. 11):

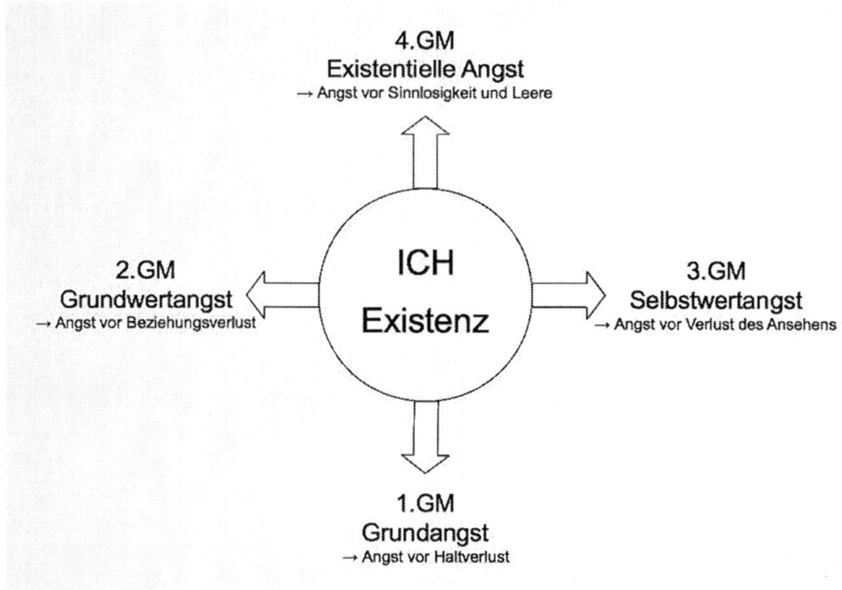

Abb. 11: Die Angstformen gemäß den Strukturen der Existenz

1. Grundangst (Verlust/Mangel der 1. GM)
   Die Grundangst ist eine Angst vor dem Haltverlust in der Welt, der natürlich auch in der Arbeitswelt auftreten kann. Sie führt zu einer ständig wiederkehrenden Verunsicherung und zeigt sich beispielsweise in der Angst vor Kontrollverlust, der Angst, dass „etwas Schreckliches passieren kann", in der Arbeit in einer ständig vorherrschenden Angst vor Arbeitsplatzverlust oder im zwischenmenschlichen Bereich in der Angst, nicht angenommen zu werden. Dabei kann es sich lediglich um Verunsicherungen in bestimmten Situationen handeln oder auch um eine generelle Verunsicherung. Die Grundangst kann auch auftreten als Angst vor dem Verlust seines Könnens, sodass man unsicher wird ob seiner Fähigkeiten und sich fürchtet, machtlos und schutzlos zu werden. Abgesehen von solchen Unsicherheiten im Inneren und der generellen Verunsicherung kann sich die Grundangst auf konkrete Dinge beziehen, die man dann fürchtet. Dies ist häufig der Fall und stellt eine gewisse Erleichterung des Erlebens dar, weil man genau weiß, wovor man sich fürchtet: vor Spinnen, vor einem Herzinfarkt, vor einem Kollaps, vor dem Betrogenwerden usw. Werden diese Ängste behindernd, so spricht man von Phobien.

2. Grundwertangst (Verlust/Mangel der 2. GM)
   Die Grundwertangst ist eine Angst vor dem Beziehungsverlust und der Beziehungslosigkeit – letztlich also vor dem Verlust dessen, was dem eigenen Leben Wert gibt. Das kann etwa die Angst sein, dass man den Partner oder gar ein Kind verlieren könnte, oder wertvolle Mitarbeiter. Hat man das Gefühl, dass die eigene Firma einem „das Leben bedeutet", kann sich diese Lebensverlustangst auch darauf auswirken. Es können aber auch einfachere Ängste sein, wie z.B. die Angst, dass man von einem lieben Kollegen nicht mehr gemocht wird, oder dass das Leben zu schwer, zu mühsam wird und die Tage freudlos sind.
   Als Quelle dieser Angst ist nicht nur der unmittelbare Wertverlust anzusehen, sondern sie kann auch darin liegen, dass die Lebenswerte zu wenig gelebt werden und man daher schon das Gefühl in sich trägt, bedeutender Werte verlustig zu gehen, wie z.B. dass man zu wenig Zeit für die Familie aufbringt und die Kinder „ohne einen" langsam groß werden, oder dass man das, was man gerne tut (z.B. in der Freizeit), zu wenig pflegt. Schließlich kann es zu diesen Ängsten auch kommen, wenn Werte überhöht sind, z.B. wenn man zu viel von einem Mitarbeiter hält oder einem ein Ziel zu viel bedeutet. Solche Überhöhungen von Werten sind immer begleitet von Ängsten, weil man ja schon spürt, dass die Werteinschätzung nicht realistisch ist. Man stirbt nicht, wenn man ein Ziel nicht erreicht – aber man kann durchaus solche (unlogischen) Gefühle haben.

3. Selbstwertangst (Verlust/Mangel der 3. GM)
   Die Selbstwertangst ist eine Angst vor dem Verlust des Ansehens, der Wertschätzung, des Rufs, des Images; eine Angst, man könnte „nichts mehr gelten", als „nichts Besonderes" angesehen werden, bestenfalls „gewöhnlich" sein.
   Die Angst, von anderen abgewertet zu werden oder nicht mehr geschätzt zu werden, konkretisiert sich oft und wird als soziophobische Angst bezeichnet. Schüchternheit, Scheu vor anderen, Angst vor öffentlichen Auftritten usw. gehört dazu. Die Selbstwertangst beinhaltet aber auch einen inneren Anteil, eine Angst vor sich selbst: die Angst, Einsamkeit nicht ertragen zu können; oder die Angst, dass man sich selbst nicht schätzen kann; oder die Angst, dass man sich nicht abgrenzen kann und dadurch anderen ausgeliefert ist.
   Im betrieblichen Kontext zeigt sie sich oft als Angst vor Ansehensverlust; als Angst, vor dem Chef oder einem Team nicht bestehen zu können, als Person oder mit seinen Leistungen nicht gesehen zu werden; oder als Angst vor Verletzungen und Kränkungen.

Selbstwertängste vor anderen sind umso größer, je weniger man sich selbst schätzt und je unsicherer man im Selbstwert ist. Damit einher geht oft ein Gefühl unerträglicher Enge (z.B. wird es einem schnell zu eng in einem Gespräch), Begrenzung, Ausweglosigkeit und eine Angst, Schmerzen ertragen zu müssen.

4. Existentielle Angst (Verlust/Mangel der 4. GM)
   Die existentielle Angst ist eine Angst vor der Sinnlosigkeit, Leere und Absurdität des Lebens. Auch kann die Angst vor Fremden und Neuem teilweise damit zu tun haben. Oft geht sie einher mit Zukunftsängsten: man schaut pessimistisch in die Zukunft, hat wenig Hoffnung und Vertrauen, dass etwas gelingen oder gut werden kann.
   Diese Ängste treten typischerweise bei Organisationsentwicklungsprojekten und den damit verbundenen Veränderungen in der Organisation auf.

Eine ähnliche Einteilung nehmen Panse und Stegmann (2007) vor, indem sie Ängste unterteilen in Existenzängste (Angst vor Arbeitsplatzverlust, Verarmungsangst, Krankheitsangst und Altersangst), soziale Ängste (Angst vor Vorgesetzten, Kollegen, Mitarbeitern, offener Meinungsäußerung, Präsentationsangst) und Leistungsängste (Beurteilungs- und Prüfungsangst, Angst vor Neuerungen, Beförderung, Versetzung, internationaler Zusammenarbeit). Für diese Autoren, denen das Konzept der Grundmotivationen nicht bekannt sein dürfte, münden die drei Ängste in die Angst, Wertschätzung und Anerkennung zu verlieren. Es gibt Überschneidungen innerhalb ihrer Einteilung. Deshalb scheint uns die Einteilung nach den Grundmotivationen übersichtlicher und stringenter zu sein. Dennoch finden sich starke Parallelen zwischen den beiden Einteilungen.

5.1 Die erste Säule der Prävention

Leitsatz: ***Das Können ist die Grundlage von allem.***

Headline: **Schutz, Raum und Halt in der Welt haben, um in der (Außen- und Innen-)Welt sein zu können.**

Grundlage der Prävention sind die Gegebenheiten des aktuellen Lebens, das, was da ist, was zu tun ist, dem man nicht entkommen kann – zugleich aber auch die Möglichkeiten (sowohl in der Außenwelt als auch bei der jeweiligen Person selbst), also das, was in dieser Situation getan oder anders gemacht werden könnte, und welche Fähigkeiten und Potenziale man dafür hat. Es geht also zentral um die Frage des „Was“ – „was“ liegt vor, „was“ ist veränderbar, „was“ kann man selber dazu tun, „was“ kann von anderen dazu getan werden, die man z. B. bitten kann oder denen man durch gute Organisation entsprechende Aufgaben zukommen lassen kann.

5.1.1 Das Können

Psychologisch gesprochen zielt diese Säule der Prävention ab auf das Herausfinden, was ein Mensch – ein Mitarbeiter, man selbst – tatsächlich *kann*. Wozu ist er in der Lage, was erlauben ihm die Umstände, was kann er, welche Erfahrungen hat er, welche Kenntnisse?
Betroffene können sich fragen: Was kann ich unter den gegebenen Umständen und Bedingungen tun? Welche Möglichkeiten habe ich? Kann ich z. B. den Arbeitsablauf ändern, mit den Kollegen darüber sprechen, dem Vorgesetzten das Problem vorlegen? Bietet sich diese Möglichkeit, ist der Vorgesetzte zugänglich genug? Habe ich den Mut? usw.
Es geht letztlich in dieser Dimension darum, das eigene Dasein in der aktuellen Arbeitswelt mit ihren Bedingungen gut zu platzieren.

Das Können ist grundlegend für die Motivation. Denn damit man (z. B. auch ein Mitarbeiter) überhaupt motivierbar ist und die Arbeitsanforderungen erfüllen kann, muss die Voraussetzung des Könnens gegeben sein. Doch was ist Können? Das *Können* besteht aus dem Zusammentreffen von Bedingungen bzw. Möglichkeiten der Situation einerseits und aus den Fähigkeiten der Person andererseits. Das Können als Basis und der Zusammenhang mit dem grundsätzlichen Motiviertsein lässt sich in das folgende Schema zusammenführen (s. Abb. 12 auf Seite 72):

Können bedeutet demnach

- *subjektiv* die Kraft zu haben, um zumindest *aushalten* zu können, bzw. das Wissen und die Kompetenzen zu haben, um etwas damit *anfangen* zu können
- *objektiv* von den Bedingungen her zu erfahren, dass sie einen *sein lassen* bzw. es einem ermöglichen, die Realität *anzunehmen*

Fehlt die Kraft bzw. lassen einen die Bedingungen nicht sein, ist die Motivation schon auf der ganz basalen Ebene blockiert: Wenn deutlich ist, dass man etwas nicht kann, dann lässt man es üblicherweise sein. Es reicht schon,

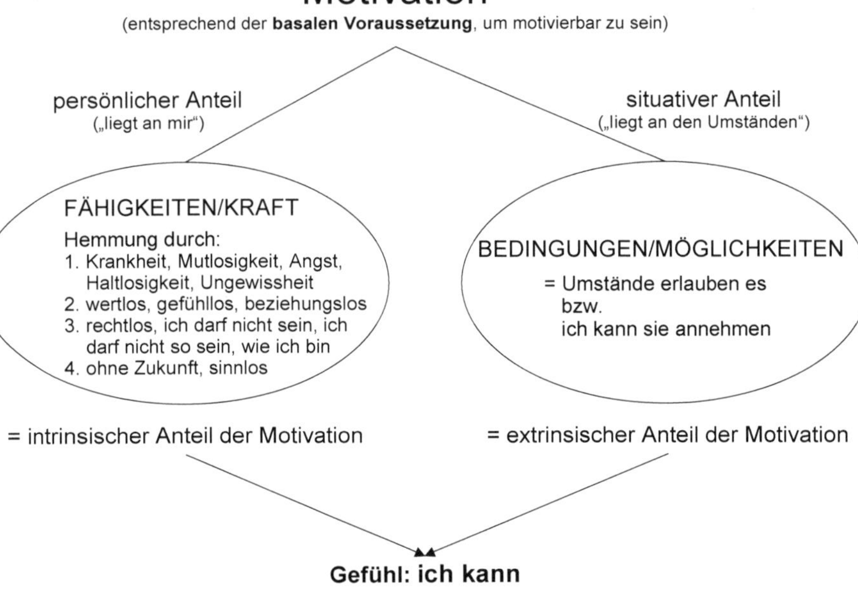

Abb. 12: Das Können als Basis der Motivation mit seinen beiden Anteilen (aus Längle, Bürgi 2014, S. 77; Längle 2007, S. 6, © 1987 Residenz Verlag GmbH Salzburg-Wien)

das Gefühl zu haben, etwas nicht zu können, und man tut es nicht, ohne es überhaupt versucht zu haben. Nichtkönnen demotiviert.

Man kann nun dem eigenen (d. h. intrinsischen) Anteil dieses Motivationsbereiches nachgehen, indem man sich folgende Fragen stellt und sich selbst diesbezüglich einschätzt:

- Wie viel Kraft und Energie habe ich?
- Welche Fähigkeiten, Fertigkeiten und Kompetenzen sind erforderlich, um diesen (Arbeits-)Anforderungen gerecht zu werden? Habe ich ausreichend Informationen und Hilfsmittel dazu?
- Welche Qualifikation und Erfahrungen bringe ich mit?
- Wo besteht Entwicklungsbedarf?
- Wovor habe ich Angst? Bin ich mutig bzw. wie groß ist meine Risikobereitschaft?

- Vertraue ich mir (dass ich das Können habe) und meinem Umfeld?
- Wie groß ist meine Leistungsbereitschaft, mein Engagement, mein Involvement?

Beim *äußeren* (d.h. *extrinsischen*) Anteil der Motivation geht es um die Bedingungen und Gegebenheiten im Außen, in denen man steht. Da ist zuerst einmal das engere Umfeld zu erwähnen: sowohl die Arbeitskollegen als auch im privaten Bereich die Familie, Freunde und Bekannten. Auch die Lebensphase des Betreffenden kann die Motivation steigern oder verringern.

Auf Abteilungs- und Unternehmensebene gilt es ebenfalls zu prüfen, wie realistisch wichtige Faktoren des Unternehmens sind: Vision, Strategien und Ziele, Leitbild, Unternehmensphilosophie und Unternehmenskultur, Code of Conduct, Image des Unternehmens und Marktattraktivität, (Kern-)Kompetenzen des Unternehmens, Entwicklungsphase und rechtliche Form des Unternehmens, Führungsgrundsätze, Kapazitäten und Auslastung usw.

Jeder Mensch ist in der Welt vielfach vernetzt. Das gilt für einen selbst ebenso wie für die Mitarbeiter. In jedem Betrieb trifft man mit anderen Personen zusammen. Die eigene Vielfalt vermischt sich mit der Vielfalt der anderen inmitten der jeweiligen Umwelt. Wie komplex das ist, soll in den folgenden Schemata andeutungsweise bewusst gemacht werden. Abbildung 14 zeigt die Einbettung des Individuums in die Abteilung des Unternehmens, die selbst wieder Teil der Gesamtorganisation ist. Der Einfluss der Abteilung oder der größeren Organisation ist beispielsweise erkennbar, wenn sich der Verkauf oder die Produktion nach der Unternehmensstrategie ausrichtet, was ja in der Regel der Fall ist. Die Organisation selbst ist wiederum Teil eines noch größeren Systems, das hier als Makroebene bezeichnet wird: Gesellschaft, Nation, Wirtschaftslage, Politik usw. Alle diese Ebenen stellen Quellen für möglichen Stress dar und haben daher Einfluss auf die Entstehung von Burnout. Sie sind in der Burnout-Prävention zu berücksichtigen.

Die vielfache Vernetzung des Menschen in den einzelnen „Welten"

Jeder Mensch ist schon in sich selbst komplex (und oft schwer zu verstehen). Bei einer Geschäftsbeziehung oder einer betrieblichen Zusammenarbeit treffen sich zwei oder mehrere solcher unterschiedlichen Personen mit unterschiedlichen Erfahrungen, Einstellungen, Erwartungen, Bedürfnissen, Kompetenzen, Zielen usw. Wie komplex dies ist, soll Abbildung 15 schematisch andeuten.

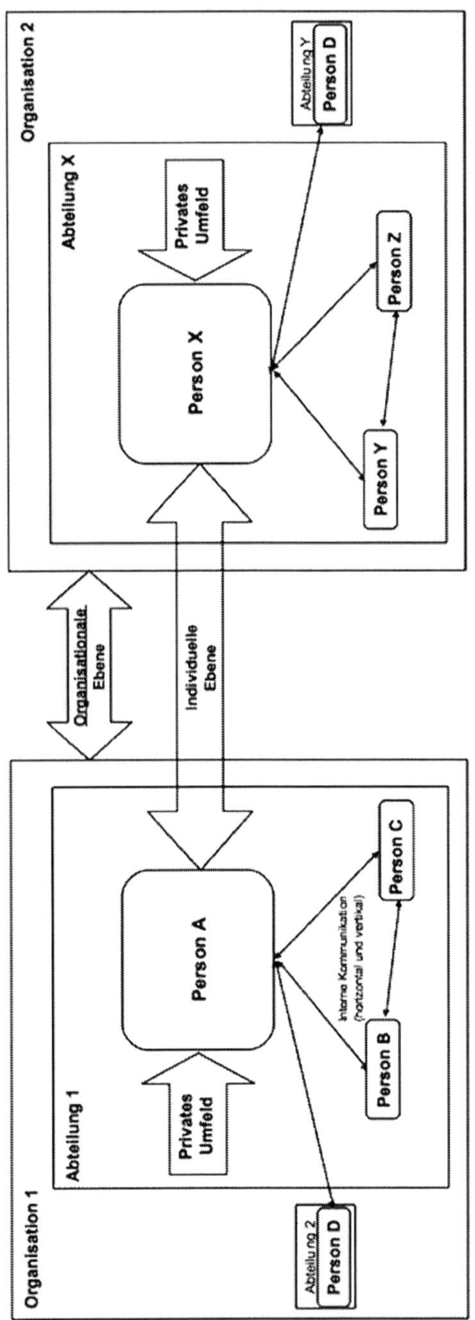

Abb. 13: Bedingungen und Gegebenheiten der Arbeitswelt auf den Ebenen Individuum, Abteilung, Organisation und Makrowelt

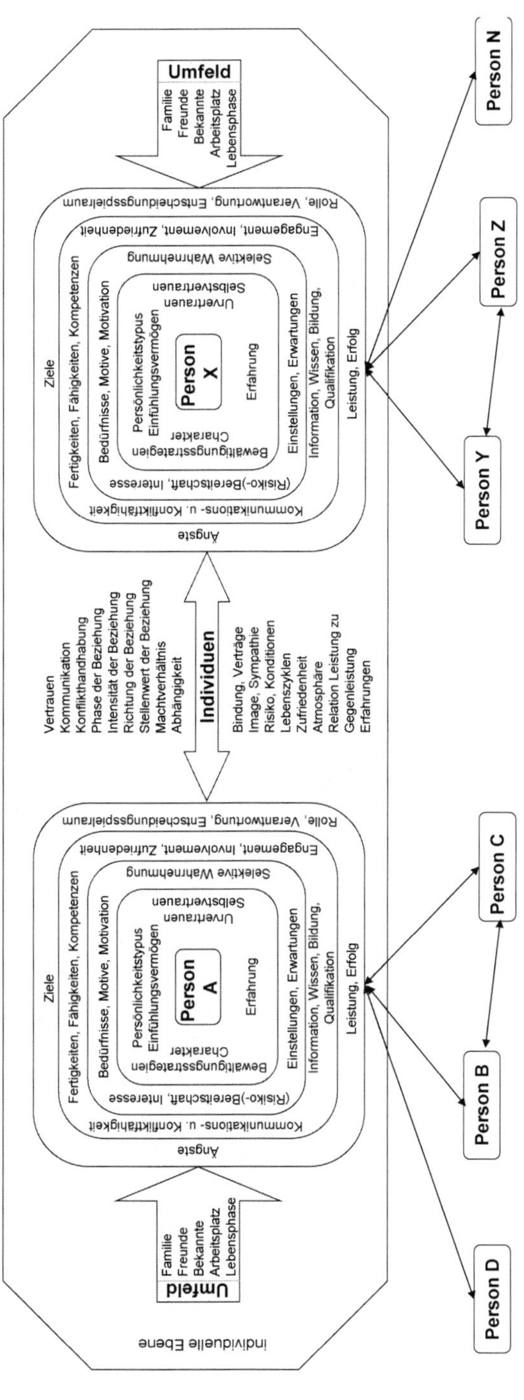

Abb. 14: Bedingungen und Gegebenheiten der Arbeitswelt auf der individuellen Ebene

Da die einzelnen Menschen im Rahmen einer Geschäftsbeziehung nicht nur auf die „Komplexität“ der anderen Person treffen, sondern auch in die übergeordnete Beziehung ihres Unternehmens eingebettet sind, ist diese Beziehung der Unternehmen zueinander ebenfalls zu berücksichtigen. So kann es beispielsweise für den Einkäufer eine Belastung darstellen, wenn sein Geschäftspartner eine Monopolstellung für das Produkt besitzt, das gekauft werden soll, und wenn ihm dieser Geschäftspartner nicht vertrauenswürdig erscheint. Aus dieser Unsicherheit heraus könnte der Einkäufer sein mangelndes Vertrauen durch erhöhten Kontrollaufwand zu kompensieren versuchen. Das aber bedeutet Mehraufwand, anhaltende Unsicherheit, Einengung, weil keine Kaufalternative besteht, Unbehagen, Stress etc.

Eine weitere Quelle für Burnout stellt die Makroebene dar, in der die Geschäftspartner eingebunden sind. So kann es sich belastend und somit Burnout begünstigend auf den einzelnen Mitarbeiter auswirken, wenn sich beispielsweise die Konjunktur oder Konkurrenzsituation verschlechtert, ein neues Gesetz in Kraft tritt (wodurch etwa erheblicher Mehraufwand nötig wird) oder die Währung entwertet wird. Werden lokal Geschäfte gemacht, so befinden sich mit großer Wahrscheinlichkeit beide Unternehmen auf der gleichen Makroebene. Bei internationalen Geschäftsbeziehungen, insbesondere zu Partnern auf anderen Kontinenten, kann beispielsweise aufgrund der kulturellen Unterschiede ein erhöhtes Stresspotenzial vorliegen.

Wie komplex das Eingebettetsein des Einzelnen in „seiner Welt“ ist, ist uns meistens gar nicht so bewusst. Dennoch bedarf es des Zusammenspiels aller Elemente, damit das Sein-Können in der Welt (inklusive der Arbeitswelt) reibungslos vonstattengehen kann. Abbildung 16 zeigt die Einbettung der einzelnen Person in die Bedingungen und Gegebenheiten der Arbeitswelt auf den unterschiedlichen Ebenen.

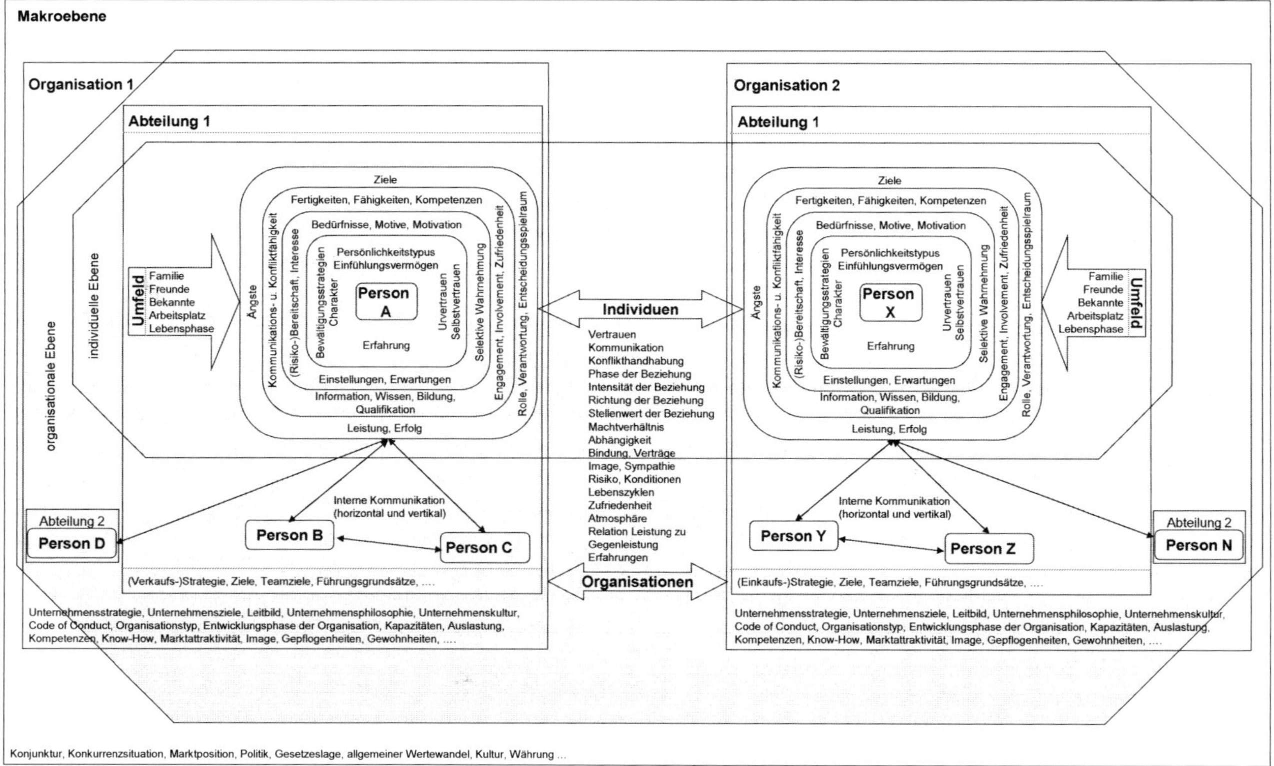

Abb. 15: Bedingungen und Gegebenheiten der Arbeitswelt auf individueller, Abteilungs-, organisationaler und Makroebene

5.1.2 Die Voraussetzungen für das Können: Schutz, Raum und Halt

Um überhaupt irgendwo „sein zu können", sind die allgemeinen Voraussetzungen, ausreichend *Schutz, Raum und Halt* zu haben. Sie verschaffen jene Sicherheit, Stabilität und Gelassenheit, die das Dasein soweit sichern, dass man keine Angst zu haben braucht. Für diese Voraussetzungen kann man etwas tun, indem man daran arbeitet, sowohl seinen Körper (Selbstbezug) als auch die Außenwelt mit ihren Bedingungen und Möglichkeiten (Weltbezug) akzeptieren, annehmen und aushalten zu können.

1. **Schutz** und Geborgenheit erfährt man natürlich physisch (Wände und Dach des Hauses, Kleidung, Sicherheitsgurt etc.). Aber wichtig ist auch, seelisch-geistig Schutz und Geborgenheit zu bekommen, was vor allem durch das Erleben von Angenommensein geschieht (sowohl von sich selbst als auch von den anderen). Das Erleben von Geschütztsein wird auch wesentlich von den früheren Erfahrungen im Leben beeinflusst. Je mehr Erfahrung von Angenommensein man aus der Lebensgeschichte in sich trägt, desto mehr ist man in der Lage, andere annehmen zu können und desto leichter wird die Selbstannahme. Ohne ein Gefühl von Angenommen(worden)sein in sich zu tragen, strebt man fast unersättlich nach Angenommenwerden. Aber nicht nur Menschen (und Tiere) können das Angenommensein vermitteln, auch geistige Systeme wie Philosophien, Ideologien oder Religion können einen erlebbaren und gefühlten Schutz bieten.

2. Der **Raum** umfasst wie der Schutz mehrere Dimensionen: physisch – psychisch – geistig. Jeder Mensch hat einen Körper und lebt in ihm. Er ist der Ur-Raum des Menschen. Der Körper nimmt Raum ein. Als Menschen brauchen wir Raum, allein schon für den Körper. – Aber nicht nur im Außen ist das so, auch im Innen. Man kann das Raum-Einnehmen beispielsweise innerlich beim tiefen Einatmen spüren. Atmung ist ein wichtiger Erlebnisbereich für das Raum-Haben. Daneben hat jeder Mensch einen physischen Lebensraum wie Wohnung, Haus, Bett. In der Arbeitswelt ist es natürlich ebenso wichtig, genügend Raum zu haben für seine Aktivitäten und um sich entfalten zu können. Das beginnt mit dem Raum, in dem man arbeitet (Büro, Werkstatt etc.) und geht weiter über den Raum, der einem gegeben ist (bzw. den man sich nimmt, beansprucht, verteidigt, braucht) bis hin zu dem Spielraum für seine Entscheidungen und für seine Entfaltung. Gut ist es auch, wenn man einen Zufluchtsraum oder einen Schutzraum hat, in den man sich zurückziehen kann, wenn man

in Bedrängnis gerät, wie z. B. eine Bank im Wald, seinen Fauteuil im Zimmer, eine Kapelle usw.

3. **Halt** stammt aus der Erfahrung, dass etwas da und stabil genug ist, um sich darauf verlassen zu können. Denn nur dem, was einen tragen kann, kann man vertrauen. Darauf kann man sich ver-lassen – ein mutiges Unterfangen, wie das Wort schon sagt: sich „ver-lassen" können und sich anderem „über-lassen" können. Vertrauen ist nur möglich, wo man einen Halt verspürt, dem man „trauen" kann. Solchen Halt kann man sowohl in sich selbst als auch in der Welt finden: in seinen Fähigkeiten, in seinem Können also, in seinem Körper, der einen trägt, in seinen Beziehungen, Haltungen, in der Loyalität der anderen, in ihrer Treue, Verbundenheit, in der Natur mit ihren Gesetzmäßigkeiten usw.

Man kann sich fragen, ob man sich bei der Arbeit ausreichend angenommen und geschützt fühlt, ob man genügend Raum (physisch – psychisch – geistig) hat und Halt erlebt. Im Arbeitsleben bietet sich Halt durch:

1. Weltbezug (Beziehung zu dem, was ist, zum „Sein"): Ordnung, Struktur, Regelmäßigkeit, Normen, Gesetze, Traditionen, Rituale
2. Beziehungen zu den Menschen, zu Heimat und Kultur: Halt erfährt man durch Verlässlichkeit, Treue, Verbindlichkeit, Verbundenheit (da ist immer wieder jemand, trotz allem), aber auch durch Festigkeit und sogar durch Unnachgiebigkeit
3. sich selbst (Vertrauen auf sich): Halt erfährt man
   - durch seine Fähigkeiten und Kompetenzen, seinen Mut, seinen Körper
   - durch seine innere Beziehung zu sich, seine Energie, Lebenskraft und Vitalität sowie durch seine Erfahrung, Ähnliches schon durchgemacht zu haben
   - indem man zu sich steht und für sich eintritt (Gewissen)
4. geistige Inhalte in der Welt, auf die sich die geistige Haltung bezieht

5.1.3 Schutzreaktionen bei Bedrohung des Könnens

Die Schutzreaktionen bei der Bedrohung des Könnens treten ein, wenn man sich in belastenden Situationen, bei Bedrohungen, Unsicherheit oder Angst nicht unmittelbar zu helfen weiß. Dann treten automatische Verhaltensweisen auf, die vor der unmittelbaren Gefahr oder Belastung schützen. In der Existenzanalyse bezeichnet man sie als Coping-Reaktionen oder Schutzreaktionen (in anderen Psychotherapie-Richtungen spricht man auch von Abwehrmechanismen, was sich weitgehend deckt). Diese automatisch ablaufenden Verhaltensreaktionen dienen der unmittelbaren Bewältigung der Situation. Sie sind Überlebensreaktionen, die sich als psychisches Immunsystem bezeichnen lassen. Sie geschehen aus einer teilweisen (nicht totalen) Ohnmacht bzw. momentanen Überforderung der Verarbeitungskapazität. Sie kommen nicht aus der freien Entscheidung der Person, sondern sind Psychodynamik.

Coping-Reaktionen erhalten das Leben, aber eröffnen nicht die Welt. Sie grenzen daher auch ein. Sie sind kein Versuch einer ursachenbezogenen Bewältigung eines Problems und stellen somit keine Aufarbeitung einer Situation dar. Jeder ist mit allen Coping-Reaktionen ausgestattet, aber sie sind jeweils unterschiedlich stark ausgebildet oder werden nicht gleich oft verwendet (Längle 2011, S. 134 ff.).

Wir schildern die Reaktionen nun detaillierter, weil sie helfen können, versteckte Defizite bei sich selbst zu orten und mit dieser Dimension des Menschseins in Verbindung zu bringen, bzw. Reaktionen von Mitarbeitern und anderen Menschen besser zu verstehen, weil sie mit dem Thema des gestörten Selbstseins in Zusammenhang gebracht werden können. Dann kann auch gezielter mit den Mitarbeitern umgegangen werden und sie können aus ihrer Not eher herauskommen, sollten ihre Schutzreaktionen primär durch äußere Umstände hervorgerufen worden sein.

Hinter den nachfolgenden Coping-Reaktionen stecken Verunsicherung, Verschlossenheit und Angst, also Defizite in der 1. Dimension der Existenz (oder Grundmotivation).

1. Grundbewegung: Vermeidung, Rückzug oder Flucht

Die Grundbewegung besteht in der Vermeidung, im Rückzug oder in der Flucht. Sie ist darauf ausgerichtet, Unsicherheit zu beseitigen. Sie zeigt sich, indem der Betreffende den Ort verlässt oder aus der Situation hinausgeht (z. B. ein Mitarbeiter kündigt im Affekt, weil sein Chef schon wieder nörgelt und er es nicht mehr aushält).

Das Gefühl, die Situation nicht beherrschen zu können, also das Nichtkönnen, bleibt aber trotzdem erhalten. Der Gewinn ist, im Moment eine Entlastung zu haben und nicht mehr in der misslichen Lage zu sein. Aber es wird nicht auf die Langzeitfolgen geachtet. Das ist typisch für Coping-Reaktionen. Weitere Beispiele hierfür sind räumliches Davonrennen (aus dem Zimmer gehen, den Arbeitsplatz verlassen, sich krank melden etc.), geistiges Sichablenken (man versenkt sich im Internet, in der Zeitung etc.), sich entziehen (nicht erreichbar zu sein), Ausflüchte (man hat so viel zu tun), Vermeidungs-

denken (man denkt nicht daran, „vergisst" es) und Substanzmittelmissbrauch (Alkohol, Zigaretten etc.).
Dem, was an Belastendem da ist, irgendwie zu entkommen, ist die häufigste Reaktion, wenn Angst auftritt und man das Gefühl hat, „nicht mehr zu können".

2. Aktivismus: Auflehnung oder Ankämpfen

Aktivismus bedeutet „blindlings Aktionen einzusetzen und um sich zu schlagen, in der Hoffnung, die Ursachen beseitigen zu können und der Situation zu entkommen. Aktivismus ist kämpferisch für die Sache, für das Ziel. Er ist nicht aggressiv gegen den Menschen (oder das Objekt), sondern will es nur beiseiteschieben, um sich den Weg frei zu machen" (Längle 2007b, S. 15; Längle 2016, S. 104).
Beim Aktivismus wird versucht, durch vermehrten Krafteinsatz und mit allen Mitteln gegen das Hindernis anzurennen. Dabei wird sich Platz verschafft durch Verdrängen, Beseitigen des Bedrohlichen oder das Vorbeiagieren am Bedrohlichen. Aktivismus setzt ein, wenn Flucht nicht möglich ist, um sich einen Weg ins Freie zu schaffen, oder wenn man sich überlegen fühlt. Dabei traut sich der Betreffende noch zu, dass er es kann, indem er sich gegen die Bedrohung auflehnt oder dagegen ankämpft. Aber er entkommt der Situation nicht mehr. Mit der paradoxen Bewegung des Aktivismus wird die Flucht nach vorne angetreten.
Beispiele hierfür sind ein Ausprobieren, wie weit es geht, wenn man etwas nicht akzeptieren will (z.B. wie lange man noch arbeiten kann, wenn man krank ist), (an-)schreien, jemanden böse anblinken, um ihn abzuschrecken oder zu vertreiben, agitiert im Zimmer herumrennen, wenn man eine Nachricht bekommen hat, die man nicht akzeptieren kann, Diskussionen oder das Holen von Verstärkung beim Vorgesetzten.

3. Aggression: Hass, Vernichtung

Hass setzt ein, wenn man einer Bedrohung nicht mehr entkommen und sie durch Bekämpfen nicht mehr aufhalten kann. Durch den Hass wendet man sich gegen die Bedrohung und versucht, sie zu vernichten. Dabei erfolgt eine maximale Mobilisierung der Kraft in subjektiv als unausweichlich empfundenen Situationen. Das Motto scheint hier zu sein: „entweder du oder ich". (Längle 2011, S. 136 ff.)
Hass kann offenkundig oder subtil eingesetzt werden. Er zeigt sich beispielsweise darin, dass man sich denkt: „Ich könnte sie erwürgen!"; dass man jemandem körperliches oder seelisches Leid zufügen will (auch Mobbing); dass man Tobsuchtsanfälle bekommt, in denen es nur um blindes Zerstören

geht; durch Beschimpfen, Schweigen, schlechtes Reden („Rufmord)" oder durch Schreien und Fluchen.

4. Totstellreflex: Verleugnen, Lähmung, Erstarrung
Wenn man sich schon halb überwältigt fühlt und „eigentlich nicht mehr reagieren kann", dann stellt sich ein letztes Reagieren ein, ein sogenannter Totstellreflex. Mit ihm geht ein Aktionsaufschub einher. Es sind all jene Reaktionsweisen, bei denen die Passivität vorherrscht und die Aktivität aufhört, wie zum Beispiel (Längle 2007, S. 16):

- stillhalten, gebannt dastehen, Atem anhalten, sprachlos sein, abschalten, sich unauffällig machen, sich nicht umzudrehen wagen: „Geht es an mir vorüber oder nicht?"
- nicht hinschauen, nicht wahrnehmen wollen, die Augen verschließen, weil es zu viel wäre: „Ich will die Dinge lange nicht sehen, die mich stören. Und wenn ich sie sehe, ist es einen Moment lang so, als ob sich alles auflösen würde." (wenn z. B. jemand die eigene Autorität bei seinen Kollegen oder Mitarbeitern untergräbt oder wenn man eine anstehende Kündigung nicht wahrhaben will). Es bleibt einem die Luft weg.
- wenn es noch intensiver wird: Gelähmtsein, Erstarrung, Schock, Ohnmacht
- verleugnen: dicht machen, sich abschotten, phlegmatisches Gehabe: „Das gibt es doch nicht! Das kann doch nicht wahr sein!" Damit wird dem, was ist, die Existenz abgesprochen.
- Auch ein Schock kann einen Totstellreflex auslösen.
- Wenn man versucht, den anderen zu beschwichtigen und zu entwaffnen, bzw. wenn man sich dem anderen unterwirft, dann kann man Ohnmacht zeigen, Schwäche demonstrieren (z. B. weinen).

Der Totstellreflex ist im Geschäftsleben weniger häufig zu beobachten, kann aber gelegentlich in Verhandlungen auftreten, und hat dann u. U. eine starke Wirkung.

Tab. 3: Coping-Reaktionen des Weltbezugs (1. Grundmotivation) im Überblick

Grundbewegung	Vermeidung, Rückzug oder Flucht
Aktivismus	Auflehnung oder Ankämpfen
Aggression	Hass, Vernichtung
Totstellreflex	Verleugnen, Lähmung, Erstarrung

Panse und Stegmann (2007) geben ein ähnliches Verhalten an, indem sie über unbewusstes und bewusstes Angstabwehrverhalten schreiben. Zum unbewussten Abwehrverhalten gehörten Verdrängung, Rationalisierung, Verschiebung (Energien werden auf ein Ersatzziel verlagert), Reaktionsbildung (Umkehrung der Gefühle in das Gegenteil), Projektion (Eigenes wird auf andere Personen oder Objekte übertragen) und Regression (Rückzug in frühere, oft kindliche Verhaltensmuster). Bewusstes Angstabwehrverhalten kann sein: Angriff (z.B. Mobbing), Verteidigung (z.B. Argumente wie „keine Zeit", „veraltete Technologie"), Anlehnung (z.B. eine Assistentin schmeichelt ihrem Chef, um ihre Angst zu reduzieren), Überlassung (z.B. man traut sich selbst nicht, sich zu beschweren, sondern überlässt dies dem Betriebsrat), Koalition (z.B. Führungskräfte schließen stillschweigend oder ganz offiziell einen Nichtangriffspakt ab) und Flucht (Alkohol, Krankheit, innere Kündigung oder Kündigung).

Wenn man von der Erschöpfung betroffen ist, kann man sich fragen:

- Welche Reaktionen habe ich, wenn ich mich verunsichert oder bedroht fühle?
- Wie reagiere ich, wenn ich nicht annehmen will oder nicht aushalten kann?
- Was kenne ich an mir?
- Wie reagiere ich üblicherweise?
- Reagiere ich meistens in derselben Form?

Diese Fragen sollen einen Prozess eröffnen. Die Lösung und Verarbeitung von Problemen dieser Art ist nicht über einen Knopfdruck zu erreichen, sondern braucht im Allgemeinen zuerst ein Sich-innerlich-Öffnen, ein Annehmen der Situation und Umstände. Zu schnelle Lösungsversuche ohne Basis des Verstehens führen meistens in die Leere.

5.1.4 Vorgehen beim Auftreten von Schutzreaktionen bzw. der Bedrohung des Könnens

Werden bei einem Mitarbeiter oder bei einem selbst eine oder mehrere dieser Schutzreaktionen erkannt, so kann vorbeugend mit diesem Verhalten umgegangen werden, damit sich die Schutzreaktionen nicht verfestigen und in ein Burnout oder in einen Krankenstand münden. Zur Unterstützung können nachfolgende Fragen gestellt werden (siehe dazu auch den Fragebogen im Anhang), die hier im Rahmen eines Beispiels angeführt werden.

Ausgangslage:
Herr Lopez ist Kundendienstleiter eines international agierenden Unternehmens, das elektronische Messgeräte produziert und vertreibt. Sein Arbeitsplatz ist in der Schweiz. Nun soll er in Asien (vorzugsweise Indien) einen Kundendienst aufbauen. Er hat Angst, dass mittel- bis langfristig der Kundendienst dorthin ausgelagert wird und er dadurch seinen Arbeitsplatz verlieren könnte. Er merkt, dass er, wo immer es möglich ist, vermeidet, dieses Thema anzusprechen und er diesem Thema ausweicht. Herr Lopez erkennt, dass diese Vermeidung eine Schutzreaktion ist (Grundbewegung: Vermeidung, Rückzug oder Flucht). Er beantwortet sich die nachfolgenden Fragen:

Wenn ich an meine Tätigkeit in dieser Organisation denke, fühle ich mich dann unsicher/sicher?

Wenn er an seine Tätigkeit in dieser Organisation denkt, dann fühlt er sich unsicher.

Warum?

Bisher fühlte er sich sicher im Sattel, da er schon länger in diesem Unternehmen arbeitet und seine Ziele durchwegs erreicht oder übertroffen hat. Aber der Auftrag, einen Kundendienst im asiatischen Raum aufzubauen, verunsichert ihn sehr. Herr Lopez ist auch nicht mehr der Jüngste und möchte nicht in Asien arbeiten, falls dies gefordert würde. Denn er hat seine Frau und Kinder in der Schweiz und dort auch ein schönes Zuhause.

Welche Unsicherheiten, Befürchtungen oder Ängste habe ich?

Durch den starken Schweizer Franken wird es für das Unternehmen immer schwerer, sich im internationalen Wettbewerb durchzusetzen. Die Unternehmensleitung hat schon Maßnahmen zur Kostenreduktion ergriffen. So wurden ausscheidende Mitarbeiter teilweise nicht mehr ersetzt, Personalentwicklungsmaßnahmen reduziert und Teile des Unternehmens ins Ausland verlagert, z.B. erfolgt die Produktion nun teilweise in China. Das alles deutet darauf hin, dass auch im Bereich des Kundendienstes Einsparungen erfolgen werden.

Herr Lopez ist sehr verunsichert und hat den Eindruck, dass sein Handlungsspielraum eingeschränkt wird. Auch fühlt er sich mittelfristig nicht mehr durch seine Arbeit gehalten und hat Angst, seinen Arbeitsplatz, und damit den Schutz und das Einkommen, zu verlieren. Eigentlich fühlt es sich für ihn an, als würde ihm so nach und nach der Boden unter den Füßen weggezogen.

Herr Lopez würde am liebsten gar nichts tun oder sagen, dass er keine qualifizierten Mitarbeiter in Asien findet. Aber das wäre nicht glaubwürdig. Daher würde er am liebsten den Mitarbeitern dort sein Wissen nicht weitergeben und sich so verhalten, dass der Eindruck entstünde, ein qualifizierter Kundendienst wäre nur in der Schweiz und mit ihm als Leiter möglich.

Was habe ich an Kompetenzen und Potenzial? Was kann ich gut für diese Tätigkeit?

Herr Lopez hat viel Erfahrung und kennt sowohl den Markt als auch die Kunden gut. Er hat im Unternehmen selbst einen sehr guten Ruf. Es wäre auch von Vorteil, wenn er als Kundendienstleiter in der Zentrale in der Schweiz situiert bliebe, damit er sich besser mit Kollegen beispielsweise aus dem Verkauf und der Produktentwicklung abstimmen könnte.

Was fehlt und was davon bräuchte ich, um mich sicher zu fühlen?

Er hat auch gehört, dass ein strategisches Ziel der Ausbau des Kundendienstes sei. Aber um sich sicherer zu fühlen, braucht er mehr Informationen zur Strategie, zu den geplanten Strukturen, seinen Zielen und den Erwartungen an ihn. Er erhofft sich auch Vertrauensbekundungen und Unterstützung durch seine Führungskraft.

Aktionsplan – Was mache ich?

Herr Lopez wird sich Gewissheit verschaffen, indem er seinen Chef um ein Gespräch bittet, bei dem er versucht, die Unklarheiten zu beseitigen.

5.1.5 Die personalen Aktivitäten der ersten Säule: Annehmen und Aushalten

Das Aushalten und Annehmen (Akzeptieren) sowohl der vorgefundenen und nicht änderbaren Gegebenheiten und Bedingungen als auch der Veränderungs- bzw. Entwicklungsmöglichkeiten ist ein wesentlicher personaler Vorgang. Dabei heißt Annehmen noch lange nicht, es gutzuheißen oder damit umgehen zu können, und meint schon gar nicht, es aufzugeben, zu resignieren oder festzuschreiben, dass es für immer so ist.

Beim Annehmen geht es nicht um eine Bewertung, sondern um das Sein. Beim Annehmen wird die Realität zur subjektiven Wirklichkeit. Schon Schiller sagte: „Was du ererbt von deinen Vätern, erwirb es, um es zu besitzen." Was da ist, ist erst wirklich da, wenn man es „erwirbt", wenn man sich aktiv einbringt. Das Annehmen macht paradoxerweise frei, da dem, was ist, Raum gegeben wird, und nicht mehr dagegen angekämpft werden muss, sondern damit (personal) umgegangen werden kann. Solange Unsicherheit und Ängstlichkeit vorherrschen, steckt noch vieles darin, das nicht angenommen wurde, sondern das abzuwehren versucht wird.

Annehmen hat die Auswirkungen, dass

- man wieder Boden unter den Füßen hat – auch wenn es wehtut und schwer sein kann.
- man gelassen werden kann, weil man lassen kann.
- man sich auf Neues einstellen kann, weil man wieder frei ist.
- man gestärkter ist und sich weitet, da die Energie nicht mehr für die Abwehr benötigt wird.

Für die Burnout-Prävention ist somit das Annehmen von großer Bedeutung. Es ist die Voraussetzung, um Probleme überhaupt personal angehen zu können.

In diesem Zusammenhang kann man sich folgende Fragen stellen:

- Kann ich die Fakten der konkreten, unangenehmen Situation (im Privaten, im Beruflichen) annehmen, d.h. als gegeben sein lassen („so ist es eben")?
- Kann ich meine Vorgangsweise (mich!) dabei annehmen?
- Welche Erfahrungen habe ich mit dem Annehmen und Aushalten? Wie gut kann ich es? In welchen Bereichen kann ich es gut?
- Was sind meine Schwächen? Wie gut kann ich sie annehmen?
- Bin ich kleinlich oder großzügig mit dem Annehmen und Aushalten? Kämpfe ich? Nehme ich zu viel und/oder zu schnell an?
- Wie spiegeln mich andere für mich wichtige Personen in puncto Gelassenheit/sie sein lassen?
- Wie viel Kraft, Ruhe, Festigkeit habe ich in mir? Ruhe gibt mir nur das, was ich sein lassen kann.
- Welche Dinge gibt es bei Personen, mit denen ich geschäftlich zu tun habe, die ich schwer annehmen und aushalten kann?
- Gibt es Dinge, die schon lange zurückliegen, die ich nicht annehmen kann? Warum kann ich nicht akzeptieren, dass es so ist, und dies endlich „sein lassen"? Warum bekämpfe ich es oder will es nicht zulassen?

- Bemühe ich mich um das Aushalten und Annehmen bei schwierigen Situationen oder ist es mir nicht wichtig? Halte ich es für ein Verlieren, eine Schwäche?
- Kann ich Positives (z. B. Lob und Anerkennung) annehmen? Wie geht es mir dabei?
- Kann ich Hilfe (z. B. von Kollegen oder externen Beratern) annehmen? Von wem schon, von wem nicht? Warum?

Es kann sein, dass bei dem Bemühen um ein Annehmen Widerstände auftreten. Angelehnt an die Methode der Personalen Existenzanalyse, die in Kapitel 1 schon kurz erwähnt wurde und in Kapitel 6 ausführlicher beschrieben wird, empfiehlt Milz (2014, S. 11), beim Auftreten von Widerständen mit folgenden Schritten vorzugehen:

1. Was ist das Problem?
2. Wie ist es? – Dabei geht es darum, die Betroffenheit und die Auswirkungen zu erheben, d. h. nüchtern festzustellen, aber noch nicht zu bearbeiten.
3. Worum geht es jetzt? – Hier konzentriert man sich auf den Kern des Problems oder der Aufgabe in der aktuellen Situation.
4. Was sage ich nun konkret dazu? – Dabei wird eine Stellungnahme in Bezug auf die Kernthematik eingeholt.
5. Was ist als nächstes zu tun? – Hier werden Lösungen für den nächsten Schritt erarbeitet.
6. Wie will man es tun? – Die Lösungen sollen adäquat umgesetzt werden.
7. Wie war es? – Zur Abrundung ist eine Evaluierung und eventuelle Anpassung der Vorgangsweise hilfreich.

Widerstände können auch daher rühren, dass Ängste im Spiel sind. Panse und Stegmann (2007) empfehlen Führungskräften als konstruktiven Umgang mit Ängsten im Unternehmen ähnliche Schritte. Auch sie verweisen auf die Notwendigkeit, sich den Ängsten zu stellen, sie konkret zu benennen und zu thematisieren. Denn damit werden sie greifbar und zugänglich.

Die Führungskraft, der Personalverantwortliche oder Personalentwickler kann dieses Thema ansprechen, indem er:

- Fragen stellt
- es benennt (evtl. aufgrund von Beobachtungen, Fakten)
- Ängste als Beispiel vorgibt: „Ich kenne diese Angst …“, „Es kam jemand zu mir …“, „Ich habe in einem Vortrag gehört/Buch gelesen …“

Zu diesem Benennen der Angst gehören auch Differenzierungsschritte:

- Handelt es sich um eine realistische Angst oder eine krankhafte, d.h. lähmende Angst? Ist sie konstruktiv, d.h. zielt sie auf eine gute, gesicherte Entwicklung ab, oder ist sie destruktiv?
- Wovor genau besteht die Angst und wie zeigt sie sich?
- Erfolgte durch den Betreffenden schon eine „Selbstbehandlung" (Medikamente, Alkohol etc.)?
- Welches Angstabwehrverhalten zeigt der Mitarbeiter?

Im Wesentlichen empfehlen Panse und Stegmann (2007) daraufhin, folgendermaßen aktiv zu werden:

- die Situation bzw. äußeren Umstände zu verändern, wo das möglich ist, sodass die Angst reduziert wird,
- die Informationspolitik der Geschäftsleitung zu reflektieren bzw. anzufragen,
- Mitarbeitergespräche mit Zielvereinbarung und Kontrolle durchzuführen,
- Fehlerkultur/Fehlermanagement zu reflektieren,
- Risikomanagement zu reflektieren,
- Personalentwicklung anzugehen, d.h.
  → Einsatz von und Umgang mit Mitarbeitern (z.B. Angst vor Überforderung, Beförderung etc.),
  → Personalentwicklungsmaßnahmen: Coachings, Trainings, Seminare, Workshops, Vorträge,
- Unterstützung der Selbsthilfe,
- Mentoring etc.

5.1.6 Weitere praktische Hinweise

Entspannungsübungen wie Autogenes Training, Yoga, Meditation und vor allem körperliche Bewegung sind sehr hilfreiche Mittel, um Stress abzubauen. Dies ist im Allgemeinen genügend bekannt. Vielleicht nicht so bekannt ist, dass eine Schulung in Yoga oder Autogenem Training dazu führen kann, in 1–2 Minuten in eine tiefgreifende Ruhe kommen zu können. Das ist insbesondere bei beruflichen Anforderungen, die oft mit Belastungen verbunden sind, sehr hilfreich.

Viele Menschen lesen auch gerne *Ratgeber*, insbesondere für psychische Probleme. Ein ausgezeichneter Ratgeber ist z.B. von Lalouschek (2013). Ratgeber können viele gute Anregungen enthalten und die Arbeit an sich selbst unterstützen. Sollten aber Probleme bestehen bleiben oder die Ängste belastend sein, ist an eine *professionelle Hilfe* (Psychologe, Psychotherapeut, Arzt) zu denken, vor der man sich nicht scheuen soll. Man geht schließlich auch zum Steuerberater oder Rechtsanwalt, wenn man Fragen hat, in die man sich prinzipiell auch selbst einarbeiten könnte, aber für die man nun doch nicht die Zeit hat, das Studium zu absolvieren.

Panse und Stegmann (2007) geben eine Reihe von guten Hinweisen zur Vorbeugung von Ängsten, auf die wir uns im folgenden Abschnitt weitgehend beziehen.

- Es kann in einem Unternehmen **betriebsbedingte Ängste** geben wie z.B. die Angst vor Arbeitsplatzverlust, die Angst vor Neuerungen oder Versetzung und häufig die Angst vor der Beurteilung. Diese können anhand von betriebswirtschaftlichen Kennzahlen wie beispielsweise der Fluktuationsrate erschlossen werden. Sie können auch durch Fragebögen erhoben oder in persönlichen Gesprächen erfragt werden.
- Bei neuen Mitarbeitern können **präventive Maßnahmen gegen Ängste** getroffen werden, indem ihnen beispielsweise durch offene, vertrauensvolle Gespräche entgegengekommen wird und natürlich durch eine umfassende Einführung und persönliche Betreuung gerade in der Einstiegszeit.
- Die **Reflexion der Führungsstrategie** und des Führungsstils kann Aufschluss darüber geben, ob ein eher dominanter oder ein eher partnerschaftlicher Führungsstil gelebt wird. Wie wird er von den Mitarbeitern aufgenommen? Gibt er ihnen Stütze und Schutz oder wirkt er verunsichernd, bedrohend? Dabei ist insbesondere auf die Haltung den Mitarbeitern gegenüber zu achten, denn diese wird immer gespürt. Können sich die Mitarbeiter angenommen fühlen, lebt ein kooperativer Geist?
- Auch im Hinblick auf die **durch Ängste verursachten Kosten** ist Handeln erforderlich.

  Kosten können entstehen, wenn beispielsweise ein Mitarbeiter kündigt, weil er Angst vor dem Vorgesetzten hat oder er den angstprovozierenden Psychoterror am Arbeitsplatz nicht mehr aushält. Dann entstehen zwangsläufig Personalkosten. Oder ein Abteilungsleiter hat Angst vor Ansehensverlust aufgrund einer Fehlentscheidung und delegiert z.B. die Auswahl einer neuen Software an einen externen Berater. Dann fallen Beratungskosten an.

  Ängste können Handlungsmotivationen verzögern, abschwächen oder lähmen. Auch das kann zusätzliche Kosten verursachen. So kann z.B. Entscheidungsangst unternehmerische Tugenden wie Kreativität und überlegte Risikobereitschaft lähmen und sich so kostenmäßig zu Buche schlagen, sich aber darüber hinaus auch schlecht auf die Stimmung im Unternehmen auswirken.

Dass Kosten durch Alkoholmissbrauch anfallen, ist bekannt. Weniger beachtet werden die Kosten, die aufgrund von Medikamentenmissbrauch entstehen. Die Wirkung von Schlaftabletten und anderen auf die Psyche wirkenden Medikamenten wird oft unterschätzt. Sie können auch betriebliche Kosten verursachen. Manche Schlafmittel stören z.B. den natürlichen Schlafablauf, wodurch man am nächsten Tag weniger gut erholt und nicht ausgeschlafen ist. Manche besitzen außerdem eine hohe Halbwertszeit, im Schnitt bei ca. 12 Stunden. Das bedeutet, dass man beispielsweise um 9:00 Uhr Früh erst die Hälfte des Schlafmittels abgebaut hat, wenn man es um 21:00 Uhr genommen hat. Das hat auch Auswirkungen auf das Unternehmen, da die Reaktions- und Konzentrationsfähigkeit beeinträchtigt ist (z.B. steht „nicht Auto fahren" bei ca. 80 % dieser Medikamente auf dem Beipackzettel). Schlafmittel sind außerdem häufig neben Schmerzmitteln eine Einstiegsdroge in den langjährigen Gebrauch von angstreduzierenden Beruhigungsmitteln, denn es besteht die Gefahr der Gewöhnung und Dosissteigerung.

Menschen, die von Ängsten geplagt werden, senden, bevor sie zu Medikamenten greifen, oftmals Signale aus, die als Suche nach Hilfe verstanden werden können. Werden solche Signale erkannt und wird rechtzeitig und angemessen darauf reagiert (z.B. durch ein Gespräch, durch betriebliche Maßnahmen, die betriebsbedingten Stress reduzieren, durch Ermutigung zum Aufsuchen eines Arztes, durch Vermittlung von Coaching usw.), kann einerseits viel Leid verhindert werden und andererseits können dem Betrieb auch Kosten erspart werden.

- Ein bedeutender Faktor zur Angstreduzierung ist **Klarheit** in den Gesprächen, in den Aufträgen und bei der Zielvereinbarung. Dies gilt für das Mitarbeitergespräch ebenso wie für die vielen Informationsflüsse in den täglichen Anweisungen. Mit einer klaren Auftragserteilung reduzieren Vorgesetzte nicht nur ihre eigene Angst vor Autoritätsverlust, sondern sie erhöhen auch das Sicherheitsgefühl der Beschäftigten und beugen damit einer ganzen Reihe von destruktiven Ängsten vor.

Im Rückblick auf diese erste Säule der Prävention ist deutlich geworden, wie sehr der Einzelne in dieser Arbeitswelt in bestimmte und komplexe Gegebenheiten und Bedingungen hineingestellt ist. Jeder hat sich zu fragen: „Kann ich sie annehmen, aushalten, so lassen? Habe ich in meiner Organisation (m)einen Platz? Habe ich so viel Können, dass ich mir selbst und meine Führungskraft mir vertrauen kann? Sind meine Arbeitsbedingungen für mich klar und geklärt?"

In diesem Bereich der Prävention geht es um das Beseitigen von Unsicherheiten und um den Aufbau von Vertrauen. Es geht um einen Realismus, bei dem man seine Vorstellungen kritisch betrachten muss. Es tut gut, sie zwischendurch immer mal wieder „einzuklammern", erneut hinzuschauen und sich zu fragen: „Was ist eigentlich meine Welt? Wer bin ich? Was kann ich? Was kann ich annehmen (aus meiner Welt, meinem Leben, meiner Biografie)?". Es geht darum, innerlich Ja sagen oder zustimmen zu können sowohl zu den eigenen Kräften, Fähigkeiten und Begrenzungen als auch zu den Bedingungen und Möglichkeiten der Situation.

Ruhe und Gelassenheit sind Früchte der gelungenen Anwendung dieser ersten Säule der Prävention. Erst wenn man genügend Sicherheit und Halt hat, kann sich Ruhe einstellen. Darauf bauen dann auch Mut (z.B. zu Entscheidungen), Wahrheit, Treue, Hoffnung und Glaube (z.B. an eine erfolgsversprechende Zukunft in der Organisation) auf.

5.2 Die zweite Säule der Prävention

Leitsatz: *Ohne Mögen wird es zäh.*

Headline: **Beziehung aufnehmen, sich Zeit nehmen und die Nähe fühlen, um die Werte zu erleben.**

In einem zweiten Bereich der Prävention ist darauf zu achten, welchen Wert die Arbeit für einen persönlich hat und wie man die Beziehungen in der Arbeitswelt leben und verbessern kann. Es geht also zentral um die Frage des „Wie" des Arbeitens. Damit wird an das bewegende Grundmotiv des Leben-Mögens angedockt.

5.2.1 Das Mögen

Psychologisch gesprochen zielt diese Säule der Prävention darauf ab, herauszufinden, was ein Mensch – ein Mitarbeiter, man selbst – tatsächlich *mag*. Das Mögen in der Arbeitswelt wird gespeist durch das Erleben des „Wie" der Arbeit, mit den Polen Freude und Leid. Um selbst ein Mögen spüren zu können, muss man sich vom Arbeitsleben berühren und durchfluten lassen und eine innere Beziehung zur Organisation, zur Arbeit und den Geschäftspartnern finden, damit die eigene Lebenskraft einfließen kann.

Man kann sich fragen:

- Was berührt und bewegt mich in meiner Arbeit?
- Woher kommt meine Kraft und Energie?
- Was bringt mich in Bewegung?
- Welche Interessen habe ich und welche Werte sprechen oder ziehen mich an?
- Wo verspüre ich Lust?
- Mag ich dieses Arbeitsleben?

Es geht letztlich darum, das eigene Leben in seiner aktuellen Arbeitswelt erlebbar, d.h. fühlbar zu machen.

Das Mögen kann als Kraft sowohl von innen heraus (als Lust) oder von außen (als Anziehung, Attraktivität) aufkommen. Kommt der Anstoß von außen, hat er auch mit dem Inneren zu tun. Es treffen äußere Reize auf die Bedürfnisse des Betreffenden und werden auf der Lust-Unlust-Ebene bewertet. „Bei allem, was den Menschen erreicht (von innen oder außen), entsteht ein ‚ich mag' (Attraktion) oder ein ‚ich mag nicht' (Repulsion)." (Längle 2002, S. 5).

Aber wie kann man feststellen, ob man etwas mag? Dafür ist es wichtig, auf das *Wohlsein* zu achten, eben darauf, ob es einem damit gut geht oder nicht, ob man sich damit wohlfühlt oder nicht. Wenn es einem damit gut geht, dann kann man sagen, dass man es mag.

Um diese Säule der Prävention besser in sein Leben einbauen zu können, kann man sich folgende Fragen stellen:

- Spielt das Mögen in meinem Leben eine Rolle? Nehme ich darauf üblicherweise Bezug, wenn ich mich für etwas entscheide?
- Gibt es viele Dinge, die ich mag? Muss ich es suchen oder kommt es mir spontan entgegen? Bei wie viel Prozent von dem, was ich tue, fühl ich ein Mögen?
- Was mag ich an meiner Arbeit besonders? Was nicht?
- Bin ich umgeben von Menschen und Dingen, die ich mag?
- Beziehe ich das Mögen unterschiedlich ein in der Freizeit und im Beruf?
- Gehe ich dem nach, woran es liegt, wenn ich etwas nicht mag?
- Lebe ich mehr nach Vorstellungen (was sich gehört, was sein soll) oder lebe ich mehr nach meinem Leben (weil es mich bewegt, berührt, weil es mir entspricht)?

Schauen wir auf die Geschichte des Mögens im eigenen Leben: welche Rolle hat es gespielt und wie hat es sich entwickelt?

- Beim Mögen schleichen sich oft Schuldgefühle ein. Meine Geschichte fließt mit ein: Wie sehr ist das Mögen von anderen beachtet und gefördert worden? Habe ich z.B. die Erfahrung gemacht, je mehr ich von meiner Lebendigkeit hergebe, desto mehr Türen gehen auf?
- Haben mich meine Eltern gefragt, was ich mag, z.B. bezüglich des Essens oder Fortbleibens?
- Ist es in meiner Lebensgeschichte erlaubt gewesen, nach dem Mögen zu gehen? Galt es als egoistisch? Was halte ich selbst davon?
- Habe ich gelernt zu spüren, was ich mag, dieses Gefühl zu beachten?
- Ist das Mögen etwas mir Feindliches, vor dem ich mich hüten soll, oder steht es zu mir?

5.2.2 Die Voraussetzungen für das Mögen: Beziehung, Zeit, Nähe

Das Schaffen der Voraussetzungen der 1. Säule (Raum, Schutz und Halt) ermöglicht, überhaupt sein zu können. Basierend auf diesen Bedingungen des Daseins wird hier im Rahmen der 2. Säule fokussiert, welche Voraussetzungen es braucht, damit die Art des Daseins mit seiner Dynamik (Lebendigkeit, Energie, Bewegung etc.) Stress reduzierend und Burnout präventiv wirken kann. Jeder Mensch ist nicht nur da, sondern er erlebt und fühlt dieses Dasein und ist auch im Austausch mit seiner Umgebung. Dieser gefühlte Austausch ist Beziehung.

Wo ein Gefühl ist, da ist auch ein Wert. Daher ist für die Erfüllung bei der Arbeit der persönlich empfundene Wert der Tätigkeit und der Beziehungen maßgeblich.

Voraussetzung, um überhaupt das Gefühl für das Mögen zu bekommen, bzw. dass das eigene Dasein (in der Arbeitswelt und generell) wertvoll ist, ist der Schutz erlebter Beziehung, ist Zeit und ist Nähe zu dem, was ist.

1. **Beziehung:** Es braucht irgendeine Form von Beziehung, damit man sich zuwenden mag. Mit anderen Worten: Zuwendung kann nur im Rahmen einer Beziehung entwickelt werden. Zuwendung ist eine Bedingung für das Erleben eines Mögens. Beispiele für Beziehungen können sein: Angesprochensein, Interesse, Gemeinsamkeit, Verständnis, Sympathie, weil mir der andere etwas bedeutet, einen Wert zu erwarten oder schon zu haben oder schon in einer wertvollen Beziehung zu stehen.

2. **Zeit:** Zeit zu haben ermöglicht, dass die Nähe ihre Wirkung entfalten kann. Um in ein Erleben zu kommen, braucht es Zeit. Im Alltagsstress werden meist nur noch, wenn überhaupt, Gefühle wahrgenommen, die ganz stark sind (z. B. Wut oder Ärger). Gefühle haben aber auch (Lebens-) Kraft – auch im Berufsleben. Zeit ist somit der Raum der Beziehung, jener „Raum", in dem das Fließen dieser Lebenskraft spürbar wird und in dem man sich vom Wert des Lebens innerlich berühren lassen kann. Das bringt die eigene Lebenskraft (Vitalität) in Bewegung, die den Einzelnen durchströmt. Dank ihr werden die Dinge und das eigene Dasein in ihrer Werthaftigkeit „er-lebbar". Man kann auch sagen: „Das, wofür ich Zeit aufbringe, ist das, wofür ich lebe."

3. **Nähe:** Zuwendung bekommen und geben ist die Quelle des Lebens für Beziehungen. Um selbst Zuwendung geben zu können, ist Nähe erforderlich. Diese wird erleichtert durch die *situative* und *lebensgeschichtliche* Nähe, die einem entgegengebracht wird.
   Wenn Nähe aufgesucht und zugelassen wird (verstärkt durch Beziehung zu und Zeit für das, mit dem man sich beschäftigt bzw. durch Zuwendung), kann man sich davon berühren und bewegen lassen, was wiederum Energie gibt. Durch diese Energie wird das (Arbeits-)Leben fühlbar – und somit ist das Gefühl entstanden. Man kann auch sagen, dass die Zuwendung zu einer Aufgabe, einem Arbeitskollegen etc. ein Gefühlsverstärker ist. Daher ist es wichtig, eine emotionale Nähe zu den Menschen und Aufgaben bzw. zur Sache aufzubauen und für ausreichend Zeit und tragfähige Beziehungen zu sorgen.

Jedes Gefühl beinhaltet drei Aussagen. Aussagen über
1. das Objekt oder die andere Person (wie es oder sie sich anfühlt).
2. die Beziehung zwischen dem Objekt oder der anderen Person und einem selbst.
3. einen selbst (Beschaffenheit und Qualität des „Wahrnehmungsinstruments", die eigene Vitalität und Befindlichkeit).

Ohne Gefühle kann man keine Erfüllung im Leben erlangen. Denn Erfüllung kann man nicht bloß denken oder aufgrund von Fakten „analysieren", sondern man muss sie fühlen, spüren und erleben. Sind diese Voraussetzungen nicht gegeben oder fehlt es an Beziehungen (inklusive Wärme und Geborgenheit), Zeit und Nähe und somit an Bewegtsein, so kann das (Arbeits-) Leben belastend werden und in eine Depression bzw. ein Burnout führen.

5.2.3 Schutzreaktionen bei Bedrohung des Mögens

Wie schon im vorigen Abschnitt erwähnt, verhält man sich unter Belastung manchmal so, dass man am schnellsten eine Entlastung erfährt. Diese automatischen Bewältigungsstrategien oder sogenannten Schutzreaktionen (Coping-Reaktionen) helfen, mit belastenden Situationen, Beziehungslosigkeit und Kälte umzugehen.

Wenn sich das Leben in einer Situation kalt und wertlos anfühlt, wenn man so nicht mehr weitermachen mag, wenn einem die Lust an allem vergeht und man es nicht ändern kann sowie in Situationen der Überforderung stellen sich die „Coping- oder Schutzreaktionen des Nicht-Mögens" ein (Längle 2002, S. 9; Längle 2016, S. 110). Tabelle 3 gibt einen Überblick über die Schutzreaktionen der 2. Dimension der Existenz, bei denen es um den Schutz vor Lebensverlust („Mögen") geht:

Tab. 4: Coping-Reaktionen der Lebensdimension (2. Grundmotivation) im Überblick

Grundbewegung	Abwendung oder Rückzug
Aktivismus	Leisten, Entwerten, Regruppieren
Aggression	Wut
Totstellreflex	Resignation, Abschalten durch Erschöpfung

Auch diese Reaktionen sollen etwas ausgeführt werden, weil sie helfen können, versteckte Defizite bei sich selbst zu orten und mit dieser Dimension des Menschseins in Verbindung zu bringen, bzw. Reaktionen von Mitarbeitern und anderen Menschen besser zu verstehen, weil sie mit dem Thema des gestörten Lebensbezugs im Zusammenhang stehen. Dadurch kann auch gezielter mit den Mitarbeitern umgegangen werden und es kann ihnen eher geholfen werden, wenn ihre Schutzreaktionen damit zu tun haben.

1. **Grundbewegung: Abwendung oder Rückzug (Regression)**
   Die Grundbewegung zielt darauf ab, das Grundvermögen des Mögens so gut es geht zu erhalten. Bei Dingen, die man nicht mag, will man nicht sein und man zieht sich daher eher zurück. Das bedeutet, dass hier die abstoßende Wirkung aufgegriffen und als Reaktion umgesetzt wird.
   Der Rückzug kann sich zeigen, indem
   - sich der Betreffende innerlich oder äußerlich zurücknimmt, sich in sein Schneckenhaus verkriecht und einpuppt. Dadurch bleibt er noch in Beziehung zu sich.

- er eine Gleichgültigkeit entwickelt, emotional unbeteiligt ist, es nicht mehr an sich heranlässt und sich somit aus der Beziehung nimmt.
- er sich auch physisch aus der Beziehung nimmt.
- er sich versteckt hinter anderen (wichtigen) Tätigkeiten, Argumenten, Tatsachen oder einer starken Person.
- er aufschiebt, um Zeit zu gewinnen, oder anderes tut in der Hoffnung, dass es nachher besser geht.

Dieses Verhalten erinnert an einen Baum, der im Herbst das Chlorophyll aus den Blättern zurückzieht, um sich auf den Winter vorzubereiten.

2. **Aktivismus (in Beziehung treten): Leisten, Entwerten, Regruppieren**

Beim Aktivismus tut man alles (eigentlich zu viel), um dem Unangenehmen zu entkommen. Man geht die Themen an, aber nicht aus Interesse oder um sich mit ihnen zu befassen, sondern mit dem Ziel, sie hinter sich zu bringen. Das kann auf unterschiedliche Art geschehen:

Man kann „mit der großen Zahl operieren", was zum *Leisten* führt, z.B. Checklisten führen zum Abarbeiten dessen, was man erledigen muss. Dabei geht es nicht darum, diese Sache zu tun, sondern darum, sie weg zu haben, sie nicht mehr vor sich zu haben. Wenn man seine Aufgaben „erledigt", dann werden sowohl die Aufgaben als auch die dafür benötigte Zeit eigentlich „vernichtet", weil sie der Betreffende nicht gelebt hat. Die Intention dabei ist, danach hoffentlich wieder leben zu können, wenn alles erledigt und vorbei ist.

Man kann aber auch in ein Zuviel des Tuns geraten aus einem Beziehungsfaktor heraus. Das beginnt damit, dass man *nicht Nein sagen* kann, weil man z.B. vermeiden will, nicht mehr (oder auch nur weniger) geliebt zu werden. In Organisationen findet man manchmal Personen, die eine (zu) hohe Arbeitsbelastung haben, weil sie nicht Nein sagen können. Der Beziehungsfaktor spielt auch eine Rolle bei der *Überfürsorglichkeit* als spezielle beziehungssuchende Leistung oder bei der Angst, zu wenig geliebt zu werden. Dies ist bei Personen im Burnout bzw. in einer Erschöpfungsdepression häufig der Fall. Hinter der Überfürsorglichkeit steckt oft der Versuch, zu verhindern, dass man nicht gemocht wird oder dass man als nicht lieb genug zu den anderen angesehen wird.

Aus der Beziehungssuche heraus kann auch zu viel über das Leid geredet werden. Durch *Jammern* wird Mitleid gesucht, um Wärme zu finden, damit die Kälte durchgestanden werden kann, z.B. über den Chef jammern, damit man seine Kälte aushält dank der Wärme der anderen, die zuhören. Das zielt darauf ab, Mitleid und Wärme zu bekommen, aber nicht, das

Problem zu bearbeiten und zu lösen – eben wie es bei Coping-Reaktionen der Fall ist: möglichst rasche Erleichterung zu erhalten, weil es einem unerträglich vorkommt.

Ein weiteres Verhalten kann sein, dass man eine *Gruppe um sich sammelt* (regruppiert) und damit die Beziehung anderer sucht, um die eigene Schwäche oder Ohnmacht zu überwinden. Somit wird das, was man glaubt, alleine zu wenig zu sein, verstärkt durch die Zuschaltung der anderen. Ein Mitarbeiter kann beispielsweise die Art und Weise, wie ihm eine Aufgabe zugeschanzt wurde, als schlimm empfinden. Indem er es den anderen sagt, sie um sich schart und gegen den Vorgesetzten hetzt, wird es für ihn leichter erträglich. Nun ist er nicht mehr allein damit. Das kann u.U.. zu erheblichen Dynamiken in einem Unternehmen führen.

Eine weitere Form des Aktivismus ist die *Ablenkung* von sich statt der Zuwendung zu den eigenen Gefühlen, z.B. durch Helfen und Aufopferung oder die Erfüllung einer Norm (wie z.B. „Ein guter Mitarbeiter ist lange an seinem Arbeitsplatz."). Nicht selten trifft man auch auf die *Entwertung* als einen weiteren Weg, um dem Unangenehmen durch Überaktivität zu entkommen. Ein Mitarbeiter, der vom Chef vor den anderen gelobt wurde, dem das aber zu nahe geht und der es deshalb nicht aushalten kann, kann z.B. seine Leistung entwerten, indem er dazu meint, dass das, was er getan hat, eh nichts Besonderes gewesen sei.

3. Aggression: Wut

Die Aggression in dieser Dimension ist die Wut. Das Spezielle an der Wut ist, dass sie die Beziehung erhalten will, im Gegensatz zum Hass, der destruktiv ist und den anderen zerstören will. Wenn man wütend ist, wird man rot im Gesicht und ist voller Leben. Man setzt sich in der Wut dafür ein, dass man leben kann.

Wut ist eine Schutzreaktion gegen das Wegnehmen, Verteidigung dagegen, dass sich jemand etwas auf meine Kosten holt. Das Ziel der Wut ist, den Weg zu bahnen, damit man das leben kann, was man mag. Der Aufschrei der Wut bedeutet: „Ich will leben!". Die Wut ist ein Schutz für die Liebe und Beziehung, will den anderen abhalten, weiterhin so störend auf die Beziehung einzuwirken. Wut kommt in Beziehungen auf, die einem etwas bedeuten. Zum Beispiel kann Wut gegen den Chef aufkommen, wenn sich dieser unsensibel gegenüber dem Mitarbeiter verhält, der ihn aber sehr mag. In der Wut zeigt sich das Leiden am unterdrückten Leben. Sie bezweckt ein Aufrütteln-Wollen des Chefs, um ihn fühlen zu lassen, was er tut, um mehr Beziehung haben zu können und nicht mehr so leiden zu müssen.

Wut sucht Beziehung, Liebe, Nähe, und wenn nicht mit Wut reagiert wird, entsteht Resignation.

4. **Totstellreflex: Resignation, Abschalten durch Erschöpfung**
Im Totstellreflex ist man teilweise schon überwältigt von den Umständen, aber man tut noch sein Letztes, um das Unheil zu verhindern. Es kommt zu Gefühllosigkeit, Passivierung, Abwarten in der Hoffnung, dass das Problem von selbst verschwindet (Lähmung, Apathie).
Bei der Resignation, in der Verweigerung oder Ablehnung ergibt man sich seinem Schicksal und lässt es laufen. Man hat die Hoffnung aufgegeben – vielleicht wendet es sich von selbst zum Besseren, mehr kann man nicht mehr tun.
In der Arbeitswelt kommt das beispielsweise vor, wenn ursprünglich eher engagierte Mitarbeiter mit der Zeit ruhig und unauffällig werden und die Dinge laufen lassen, oftmals nach einer Phase der Wut und des Aufbegehrens. Nun haben sie aufgegeben, haben resigniert, hoffen auf ein Wunder (darum bleiben sie noch).
Die stärkste Ausprägung des Totstellreflexes ist die *Erschöpfung*. In ihr konfluieren Apathie, Kraftlosigkeit und oft auch Resignation. Wenn sich die Lage in der Arbeitswelt nicht bessert und der Betreffende darauf immer wieder gleich reagiert, dann kommt es zu einer Fixierung des Verhaltens, was zu einer (Erschöpfungs-)Depression oder einem Burnout führen kann.

Als Fragen an sich selbst zur Bearbeitung der Thematik können helfen:
- Welches Verhalten habe ich, wenn ich den Wert der Arbeit und der Beziehungen nicht fühle?
- Wenn ich nicht mehr mag, wie reagiere ich dann?
- Was kenne ich an mir?
- Wie reagiere ich üblicherweise? Reagiere ich meistens in derselben Form?

Wiederum sollen diese Fragen einen Prozess eröffnen. Es braucht eine Zuwendung zur Situation und zu den Umständen.

5.2.4 Vorgehen beim Auftreten von Schutzreaktionen bzw. der Bedrohung des Mögens

Werden bei einem Mitarbeiter oder bei einem selbst eine oder mehrere dieser Schutzreaktionen erkannt, so kann damit vorbeugend personal umgegangen werden. Hier wird ein Vorgehen anhand eines Beispiels aufgezeigt.

Ausgangslage:
Frau Popic ist Mitarbeiterin der Informatikabteilung eines international agierenden Unternehmens. Sie ist zuständig für den IT-Support weltweit. Sie erkennt, dass sie ihre Leistung erbringt, um eine Norm zu erfüllen (Coping-Reaktion: Aktivismus – Ablenkung). Ihre Norm ist: „Eine gute Mitarbeiterin ist lange an ihrem Arbeitsplatz und erledigt ihre Arbeit zur besten Zufriedenheit des Chefs." Das macht sie in der Hoffnung und in dem Glauben, dadurch ein gutes Arbeitsleben zu haben.

Auch sie geht nach dem Fragebogen aus dem Anhang vor:

Gerne mache ich bei meiner Tätigkeit bzw. dabei motiviert mich:

Frau Popic arbeitet sehr gerne mit Menschen. Es gefällt ihr auch, dass sie mit Personen aus unterschiedlichen Ländern zu tun hat. Weiters wird ihr Wohlfühlen bei der Arbeit dadurch gespeist, dass sie sich gut mit ihren Kollegen versteht und das Unternehmen ein gutes Image besitzt.

Ich mag nicht in meinem derzeitigen Arbeitsleben/ungern mache ich bei meiner Tätigkeit bzw. dabei demotiviert mich:

Für Frau Popic ist es demotivierend, immer wieder die gleichen Fragen beantworten zu müssen. Auch hat sie kaum eine ruhige Minute, da sie entweder Anrufe oder E-Mails beantworten muss.

Reflexion über mein Mögen:

- Wo seht mein Mögen im Widerstreit mit meinem Pflichtbewusstsein?

  Frau Popic ist sehr pflichtbewusst und sieht es deshalb als ihre Pflicht an, den Mitarbeitern immer wieder die gleichen Fragen beantworten zu müssen.

- *Welche Lern- und Lebenserfahrungen spielen eine Rolle?*

  Frau Popic erinnert sich daran, dass sie früher die Abwechslung und die Herausforderungen, an denen sie wachsen kann, geliebt hat.

- *Wo stelle ich mein Mögen zurück? Stelle ich es wirklich zurück oder ordne ich es einem höheren Wert unter?*

  Frau Popic kommt zu dem Schluss, dass sie ihr Mögen zurückstellt. Den höheren Wert, wegen dem sie es zurückstellt, kann sie nicht finden.

Was hätte ich gerne anders? Was kann ich selbst ändern oder in Gang bringen?

Frau Popic möchte wieder Aufgaben, an denen sie wachsen kann. Sie wird zu ihrem Chef gehen und ihn fragen, ob Projekte geplant sind, bei denen sie mitwirken kann. Auch wird sie ihm vorschlagen, in den einzelnen Niederlassungen jeweils eine Person auszubilden, die die häufigsten und einfacheren IT-Probleme vor Ort lösen kann. Das möchte sie im Rahmen eines Train-the-Trainer-Programms erreichen.

5.2.5 Die personalen Aktivitäten der zweiten Säule: sich dem Positiven zuwenden und um das Negative trauern

Die personalen Aktivitäten zeigen uns, was wir im Zusammenhang mit dem Mögen tun können.

In der zweiten Säule der Burnout-Prävention ist man mit der Beziehungsaufnahme befasst und mit der Art, zu fühlen bzw. mitzufühlen, wie etwas ist, um aus diesem Anfühlen zur Abstimmung mit dem eigenen Sein zu kommen. Das erfolgt über die personalen Aktivitäten, die beinhalten:

- sich dem Wertvollen des (Arbeits-)Lebens zuzuwenden (= Nähe aufnehmen), um das Leben durchkommen zu lassen
- sich auch seinen Belastungen und Verlusten zu stellen, zu trauern, die „Nähe zu sich zu halten" angesichts des Verlustes von Wertvollem

Diese Nähe vermittelt ein emotionales Berührtwerden, wodurch Wärme und innerliches Bewegtsein entsteht. Ziel ist, zu den Beziehungen und zum Leben in der Arbeitswelt Ja sagen zu können.
Die persönliche Zuwendung zu Werten kann als Werte-Arbeit bezeichnet werden, die durch die Stellungnahmen persönlich vertieft werden kann: Dies kann meistens unmittelbar erfolgen, aber manchmal ist der unmittelbare Zugang nicht gegeben oder möglich, dann braucht es die Zuwendung zu einem Werte-Ersatz:

1. Werte-Besinnung: Man nimmt bei der Tätigkeit selbst Stellung zu dem, was man tut, und schaut, welcher Wert darin enthalten ist. Man macht sich achtsamer gegenüber Werten. Wenn beispielsweise eine Führungskraft ihre Mitarbeitergespräche nicht gerne durchführt, kann sie sich fragen: Für wen mache ich es – für die Personalabteilung oder für mich oder um die Zusammenarbeit und die Leistungen meiner Abteilung zu verbessern? Was ist für mich persönlich der Wert bei den

Gesprächen? Man soll sich von Unangenehmem nicht abschrecken lassen, auch darin sind Werte und Wertvolles enthalten.

2. Werte-Kompensation: Wenn man eine Tätigkeit ungern macht und man nichts unmittelbar Wertvolles empfinden kann (z.B. Steuererklärung machen), dann kann man auf einen Werte-Ersatz schauen, manchmal schon während der Tätigkeit (z.B. Musik auflegen), manchmal kann man sich eine „Belohnung" erst nachher gönnen (z.B. in ein gutes Restaurant gehen). Man „versüßt" sich also die bitteren Momente im Leben mit etwas anderem, um die Beschäftigung mit dem Unangenehmen erträglicher bzw. leichter zu machen. Natürlich erfüllt einen ein Werteersatz nicht so sehr, wie wenn der Wert des Ursprünglichen erlebt wird.

Durch solche Werte-Arbeit wird die Situation über eine kausale Vorgangsweise erleichtert und man kann damit automatisch ablaufende Verhaltensmuster (Coping-Reaktionen) vermeiden.

Werte-Arbeit erfolgt in der Gegenwart. Wenn etwas aber schon in der Vergangenheit liegt oder verloren ist, dann ist die Werte-Arbeit in dieser direkten Form nicht möglich. Die Zuwendung zu Verlorenem macht uns traurig. Beispielsweise, wenn man bei der Besetzung einer für sich wertvollen Stelle übergangen wurde, wenn man einen für sich wertvollen Auftrag nicht erhalten hat, sein Projekt nicht bewilligt oder gestoppt wurde oder wenn ein Mitarbeiter aus der eigenen Abteilung ausgefallen ist (z.B. durch Krankheit oder Kündigung). Die Zuwendung zu dem unmittelbar Erlebten lässt uns fühlen, dass das Leben aktuell an Wert eingebüßt hat. Es ist jetzt nicht mehr so gut. Das rührt uns an, lässt uns fragen, wie das Leben unter diesen veränderten Umständen weitergehen wird und ob es wieder so gut werden kann? Bei schwereren Fällen stellt sich die Frage, ob man so überhaupt noch weiterleben will?

In der Trauer überlässt man sich seinem eigenen Fühlen. Und man stößt dabei auf etwas sehr Kostbares: Es ist das Leben selbst, das sich in uns zu rühren beginnt, das uns als Zeichen dieser inneren Lebendigkeit Tränen in die Augen schickt als Ausdruck dafür, dass noch Leben in uns fließt. Auf der Basis dieses tröstlichen Gefühls können wir die Kraft und die Bereitschaft finden, den Verlust zu tragen und uns wieder neuen Werten zuzuwenden (vgl. Längle, Bürgi 2016).

5.3 Die dritte Säule der Prävention

Leitsatz: ***Das Dürfen gibt erst richtig frei: sich selbst sein dürfen – das Alleinstellungsmerkmal der Person***

Headline: **Beachtung, Gerechtigkeit, Anerkennung und Wertschätzung zu spüren, erlaubt, sich selbst sein zu können (Authentizität), und gibt Ausstrahlung und natürliche Autorität. Identität, Authentizität und Ethik gehören zusammen und erlauben ein gutes Mit-sich-sein-Können und eine begegnende Offenheit für den anderen.**

Es geht bei diesem dritten Schritt um die Person. Dazu gehört, was man gemeinhin als „Marke Ich" bezeichnet: dass man Anerkennung bekommt, sich einen Namen macht und Respekt gewinnt. Aber im Grunde geht es um mehr: um das Sich-selbst-sein-Können in seinem Leben und Arbeitsleben. Das gilt für einen selber ebenso wie für die Mitarbeiter. Wie weit darf ich bzw. der Mitarbeiter in der Arbeit selber „vorkommen", in Erscheinung treten, sich selbst sein? Wie weit darf ich/er schöpferisch sein, so wie ich bin und wie er ist – jeder mit seiner Einzigartigkeit? Wie gut kann jeder auf seine Innerlichkeit, auf sein Personsein zugreifen und dabei auf sein Wesen, auf die eigene Echtheit Bezug nehmen?

Der Mensch ist als Individuum geboren. Und deshalb geht es auch darum, die Dimension der Individualität, der Einzigartigkeit, des Eigenen, der Unverwechselbarkeit, Unterschiedlichkeit und Abgegrenztheit zu leben – es geht um den Wert des Sich-selber-Seins! Dabei spielen innere Bestimmtheit, Entschlossenheit, Gewissen und die Intimität der Person eine Rolle. Sich-selbst-Sein braucht eine Abgrenzung und Klarheit des Eigenen (des Ich) den anderen gegenüber. So kann das Ich in sich selber zu stehen kommen, weil es zu sich steht.

Mit dieser Dimension verbunden ist die ethische Frage an den Menschen: Wie können wir wissen und finden, was ein Mensch – ein Mitarbeiter, aber ebenso man selbst – tatsächlich *tun darf*? Was darf man sich selber zugestehen? Was erlauben einem die anderen?

5.3.1 Das Dürfen

Psychologisch gesprochen zielt die dritte Dimension ab auf das Herausfinden, was ein Mensch – ein Mitarbeiter, man selbst – tatsächlich tun *darf*, damit er sich und den anderen gerecht wird. Grundlegend dabei ist das „Ja zur Person".

Betroffene können sich fragen: Darf ich so sein (so denken), wie ich bin? Darf ich ich selbst sein? Werden meine Ziele in der Arbeit nur vorgegeben oder werden sie gemeinsam vereinbart unter Berücksichtigung meiner Argumente und Umstände? Werde ich nur als Leistungsträger in meiner Funktion und Rolle und als Erfüller der vorgegebenen Ziele gesehen oder wird auch auf meine persönliche Situation und das mir Wichtige Rücksicht genommen. Werde ich „gesehen" – wenn ich beispielsweise schon erste Anzeichen eines Burnouts zeige? Werde ich als Person gesehen und geschätzt? Erhalte ich ausreichend Anerkennung?
Kernpunkt dieser Säule der Burnout-Prävention ist es, sein Eigenes zu fassen, es abzugrenzen und in Wertschätzung zeigen zu können. Auf dieser Grundlage kann der Mensch sich selbst sein – vor sich selbst und vor den anderen –, d.h. authentisch sein. Dann kann man vor beidem bestehen, kann sich zeigen, sich sehen lassen, kann zu sich stehen. Dann steht man auf festem Grund in sich.
In diesem Abschnitt geht es also um mich in meinem (Arbeits-)Leben. Und das ist nicht Egoismus oder Narzissmus – sich mit sich zu befassen ist eine Grundbedingung erfüllten Daseins. Wir sind auf der Welt, auch weil es um uns gehen soll.

Ziel ist, dass jeder – auch der einzelne Mitarbeiter – Ja sagen kann zu sich und zu seiner Person, zu den Personen, mit denen er zusammenarbeitet, und zu seiner Organisation. Dazu ist es unabdingbar, sich möglichst authentisch zu verhalten und dabei gesehen und geschätzt zu werden. Dies wiederum beeinflusst den Selbstwert. Die Art und Weise, wie man sich verhält, und was man von anderen erfährt, kann den Selbstwert entweder stärken oder schwächen (siehe auch Kapitel 5.3.3).

Zur eigenen Arbeit und Prophylaxe gehört die Auseinandersetzung mit dem, was mir im Wesen entspricht – mit dem Dürfen. Eine Anleitung dazu sollen die folgenden Fragen geben.
Selbstabgrenzung: Wo Unterschiede sind, gibt es Grenzen. Grenzen sind notwendig für die Erhaltung und Entwicklung des Eigenen und der Individualität. Sich abgrenzen zu können, sein Eigenes zu tun und dabei zu sich stehen zu können ist grundlegend, um ein Dürfen entwickeln zu können.

- Wie gut kann ich Grenzen ziehen, gelingt es mir leicht?
- Habe ich oft das Gefühl, dass das, was ich tue, wirklich Meines ist?
- Bin ich eigentlich interessiert, Meines zu leben und mich dafür einzusetzen?

- Was bringt mich dazu, nicht Meines zu leben?
- Wie habe ich mein Abgrenzen erlebt?
- Wie sehr habe ich mein Eigenes leben können? Wie sehr wurde es von außen verletzt? Wie stark habe ich mich für mich gemacht?
- Fragen wir uns immer wieder: Wenn es jetzt in dieser Situation nach mir ginge, was würde ich tun? Was wäre Meines? Finde ich Meines? Kann ich beispielsweise eine Stunde pro Tag ganz Meines leben? Was tue ich dann? Wie gestalte ich dann so einen Tagesabschnitt (z.B. wann gehe ich essen oder stehe ich auf, wenn es nach mir geht)?

5.3.2 Die Voraussetzungen für das Dürfen: Beachtung, Gerechtigkeit und Anerkennung, Wertschätzung

Es ist für jeden Menschen wichtig, von seiner Umgebung und den nahestehenden Menschen als Person gesehen und wertgeschätzt zu werden – und darum auch von seinem aktuellen Arbeitsumfeld. Voraussetzung dafür ist, das zu fassen zu bekommen, was das Eigene ist, was einem wirklich persönlich wichtig ist, und es zum Ausdruck bringen zu können, damit es gelebt wird. Auf dieser Grundlage findet der Mensch sein Ich, spürt er und weiß er, wer er ist. Wenn man sich als Ich mit den Werten der Welt in Verbindung bringt, wenn man sich von ihnen ansprechen und berühren lässt, dann entsteht eine Identifikation des Ichs mit anderen Dingen, mit Werten. Diese *Identifikation* z.B. mit der Familie, mit dem Beruf, mit dem Unternehmen bedeutet, dass dieses Andere, also etwas, das nicht ich selbst bin, nun doch zu mir gehört. Man bezeichnet diese Erweiterung des Ichs durch die das Ich definierenden Werte als das *Selbst*. Für diesen Prozess braucht es Beachtung, Gerechtigkeit und Wertschätzung von anderen und auch von einem selbst.

Die Entfaltung dieser Säule der Prävention braucht die echte Begegnung mit dem Du des anderen, dem man dann in der Folge auch selbst wirklich begegnen kann, weil man Begegnung so gelernt und entwickelt hat. Begegnung ist Bedingung für die Bildung des authentischen Ichs, weil in ihr das Eigene, das, was einem wichtig ist, vom anderen ernst genommen und gesehen wird. Im Lichte dieses Aufgenommenseins kann man sich selbst finden und nun auch mit sich selbst entsprechend umgehen.

Es wird im nächsten Kapitel noch etwas ausführlicher auf diese Voraussetzungen für das Dürfen, d.h. auch für das authentische Ich und für den damit verbundenen Selbstwert, eingegangen. Für die Entwicklung dieser Voraussetzungen wird einerseits *Selbstdistanzierung* benötigt, d.h. sich und den anderen aus etwas Distanz ansehen zu können, denn das ermöglicht das

Begegnen. Andererseits ist auch ein *Zu-sich-stehen-Können*, zu seinem Körper, seinen Gefühlen, Einstellungen und Handlungen stehen zu können, nötig.

So kann man auch in dieser Säule der Prävention personale Aktivitäten entwickeln, wie sie in Kapitel 5.3.6 beschrieben werden: ein Sichabgrenzen von den anderen, aber auch von den eigenen Fehlern und Ansprüchen (und denen der anderen). Auch Bereuen und Verzeihen sind hier personale Aktivitäten. Dazu braucht es Stellungnahmen und eigene Meinungen. Das Eigene muss eben vorhanden sein.

5.3.3 Der Wert des Selbst – der Selbstwert

Selbstwert ist ein großes Thema des Menschen. Jeder ist damit befasst, jeder bemüht sich darum, viele kämpfen sogar dafür. Da der Großteil der Führungskräfte und Mitarbeiter auch mit dem Thema Selbstwert konfrontiert ist und weil Arbeit eine wichtige Quelle für Selbstwert ist, wird hier speziell darauf eingegangen. Es gibt zur Einschätzung des Selbstwertes verschiedene Fragebögen, wie beispielsweise die Multidimensionale Selbstwertskala (Schütz & Sellin, 2006). Gerade zur Stärkung des Selbstwertes findet man viel Ratgeberliteratur. Hier wird die Bildung des Selbstwertes aus existenzanalytischer Sicht beschrieben.

Für die Selbstwertbildung werden sowohl äußere Voraussetzungen als auch innere Aktivitäten benötigt. Für die Induktion des Selbstwertes braucht es die schon genannten Voraussetzungen zur Ich-Findung: Beachtung, Gerechtigkeit und Wertschätzung, und zwar in einem ersten Schritt von außen, und in einem zweiten Schritt von einem selbst.

Beachtung erhalten bedeutet zunächst einmal einfach, gesehen zu werden. Man wird berücksichtigt, nicht übergangen. Intensivere Beachtung bedeutet dann noch etwas mehr: nämlich an-gesehen zu werden, so gesehen zu werden, wie man ist, und den Blick auf sich ruhen zu fühlen. Damit verbunden ist ein Respektieren der eigenen Grenzen durch die anderen: „Sie belassen mich, wie ich bin, in meiner Art und Weise." Wenn wir das im Laufe des Lebens ausreichend erhalten haben, können wir das Erhaltene nun selbst übernehmen und uns selbst entsprechend behandeln. Es entsteht dann von innen heraus Selbst-Beachtung, Rücksichtnahme auf sich selbst, Identität mit sich selbst durch Beachtung der persönlichen Grenzen, der Unterschiedlichkeit und der Eigenständigkeit der eigenen Person. Damit kann ein Selbstbild entstehen. Parallel dazu entsteht auf dieser Grundlage das Über-Ich: Durch die Identität und Identifikation mit wertvollen anderen wird deren Verhaltensanspruch übernommen und zur Verhaltensregel gemacht, weil man ja mit den anderen Menschen verbunden ist, man identifiziert sich mit ihnen.

Gerechtigkeit zu erhalten ist eine weitere wichtige Erfahrung. Es schmerzt den Menschen schon als Kind, wenn er ungerecht behandelt wird. Das macht deutlich, wie empfindlich wir dafür sind. Gerechtigkeit erhalten bedeutet, dass einem das Seine belassen wird, dass auf das Eigene Rücksicht genommen wird. Man will in seinem Wert gesehen werden, man braucht es so sehr, dass der eigene Wert nicht abgewertet wird. Bei Entwertungen empfindet man, dass diese Sichtweise einem „nicht gerecht" wird. Wenn andere Menschen einem Raum geben, sich Zeit für einen nehmen und sich für einen interessieren und einen respektieren, dann werden sie einem gerecht.

Es ist fast nicht möglich, das Eigene entsprechend zu entwickeln, wenn man nicht ein gewisses Maß an Gerechtigkeit erhalten hat. Denn erst auf dieser Basis kann man lernen, sich zu sich selbst entsprechend zu verhalten. So können Authentizität (die Bezugnahme zum gespürten Echten in sich), Ethik (das Gefühl für das Richtige, für das, was einen anspricht und einem zusteht) und Gewissen (die Resonanzfähigkeit mit dem eigenen Wesen) entstehen.

Wertschätzung zu erhalten bedeutet, dass andere Menschen auf Basis ihres persönlichen (subjektiv gespürten) Gefühls zu einem Stellung nehmen. Sie sagen einem, was sie persönlich empfinden, wenn sie darauf achten, wie man sich in bestimmten Situationen verhält: „Das oder jenes beeindruckt mich sehr; wie du das geregelt hast, gefällt mir, jenes hingegen nicht so ganz." Im Grunde handelt es sich um eine Beurteilung durch andere. Wichtig dabei ist, dass diese Beurteilung auf ganz persönlicher Ebene geschieht. Eine solche Beurteilung stellt eine kritische Stellungnahme und offene Anerkennung des Eigenen und dessen Wertes dar. Eine kritische Beurteilung beinhaltet, dass man gesamthaft gesehen wird und nicht nur die Sonnenseiten beachtet werden. Das führt zur Stärkung des Ichs und zur Selbstwertfestigung, wenn man in der Folge auch selbst eine derartige Sichtweise auf sich übernimmt.

Es ist wichtig, dass man auch immer wieder Stellung zu sich selbst bezieht, nicht in festgefahrenen Mustern oder übernommenen Schemata (etwa von den Eltern), sondern aus dem eigenen, ganz persönlichen Gespür heraus: „Wie kommt das bei mir an, was ich da tue bzw. getan habe? Gefällt es mir? Bin ich glücklich damit, zufrieden? Stimmt es so für mich?"

Wir nehmen im Folgenden die innere Aktivität für die Selbstwertbildung in den Blick. Es geht dabei um die Fragen: Was tut der Mensch, um sich selbst in den Blick zu bekommen? Wie können wir uns im Alltag selber antreffen? Dafür sind drei Aktivitäten hervorzuheben:

1. *Distanzgewinnung und Selbstwahrnehmung*: Kann ich zu mir selbst (zu meinen Gefühlen, Gedanken, Erinnerungen, Haltungen usw.) ein Stück weit auf Distanz gehen? Kann ich „wie von außen" auf mich schauen und mich wahrnehmen? Kann ich meine Grenzen sehen, wann es mir zu viel wird, oder wo andere meine Grenzen überschreiten und nicht beachten? Kann ich meine Grenzen auch selbst einhalten?
2. *Sich ernst nehmen,* indem man sich gerecht wird: Kann ich eine Beziehung zu mir aufnehmen, sodass ich spüren und fühlen kann, welchen Wert und welche Bedeutung das, was ich tue, hat? Schaue ich dabei darauf, wie ich mich fühle? Lasse ich es gelten und darf es sein? Erst dann bezieht man sich auf sich selbst. Sich ernst zu nehmen bedeutet, sich vor sich selbst gelten zu lassen: die eigenen Gefühle und Gedanken, die Bedürfnisse und Sorgen. Wenn man sich ernst nimmt und sich auf sich selbst bezieht, lebt man aus seinem Eigenen heraus. Wenn man so sich selbst ist, hat man eine natürliche Autorität. Wenn man sich ernst nimmt, gewinnt man Authentizität, entwickelt eine Ethik und kann nach dem eigenen Gewissen leben. All das beruht auf dem Gespür für sich selbst, d.h. auf einem gefühlten Zugang zu sich selbst.
3. *Sich beurteilen und wertschätzen*: Man kann sich selbst mit seinem Herzen sehen. Man kann schauen, was einem von dem, was man tut, zusagt und gefällt und was nicht so ganz entspricht. Mit einer solchen offenen und kritischen Sicht stellt man sich zu sich bzw. zu seinem Wert: Schaue ich mit meinem Herzen auf mich? Beurteile ich mich gelegentlich? Beziehe ich Stellung zu mir selbst? Was halte ich beispielsweise von meiner Pünktlichkeit? Nimmt sie mir etwas weg? Verstellt sie etwas? Ist sie vorteilhaft? Wie kollegial bin ich? Wie gut kann ich mich abgrenzen von anderen Menschen, von ihren Wünschen und Forderungen an mich? Wie gut kann ich mich von meinen eigenen Vorstellungen und Erwartungen abgrenzen und auf Distanz gehen? Wie gut kann ich mich vom Negativen, Belastenden, Schwierigen, Problematischen abgrenzen? Kann ich andererseits zum Positiven stehen, weil es stimmig ist, und dafür eintreten, darum kämpfen, wenn es sein muss? – So zu sich selbst zu stehen, sich so offen und kritisch im Blick zu haben, *stärkt das Ich*. Man kann Kritik von anderen besser annehmen, weil man ja selbst einen kritischen Blick pflegt und man das, was andere an einem kritisch vermerken, selbst so sieht. Oder man kann diese Sichtweise nicht übernehmen, weil man diese

Ansicht und Einschätzung nicht teilt. Solcherart „aufgedoppelt“ durch die eigene Position zu sich selbst wird die natürliche *Autorität* und Glaubwürdigkeit gestärkt.

Zusammenfassend gesagt, zeigt es sich, dass der Selbstwert das Außen braucht und (besonders in der Kindheit) von außen entfacht werden muss, dann aber auch von innen übernommen und ausgestaltet wird.

Um sich seinem Selbstwert anzunähern, kann man sich folgende Fragen stellen:

- Gebe ich mir Anerkennung? Tue ich das überhaupt? Schätze ich etwas an mir? Oder würde ich mich dafür schämen, etwas Positives von mir zu sagen?
- Habe ich erlebt, dass jemand für mich eingetreten ist?
- Von wem besonders habe ich mich gerecht behandelt gefühlt?
- Habe ich schmerzliche Erinnerungen an ungerechte Behandlung?
- War ich bei jemandem ein Lieblingskind?
- Was schätze ich an mir? Wofür gebe ich mir Anerkennung?
- Wofür bekomme ich Anerkennung? Was sieht man an mir? Was ist in meiner Umgebung gefragt? Was gilt dort etwas?
- Mag ich meinen (Geschäfts-)Partner oder Kollegen? Achte ich ihn? Schätze ich ihn? Wofür kann ich ihn schätzen?
- Bin ich mir dessen bewusst, was ich gut kann? Oder tue ich mir leichter, das zu finden, was ich nicht an mir schätze?
- Sehe ich mehr das Positive oder Negative (an mir)?
- Was schätze ich nicht an mir?
- Aus welchem Selbstverständnis heraus lebe ich? Was ist das Verständnis meiner selbst? Halte ich mich z. B. für integer, authentisch oder zu sehr auf mich bezogen, verführbar etc.?
- Was sind meine Stärken? Wo fühle ich mich kompetent?
- Kenne ich das Gefühl „Ich bin mir wichtig“? Darf ich wichtig sein? Lebe ich damit?
- Schäme ich mich? Wofür?

Zur Stärkung des Selbstwerts bedarf es dreier Schritte:

1. *Selbstwert-Induktion durch andere*:
   Der Keim für den Selbstwert wird durch andere gelegt, indem man von ihnen Beachtung, Gerechtigkeit und Wertschätzung erhält. Durch das Erleben der Einschätzung der anderen – vor allem der Wertschätzung – beginnt man an sich zu sehen, was schätzenswert ist. Dafür ist es wichtig,

dass man sich die positiven Erfahrungen von anderen bewusst hält, sich immer wieder auf sie bezieht, sie in sich nachschwingen lässt und gelegentlich auch anderen (Nahestehenden) davon erzählt, um die Freude zu teilen und damit zu intensivieren.

Zum Schutz des Selbstwerts ist es aber auch wichtig, zu schauen, wo dieser derzeit oder seit längerem beschädigt wird. Es gibt viele Möglichkeiten, wie der Selbstwert untergraben werden kann. Hier einige Beispiele:

- übersehen werden, ständige Kritik
- Misstrauen (nicht glauben, nichts zutrauen ...)
- Unehrlichkeit, angelogen werden, Verheimlichungen
- Grenzüberschreitungen, Gewalt (z.B. Gewalt in der Kommunikation, Mobbing), überfordert werden
- Ungerechtigkeiten und ungerecht behandelt werden
- Vergleiche mit anderen, da diese zur Rivalität anstiften, nicht aber zu sich selbst heranführen
- Abwertungen
- Idealisierungen, falsches Lob
- wechselnde, ambivalente Beurteilungen
- lächerlich machen, ausgelacht werden
- funktionieren müssen, weil nur Leistung zählt

Wo dies auftritt, sind die Menschen oder Situationen im Allgemeinen konfrontativ anzugehen und das direkte Gespräch ist zu suchen, um das unpassende Vorgehen zu stoppen oder die relevanten Inhalte aufzunehmen und sich entsprechend zu verändern, oder aber sich davon abzugrenzen und auf Distanz zu gehen, falls beides nicht zutrifft oder machbar ist. Die schleichende Vergiftung des Selbstwertes ist jedenfalls nicht zu unterschätzen und soll nicht „tapfer" getragen oder fahrlässig übergangen werden. So viel soll man sich selbst wert sein, dass man für sich eintritt und nicht alles mit sich geschehen lässt.

2. *Selbstwert-Verankerung durch Stellungnahmen:*
   Um den Selbstwert zu stärken, ist es unerlässlich, dass man selbst zu den Feedbacks und Haltungen der anderen Stellung bezieht und die Erfahrungen entweder übernimmt und gutheißt oder sich von ihnen distanziert. Es ist wichtig, sich selbst zu beurteilen und einzuschätzen und die eigene Position der Außensicht gegenüberzustellen: Habe ich bei mir auch gesehen, was andere an mir schätzen? Sehe ich es selbst? Erfahre ich es gleich wie die anderen und kann auch ich es schätzen? Was sehe ich anders? Wie sehe ich mich selbst?

3. *Interaktion selbst – andere:*
   Aus den vorangegangenen zwei Schritten erkennt man, dass es zur Stärkung (oder auch Schwächung) des Selbstwertes sowohl die Induktion durch andere als auch die Verankerung durch die eigene Stellungnahme braucht. Auf der Grundlage dieser beiden Positionen, der äußeren und der eigenen inneren, beginnt nun eine fortlaufende Interaktion zwischen einem selbst und den anderen. Ein solider Selbstwert ist letztlich dialogisch fundiert.
   Wenn man sich selbst (ein-)geschätzt hat und offen ist für die Einschätzung und die (oftmals nur impliziten, stillschweigenden) Rückmeldungen der anderen und so in eine fortlaufende Interaktion kommt, dann fällt es den anderen leichter, ihre Wertschätzung und Kritik zu äußern, und es können dann auch beide offener über Kritisches sprechen. Das ist für den Arbeitsalltag eine gute Basis.

Hier noch eine schematische Zusammenfassung der Selbstwertbildung als Überblick:

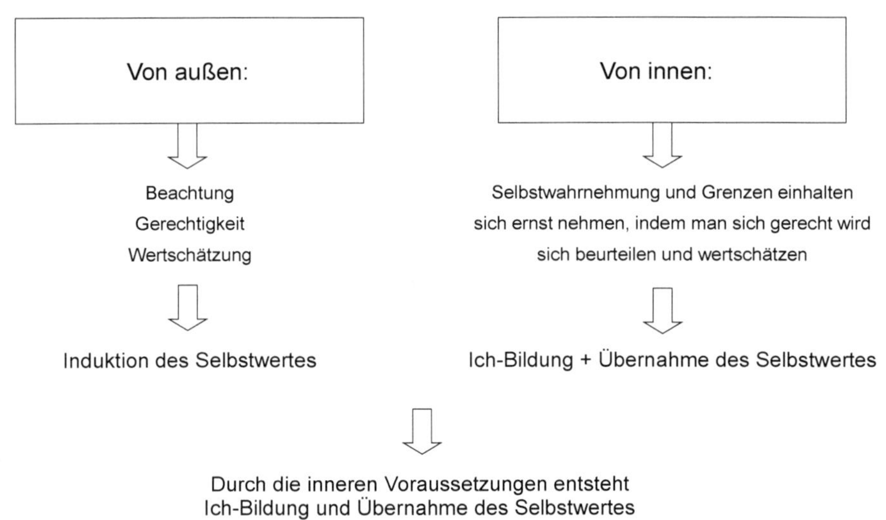

Abb. 16: Voraussetzungen und Aktivitäten zur Selbstwertbildung

5.3.4 Schutzreaktionen bei drohendem Verlust des Eigenen

Die Schutzreaktionen zeigen, wie automatisch mit dem umgegangen wird, was einen hindert, sich selbst zu sein. Was sind die Impulse, wenn man sich ungerecht behandelt fühlt oder wenn sein Eigenes nicht gelebt werden kann – wenn man mit Seinem nicht durchkommt, sich dauernd übergangen, überstimmt, ignoriert, nicht gesehen erlebt?

Wenn man nicht gesehen wird oder nicht Ja sagen kann zu sich und seiner Person, wenn man sich selbst ablehnt, verachtet oder nicht ernst nimmt, können Notstrategien bzw. Schutzreaktionen einsetzen, um dem Selbst-Verlust vorzubeugen oder ihn zu lindern. Als durchgängiges Muster zeigt sich eine Distanznahme (man will es sich vom Leibe halten) und Widerwillen (Längle 2009a; Längle 2016, S. 117):

1. Distanz zu sich und anderen
2. Funktionieren, Mitspielen, Rechtgeben, Überspielen
3. Ärger, Zorn, Trotz, Rache
4. Leugnen, Spalten, Spaltung von Kognition und Emotion

Wir schildern die Reaktionen nun detaillierter, weil sie helfen können, versteckte Defizite bei sich selbst zu orten und mit dieser Dimension des Menschseins in Verbindung zu bringen, bzw. Reaktionen von Mitarbeitern und anderen Menschen besser zu verstehen, weil man an ihnen erkennen kann, dass sie mit dem Thema des gestörten Selbstseins in Zusammenhang stehen. Dann kann auch gezielter mit den Mitarbeitern umgegangen werden und sie können aus ihrer Not eher herauskommen, sollten ihre Schutzreaktionen primär durch äußere Umstände hervorgerufen worden sein. Es handelt sich um eine große Zahl von Verhaltensreaktionen. Es geht nicht darum, sich diese zu merken, sondern darum, die Vielfalt zu sehen, wie Menschen reagieren können, um sich zu schützen. Man wird von der einen oder anderen Reaktion besonders angesprochen sein, weil sie einem eben begegnet ist oder weil man sie von sich selbst kennt. Man kann aber auch gelegentlich hier nachschlagen, ob bestimmte Reaktionen auf das Verhalten eines Menschen, das man nicht so leicht verstehen kann, passen.

1. **Grundbewegung: auf Distanz gehen**
   Die Motivation der Grundbewegung ist, Schutz zu erhalten durch Distanznahme. Dabei wird das positive Ziel verfolgt, sein Selbst bzw. den Selbstwert aus einer misslichen Lage zu retten, indem man sich aus der Situation herausnimmt. Negative Folgen können Vereinzelung, Einsamkeit und Beziehungsabbruch sein. Es gibt zwei Formen dieser Grundbewe-

gung des automatischen Sichschützens: man kann zu anderen auf Distanz gehen oder auch zu sich selbst.

a. **Auf Distanz gehen zu anderen:**
   Dies kann sowohl räumlich (z. B. weggehen) als auch auf verschiedene andere Arten erfolgen. Wenn beispielsweise bei der Besprechung darüber, ob ein Projekt weiterverfolgt oder gestoppt wird, der Vorgesetzte nur die Kosten und den kurzfristigen Erfolg sieht und der Projektleiter mit seinen Argumenten, die für die Weiterführung des Projektes sprechen, nicht gehört wird, so wären mögliche Verhaltensweisen des „Auf-Distanz-Gehens zu anderen":
   - weggehen: „Ich kann ohne dem leben.", oder: „Ich kann ohne dich, kann es auch allein." (hier kommt auch Stolz dazu)
   - wegstoßen: „So nicht mit mir!"
   - sich herausnehmen: „Dann eben nicht!", schweigen, nichts sagen, sich entziehen
   - vom Thema ablenken, das Thema/Problem verschleiern
   - witzeln: Den Chef in dem, was er sagt, nicht ernst nehmen, das Gesagte als Witz/Provokation auffassen: „Ich dachte, Sie machen nur einen Witz!", „Sie wollten mich eh nur provozieren!"
   - schnippisch werden: „Sie wissen eh immer alles besser!", „Wenn Sie glauben!?"
   - formalistisch, sachlich sein, sich unpersönlich verhalten: Man geht einander dabei persönlich aus dem Weg, die Beziehung wird auf das Sachliche reduziert, auf Regeln, Abkommen, Pflichten, Funktionen. Das kann sich zeigen in Aussagen wie: „Dies ist noch zu tun.", „Bis wann ist das fertig?", „Es ist Ihre Aufgabe.", ohne Bitte, Danke oder Blickkontakt.
   - Perfektionismus als Schutz, um sich unangreifbar zu machen, weil alles fehlerlos ist. Dazwischenschalten von Sachlichkeit (Distanzgewinn durch Konzentration auf die Sache, alles perfekt machen).

   Solche Verhaltensweisen finden oft im Verborgenen statt und werden oft genug nicht verbalisiert oder besprochen. Sie werden oft abgetan oder lächerlich gemacht („So eine Zicke!", „Das meint er ja selbst nicht ernst!") und dadurch in ihrer Bedeutung übersehen. Bei einem Gespräch mit dem Vorgesetzten würde vermutlich das meiste hier Erwähnte gar nicht gesagt und wenn, dann eher vorwurfsvoll und aggressiv, sodass es auch nicht leicht ist, in ein konstruktives Gespräch zu kommen.

b. **Auf Distanz gehen zu sich selbst:**
   Es ist auch möglich, von sich selber abzulenken und so innerlich zu

sich auf Distanz zu gehen. Die Aufmerksamkeit wird ins Außen verlegt, um von sich wegzukommen. Wenn man mit sich nicht zufrieden ist, müsste man sich eigentlich um sich selber kümmern, aber man beschäftigt sich lieber mit anderen Menschen oder Aufgaben. Dieses Verhalten ist sehr häufig. Man lenkt sich ab mit Fernsehen, Musik, Freunden, Handy, Internet usw., um sich möglichst nicht zu spüren und nicht mit seinen Problemen zu tun zu haben.
Ursachen für das „Auf-Distanz-Gehen zu sich selbst" gibt es viele, z.B. wenn es einem eng wird, wenn man sich einsam fühlt, wenn man einen inneren Konflikt hat oder sich verloren fühlt.
Man kommt von sich weg, wenn beispielsweise auf die Frage, wie es einem geht, nicht eingegangen wird, sondern die Frage gleich umgedreht und nach außen gewendet wird: „Und wie geht es dir?" Die Frage auf sich selbst gerichtet könnte es dem Betreffenden zu eng machen.
Es kann auch vorkommen, dass man sich in andere so hineinversetzt, dass man sich von sich selbst mehr und mehr entfernt und sich verliert. Dadurch kann man blitzschnell aus dem inneren Verlorensein und der Einsamkeit wegkommen und fühlt die Entlastung, wenn man nun bei etwas anderem angekommen ist, das interessant ist und einen nicht in Bedrängnis führt.
Es kann sogar so weit gehen, dass man ein Gefühl von Geborgenheit bekommt, wenn man sich beispielsweise seinem Hobby widmet oder auf den Kunden eingeht: „Bei einem selbst ist man ratlos, aber hier kennt man sich wenigstens aus!" Solches Verhalten ist gesellschaftlich gut akzeptiert und daher kann man es lange nicht bemerken. Ein Beispiel hierfür wäre, wenn ein Mitarbeiter von seinem Chef gekränkt wurde, indem jener ihm etwas unterstellte, und er sich als Reaktion darauf in Arbeit stürzt und beispielsweise ein Angebot oder eine Rechnung für den Kunden schreibt oder gleich in den Außendienst geht.

2. **Aktivismus: Flucht nach vorne („Übersprungsbewegung")**
   Durch die Unruhe und Umtriebigkeit ist man beschäftigt und fühlt kaum noch, dass man sich eigentlich nicht wohlfühlt und unter Belastung steht. Das kommt beispielsweise vor, wenn man merkt, dass man überfordert und nicht so leistungsfähig ist. Das ist eine blamable Situation, für die man sich vielleicht schämt. Um dem zu entgehen, um das Unangenehme vor sich und anderen zu verstecken und sich selbst ein besseres Gefühl zu verschaffen, beginnt man nun fast automatisch und unter Umständen wie gezwungen, an seinem Arbeitsplatz Ordnung zu schaffen, räumt den Schreibtisch auf, archiviert E-Mails und Ordner usw. Das entlastet zwar

für den Moment, ist aber eine Art Vogel-Strauß-Politik, da man durch übermäßiges Tun von sich abgelenkt ist, sich aber nicht mit der Ursache oder dem Grund des Unwohlseins beschäftigt.

Die Flucht nach vorne ist erkennbar durch Unruhe, Ruhelosigkeit und „Theatermachen". Dabei gibt es unterschiedliche Arten des Umgangs:

a. Es hilft das Operieren mit der Quantität:

Beispiele dafür sind Umtriebigkeit, Putzfimmel (Schreibtisch oder Maschine werden extrem sauber gemacht), Vereinsmeierei, zu viel reden, nichts sagen und Geschäftigkeit (dauernde ablenkende und den Selbstwert auffüllende Aktivität). Dies sind Verhaltensweisen, die vor allem im Geschäftsleben oft als Tüchtigkeit nach außen imponieren und auch Wertschätzung erhalten können. Der Handelnde wirkt stark, man spürt aber, dass er nicht wirklich bei sich ist. Man merkt seine Not, ständig etwas tun zu müssen, damit er sich über Wasser halten kann und irgendwie sein Eigenes bewahren kann. Der Betroffene ist typischerweise beschäftigt mit „erledigen", d.h. Aufgaben tun, um sie abhaken zu können und vom Tisch zu haben (wenn z.B. der Gastgeber dauernd aufspringt, um wieder eine Kleinigkeit an den Tisch zu holen, sodass kein wirkliches Gespräch entsteht).

Perfektionismus kann neben dem zu sich selbst Auf-Distanz-Gehen auch einen aktivistischen Zug haben und zu viel Aufwand und Aufruhr führen, um „unantastbar" zu sein.

Man kann sich auch in den Vordergrund drängen und sich wichtigmachen.

Auch das Funktionieren und Schaffen wie am Schnürchen, wie ein Rädchen im Getriebe (d.h. Handeln ohne inneres Erleben) kann ein Aktivismus sein. Sich dem Formalen (z.B. der Etikette, dem Programm usw.) bzw. Funktionalen (z.B. Nützlichen, Schnellen, Einfachen) zu widmen ist etwas Äußerliches, ist wie eine Grenze, eine Außenhaut. Dabei geht es nicht um den Inhalt, sondern um die Erhaltung der Grenze: Man möchte dauernd etwas Sichtbares leisten, um sein Dasein z.B. vor den anderen zu legitimieren.

Auch ein Aktivismus ist das Befriedigen des Erlebnishungers, das ständige Suchen nach Ablenkungen, um der Leere zu entgehen.

b. Es hilft das Benützen von Beziehungen:

Hier begegnet der Mensch seiner seelischen Verletzung durch den Versuch, den anderen zu bestrafen. Das stellt einen Sühneversuch für erlittenes Unrecht dar. Z.B. kann ein Mitarbeiter dafür, dass er nicht befördert wurde, den Vorgesetzten bzw. das Unternehmen „bestrafen“, indem er ein Projekt heimlich sabotiert. In dieser Reaktion will man dem anderen (dem Betrieb) Leid (Schaden) zufügen, damit er durch das Leiden (den Schaden) zu Bewusstsein kommt und einsieht, was er einem angetan hat. Bestrafung beinhaltet Komponenten von Überheblichkeit, Gerechtigkeitsstreben und Aggression: „Du hast mir etwas angetan und dafür verdienst du die Strafe.“ Oder man bestraft etwa den Kollegen, der einen nicht zu einer Besprechung eingeladen hat, indem man mit ihm tagelang nicht spricht und ihm keine günstigen Deals zukommen lässt.

c. **Es hilft die Identifikation mit äußeren Objekten:**
Man kann sich aus misslichen Situationen auch retten durch:
- Mitspielen oder dem anderen Rechtgeben, obwohl man getroffen ist. Durch das Mitlachen mit den anderen über einen selbst gibt man sich souverän und distanziert zu sich – aber im Grunde leidet man sehr unter der Entwertung. Dadurch, dass man sich dem Lachen nicht entgegenstellt, wird man aber nicht erneut angegriffen, sondern ist auf der Seite der Lacher und mit ihnen verbündet. Das entlastet für den Moment, man kommt ein Stück weit auf Distanz zu seiner Verletzung – aber im Grunde verletzt man sich nun auch selbst. Doch für den Moment spielt das keine solche Rolle. Die Verletzung ist momentan überspielt, wenn man mitlacht, z. B. als Frau bei einem frauenfeindlichen Witz oder einer anzüglichen Bemerkung, die einen im Grunde kränkt.
- Man kann auch dem anderen recht geben, indem man z. B. die Kritik, man hätte mit den Vorkehrungen für das Projekt früher beginnen sollen, bestätigt, obwohl man weiß, dass dafür noch wichtige Unterlagen fehlten. Dadurch identifiziert man sich mit dem Angreifer, schlägt sich auf seine Seite und ist nicht mehr Zielscheibe seiner Angriffe.
- Heuchelei und Schmeicheln sind Formen des Sichverbündens mit dem anderen, um Spannungen, Angriffe oder Entwertungen zuvorzukommen.
- Bei Projektionen wird das eigene Problem dem anderen in die Schuhe geschoben („Der macht das ja nur, weil er Karriere machen will.“ – was eigentlich auf einen selbst zutrifft). Bei Übertragungen wird der andere in eine Situation gedrängt, die er gar nicht will oder versteht. Trotz aller konstruktiver Bemühungen kommt man bei dem Kollegen nicht aus der Ecke des ablehnenden Kritikers heraus. Beides kommt im Alltag häufig vor.

- Besserwisserei ist auch eine Form von Aktivismus, bei der man dem anderen stets zuvorkommt oder sich ihm überlegen gibt, weil man immer alles besser weiß und andere nichts gelten lässt. Selbst wenn es sich um wirkliches Wissen handelt, dient es dazu, sich etwas vom Leibe zu halten, und wirkt oft belehrend, lehrerhaft und überheblich.
- Ein weiterer Aktivismus ist, aufmerksam zu machen auf sich und sich in den Vordergrund zu drängen, im Mittelpunkt stehen zu wollen, sich in Szene zu setzen mit allen Mitteln (z.B. auffallend kleiden, neue Frisur, um ein Problem zu übergehen), sich interessant zu machen.

d. Es helfen die größeren Zusammenhänge, um sich zu entlasten:

- Häufig ist die Rechtfertigung. Wenn sie als Aktivismus zum Einsatz kommt, geht es nicht darum, sich zu erklären und seinen Beweggrund mitzuteilen. Man will vielmehr eine Schwäche oder etwas, wofür man sich schämt, entschärfen und gibt „objektive" Gründe an, die die Situation verständlich machen sollen. Man spricht nicht wirklich von sich, sondern vom Sachlichen, das die Unsicherheit oder das Problem verdecken soll.
- Auch die Verschiebung des Problems kommt vor, d.h. es wird inhaltlich umgedeutet, umgewertet, weil das eigentliche Problem nicht lösbar erscheint. Dies kann sich z.B. zeigen, wenn ein Mitarbeiter die Angst vor seiner dominanten Mutter oder seinem dominanten Vater auf den Arbeitsplatz überträgt und diesen deshalb öfters wechselt, ohne die Angst dauerhaft loszuwerden.
- Man kann versuchen, es den anderen immer möglichst recht zu machen und zuvorkommend zu handeln, um nicht Angriffen ausgesetzt zu sein.

Die Motivation des Aktivismus ist, Schutz zu erhalten, indem man sein Bild vermittelt und sich auf den anderen bezieht, um einen Begegnungsersatz zu schaffen. Dabei wird das Ziel verfolgt, die eigene Kraft zu mobilisieren und die Effizienz des eigenen Schutz-Verhaltens zu steigern. Als negative Folgen ist mit Entleerung, Leerwerden und Burnout zu rechnen.

3. Unduldsame, aufbrausende, trotzige Aggression: Trotz, Groll, Zorn, Ärger, Strafe, Rache

Das Ziel dieser Aggressionen ist, Grenzen zu ziehen und gesehen zu werden, um nicht weiter verletzt zu werden. Die Aggression enthält eine Zurechtweisung und ist typischerweise vorwurfsvoll.

- Der *Zornige* lenkt die Aufmerksamkeit auf sich, ist laut, zerschmeißt Gegenstände. Zorn will gesehen werden.

- Der *trotzigen* Aggression liegt ein Widerwille zugrunde. Das bedeutet, dass man sich innerlich dagegen stellt mit dem Ziel, eine Grenze zu ziehen.
- Wenn sich der aggressive Impuls mit einem Gerechtigkeitsgefühl verbindet, wird er *strafend* („Strafe für eine Ungerechtigkeit muss sein.", das versöhnt scheinbar), rächend. Man will dem Verursacher Leid zufügen zum Ausgleich oder aus pädagogischen Gründen (damit er es sich „merkt").
- *Vorwürfe* oder Selbstvorwürfe zu machen, fällt auch unter diese Art der Aggression.
  Ein Beispiel für Selbstvorwürfe und Selbstbestrafung ist etwa, wenn ein Mitarbeiter den Termin zur Fertigstellung von Präsentationsunterlagen übersehen hat und es am Abend davor bemerkt. Er ist entsetzt, ärgert sich über sich, entwertet sich als unzuverlässig und unfähig für seinen Job und die Position. Damit ihm das nicht wieder passiert, bestraft er sich, indem er die Präsentation in übertriebener Qualität (weit mehr als nötig wäre) die ganze Nacht über bis 4:00 Uhr Früh fertigstellt. „Damit werde ich mir das schon merken für die Zukunft!"
- Es gibt viele Formen, wie man sich an anderen rächen kann. Z.B. kann man sich an seinem Kollegen rächen, indem man bei seinem Vorgesetzten schlecht über ihn spricht oder ihm eine für ihn wichtige Information vorenthält.

Ausgelöst wird die Aggression, wenn man immer wieder verkannt, übersehen, übergangen, ungerecht behandelt oder nicht ernst genommen wird. Das kann einen Menschen untröstlich machen, die Situation als trostlos erleben lassen und zur Verzweiflung führen. Wenn man übersehen wird, entsteht jedenfalls eine Spannung. Wenn man sich vital betroffen fühlt von Situationen, in denen man das Gefühl hat, dass man nicht so sein darf, wie man ist, löst das oft heftige, aggressive Gegenreaktionen aus („Das lasse ich mir nicht nehmen!").

4. **Totstellreflex: Resignation, Abschalten durch Erschöpfung**
   Beim Totstellreflex entsteht eine Blockade aus dem Erleben vom Typus: „So geht es nicht, das halte ich nicht aus!" Aus dieser Blockade folgt eine Lähmung und ein Gefühlsverlust.
   Leichtere Formen des Totstellreflexes sind Reaktionen der *Beleidigung* und *Kränkung*. Beleidigung entsteht durch Zufügung von Leid, das aber nicht allzu tief geht, man ist nur angestreift vom Leid, eben „be-leidigt". In der Kränkung ist man persönlich betroffen, sie macht „wie krank" und kann zu psychosomatischen Reaktionen (z.B. Migräne) führen, was Haller

(2015) in seinem Buch „Die Macht der Kränkung" eindrücklich aufzeigt. Bei lang anhaltenden Kränkungen, die zu einer Erstarrung im Ärger wegen der ständigen Grenzverletzung führen und als entwürdigend empfunden werden, und wenn keine Hoffnung auf Änderung besteht, kommt es zur *Verbitterung*. Beispiele:

- Ein Kollege von Frau Geiger kommt ständig in ihren Kompetenzbereich, weil er als Personalleiter Trainings durchführt, für die sie als Personalentwicklerin zuständig ist. Ihr Chef schaut dieser Grenzüberschreitung zu und unterstützt den Personalleiter. Durch diese ständig empfundenen Grenzverletzungen ist sie zutiefst gekränkt und wirkt durch die lange Dauer bereits verbittert.
- Vor dem ganzen Team wird aufgedeckt, dass aufgrund eines Fehlers von Herrn Kaufmann teure Wartungsarbeiten notwendig werden. Er kann im Moment nichts sagen, wartet ab und verstummt, weil er vor Scham wie gelähmt ist. Hier handelt es sich um einen reinen Totstellreflex.

Wenn der Totstellreflex stark wird, so kann es zu einer *Spaltung von Kognition und Emotion* kommen. Spaltung bedeutet die vollständige Trennung von Zusammengehörigem. Dies kann sich ganz unterschiedlich zeigen:

- in einem emotionslosen Bericht über eine Situation, in der starke Emotionen angebracht wären, z.B. wenn ein Mitarbeiter fälschlicherweise eines Diebstahls beschuldigt oder gekündigt wird
- im Übergehen einer schwierigen Situation (in der Haltung: „lieber nichts machen als etwas Negatives auslösen"): Man tut so, als ob nichts geschehen wäre, stellt den Vorfall wie tot und sagt sich vielleicht noch: „Er ist gestorben für mich."
- durch Leugnen und In-Abrede-Stellen, z.B. „Das habe ich doch nicht gesagt!" Das kann auch unbewusst geschehen und der Betroffene daher wirklich glauben, was er sagt (was von einer Lüge zu unterscheiden ist).
- durch Vergessen
- durch Depersonalisation: Im Online-Lexikon der Psychologie (Dorsch, 2014 https://portal.hogrefe.com/dorsch/depersonalisation/) wird Depersonalisation beschrieben als „Zustand der *Selbstentfremdung*, Verlust oder Beeinträchtigung des Persönlichkeitsbewusstseins, wobei sowohl das eigene Ich wie die Umwelt traumhaft unwirklich erscheinen und das Ichbewusstsein im Handeln fehlt. Auch der eigene Körper oder einzelne Körperteile können fremdartig sein."
- Die Spaltung kann sich auch *psychosomatisch* zeigen (Abspaltung des Gefühls vom Körper): Das Problem ist so stark, dass es in den Körper verschoben und damit tot gestellt wird. So gesehen können funktionelle Störungen und psychosomatische Krankheiten als Schutzreakti-

onen eingesetzt werden. Die Psyche ist dabei geschützt, sie nimmt den Schmerz nicht wahr, sondern nur noch der Körper.

Hier nochmals die Schutzreaktionen dieser Säule der Prävention, des Sich-selber-sein-Könnens, im Überblick:

Tab. 5: Coping-Reaktionen des Selbstverlusts (3. Grundmotivation) im Überblick

Grundbewegung	auf Distanz gehen zu sich und anderen
Aktivismus	Flucht nach vorne: Funktionieren, Mitspielen, Recht-geben, Überspielen
Aggression	Trotz, Zorn, Ärger, Strafe, Rache
Totstellreflex	Leugnen, Spalten, Spaltung von Kognition und Emotion

Man kann sich fragen (besonders wenn man von solchen selbstentfremdenden Situationen betroffen ist):

- Welche Reaktionen kommen in mir auf, wenn ich nicht so sein darf, wie ich bin, und es sich für mich in meinem Arbeitsbereich generell nicht richtig anfühlt?
- Was kenne ich an mir?
- Wie starr sind meine Reaktionen bzw. wie flexibel bin ich noch im Umgang damit?
- Habe ich typische Reaktionsmuster?
- War oder ist das nur eine Phase?

Mit der Eröffnung des Verstehensprozesses über das Betrachten beginnt auch die Verarbeitung von Problemen dieser Art. Man nimmt eine Position ihnen gegenüber ein und stärkt sich als Person. Rezepte helfen nicht.

5.3.5 Vorgehen beim Auftreten von Schutzreaktionen bzw. der Bedrohung des Selbst-Seins

Werden bei einem Mitarbeiter oder bei einem selbst eine oder mehrere dieser Schutzreaktionen erkannt, so kann damit vorbeugend personal bzw. bewusst umgegangen werden. Hier wird, wie auch schon bei den vorangegangenen Kapiteln, ein Vorgehen anhand eines Beispiels aufgezeigt.

Die Ausgangslage ist wie bei der ersten Säule der Prävention in Kapitel 5.1.4 mit weiteren, für diese Säule charakteristischen Ergänzungen:

Da Herr Lopez als erfolgreicher und beliebter Kundendienstleiter eines international agierenden Unternehmens einen Kundendienst in Asien aufbauen soll und er Anzeichen erkennt, dass Kosten eingespart werden, hat er die Befürchtung, dass er selbst für seine Führungskräfte, denen es derzeit nur um Kostenersparnis geht, als Mensch nicht existiert, obwohl er dem Unternehmen vermutlich mehr bringt als er kostet!

Auch hier geht er nach dem Fragebogen aus dem Anhang vor:

Darf ich in diesem Unternehmen so sein wie ich bin, mit meinen Kompetenzen (Begabungen, Fähigkeiten, Fertigkeiten), Entscheidungen und meinem Verhalten? Bin ich hier auch als Mensch gesehen? Darf ich mich einbringen? Werde ich mit meinen Einstellungen und mit meinem Verhalten wertgeschätzt? Wird meine Leistung geschätzt? Fühlt es sich für mich richtig an?

Herr Lopez beantwortet sich diese Fragen mit „teilweise“.

Warum? Was habe ich? Was fehlt und was davon bräuchte ich?

Er nimmt an, dass seine Kompetenzen gesehen werden, da er ja aufgrund seiner Fachkenntnis und seines guten Umgangs mit Menschen vor neun Jahren zum Leiter des Kundendienstes befördert wurde. Im Rahmen des jährlichen Mitarbeitergespräches wird er auch nach seiner Meinung gefragt. Sein Chef hält sehr viel von ihm. Allerdings hat auch dieser seine sehr hoch gesteckten Zielvorgaben zu erreichen und eine Familie zu ernähren. Da er Angst um seinen Arbeitsplatz hat, verhält er sich oft politisch und unterstützt Herrn Lopez nicht immer in der Form, wie dieser es gerne hätte (und es für das Unternehmen in vielen Fällen von Vorteil wäre).

Wenn Herr Lopez das alles so betrachtet, merkt er, dass es sich für ihn nicht ganz richtig anfühlt, wie es derzeit läuft.

Was hätte ich gerne anders? Was kann ich selbst ändern oder in Gang bringen?

Herr Lopez hätte gerne, dass es weniger politisch zuginge und wieder mehr die Arbeit selbst bzw. das, was für das Unternehmen gut und richtig ist, im Mittelpunkt stünde. Er sieht nur eine Möglichkeit: Er kann das Verhalten seines Vorgesetzten vielleicht beeinflussen, indem er ihn auch motiviert, für sich die vier Schritte dieses Buches durchzugehen.

In unserem Unternehmen/meiner Abteilung wird vor allem geschätzt und anerkannt … Welche Werte gibt es? Motto?

In der Abteilung und dem Unternehmen geht es in erster Linie um die Leistung und Zielerreichung.

Erhalte ich von meiner Führungskraft genügend Lob und Anerkennung für meine Arbeit?

Herr Lopez erhält von seinem Chef genügend Lob und Anerkennung für seine Arbeit.

Warum?

Lob und Anerkennung erhält er für seinen Einsatz und die guten Ergebnisse. Er spürt bei jedem Mitarbeitergespräch, wie sehr seine Führungskraft ihn schätzt. Auch merkt er im Alltag, dass sie Wert auf seine Meinung legt, obwohl sie diese dann nicht immer umsetzt.

Möchte und kann ich etwas verändern? Wenn ja, was?

Da Herr Lopez ausreichend Lob und Anerkennung vom Chef erhält, sieht er diesbezüglich keinen Handlungsbedarf.

An meiner Tätigkeit schätze ich:

Herr Lopez schätzt an seiner Tätigkeit die gute Beziehung zu seinem Chef, zu seinen Kollegen und den meisten seiner Kunden. Auch schätzt er das internationale Umfeld, das ihm erlaubt, mit unterschiedlichen Menschen und Kulturen in Kontakt zu treten und dadurch viel Abwechslung bei seiner Tätigkeit zu erleben. Herr Lopez ist auch stolz darauf, für dieses Unternehmen, das einen sehr guten Ruf besitzt, arbeiten und es nach außen vertreten zu dürfen.

Aktionsplan – Was mache ich?

Herr Lopez wird einen Termin Mitte nächsten Monats mit seinem Chef vereinbaren, am besten ein gemeinsames Mittagessen an einem Freitag, denn dann ist der Chef schon fast in Wochenendstimmung. Bei diesem Termin wird er ihm von seinen positiven Erfahrungen mit diesem Buch bzw. dem Durcharbeiten der vier Dimensionen berichten. Er hofft, ihn damit motivieren zu können, es auch zu versuchen, und denkt dabei auch an eine externe Unterstützung, die der Abteilung zur Verfügung steht.

5.3.6 Die personalen Aktivitäten der dritten Säule: ansehen, abgrenzen, verzeihen, bereuen und mitteilen von Kritik und Peinlichem

Statt automatisch ablaufender Schutzreaktionen bei der Verletzung des Selbstseins gibt es die Möglichkeit, entschieden und personal vorzugehen und die Ursachen kausal anzugehen. Dies kann unter Umständen aktuell mehr Belastung und Anstrengung bedeuten, es zielt aber doch auf eine ursächliche Behandlung der Situation ab und bringt damit die Chance mit sich, das Problem ganz zu beheben, während die Coping-Reaktionen doch nur auf eine situative Entlastung hinauslaufen.

So, wie es beim ersten Schritt um das Annehmen und Aushalten und beim zweiten Schritt um das Zuwenden und Trauern gegangen ist, sind hier das Ansehen, Abgrenzen, Verzeihen und Bereuen die angemessenen personalen Aktivitäten.

a. Ansehen

Von anderen Personen gesehen zu werden ist grundlegend für die Entwicklung des Ichs und des Selbst. Wenn andere Personen den Blick wirklich auf einem ruhen lassen, also lange hinschauen, einen somit an-sehen, so ist das die Grundlage des Ansehens überhaupt, das man bei anderen genießt. Man sieht also, wie sich aus dem bloßen Akt des Hinsehens eine Abfolge ergibt bis hin zum Ansehen, also der Wertschätzung und des Respekts durch andere.

Ebenso wichtig ist es aber, sich selbst anzusehen, denn daraus resultiert das Selbstbild. Auf dieser Grundlage kommt es zur Ich-Entwicklung durch das Halten des Blicks in der Beachtung, im Sich-ernst-Nehmen und in der Selbstbeurteilung, was schließlich zur Ich-Stärkung führt.

Das An-sehen der anderen und das Sich-selbst-Betrachten ist das grundlegende Erleben bzw. die grundlegende Aktivität für die Entfaltung des Ichs und des Selbstwertes. Alle Wertschätzung beginnt mit dem Ansehen, also ganz schlicht.

Im Hinblick auf unsere Frage der Prävention von Burnout bzw. wenn man schon vom Burnout betroffen ist, kann man sich fragen (siehe dazu die ausführlicheren Fragen von Kapitel 5.3.1):
Von wem fühle ich mich gesehen? Wer schaut denn wirklich hin zu mir, schaut mich wirklich an, schaut mir in die Augen mit der Haltung, wissen und fühlen zu wollen, wer ich bin und was mir wichtig ist? Werde ich so gesehen, wie ich bin oder so, wie mich mein Gegenüber gerne hätte?
Sehe *ich* mich? Schaue ich auf mich, auf das, was sich in mir tut, auf meine Gefühle und Gedanken, auf meine Erinnerungen und Haltungen? Lasse ich das, was ich gern habe, auf mich wirken, indem ich es auch betrachte und ansehe? Wie begegne ich mir selber? Bin ich mir selbst Freund oder Feind?
Hier vielleicht noch einmal die Frage: Wofür achte und schätze ich mich selber und wofür mein Gegenüber (z.B. Kunde, Arbeitskollege)?

b. Abgrenzen: Die Grenze zwischen dem Eigenen („Ich") und Anderen („Du")

Ich zu sein, sich selbst zu sein, bedeutet, ein Gespür für das *Eigene* zu haben, für das Seinige, für das, was zu mir gehört und sich als mein Eigenes von dem anderen unterscheidet. Das Finden und Haben des Eigenen beinhaltet aber zugleich auch Abgrenzung. Das bedeutet: um sich auf das Eigene beziehen zu können, muss man sich abgrenzen können. Je mehr man fremdbestimmt ist, desto größer ist die Gefahr des Ausbrennens! Denn dann lebt man nicht mit sich, sondern abseits von sich. Das verursacht eine Spannung und lässt einen nicht in sich ruhen. Die Symptome des Burnouts sind wie ein Schutz vor weiterem, fremdbestimmtem Leben zu verstehen. Denn es lohnt sich nicht, zu leben, wenn man nicht sein eigenes Leben und sein So-Sein leben kann. Abgrenzen gelingt natürlich leichter, wenn man weiß, was man will. Wenn man spürt, was einem wichtig ist, was einem entspricht, was für einen Bedeutung hat, dann kann das Eigene leichter vertreten werden gegenüber anderen. Man kann leichter sagen, dass man dies nicht tun will, weil einem jenes wichtiger ist. Das macht deutlich, dass sich abgrenzen zu können und bei sich selbst zu sein zusammenhängen: Wenn man „Seines" hat, kann man gut Grenzen ziehen. Aber auch im umgekehrten Sinn sind Grenzen wichtig, damit man Seines/das Eigene entwickeln und fassen kann. Inhalt und Form, das Eigene und die Grenze, bedingen einander gegenseitig. Je tiefer die Beziehung zu einem selbst ist, desto besser kann man sich abgrenzen und desto weniger entfernen einen andere Einflüsse von einem selbst.

Abgrenzen meint nicht nur Nein zu sagen (denn dies wäre nur ein Wegschieben), sondern mit seinem Nein auch immer ein Ja zu verbinden, ein Wissen oder Ahnen um einen Wert, den man mit seinem Nein anstrebt und will.

Eine wirkliche Abgrenzung besteht demnach aus zwei Elementen:

1. Die Grenze ziehen im Nein, „das ist es nicht und jenes auch nicht“: Solches Suchen grenzt das Spektrum ein und erleichtert das Finden des Eigenen, falls man es noch nicht hat, bzw. schützt und stützt das Eigene.
2. Das Finden des Eigenen. Wer das Eigene schon hat oder in einem strukturierten Umfeld (z.B. fixe Arbeitszeiten) arbeitet, der tut sich leichter in der Grenzziehung.

c. Verzeihen

Wenn man übergangen oder nicht gesehen worden ist, wenn einem jemand nicht gerecht geworden ist, wenn man vergessen worden ist, wenn die Grenzen überschritten worden sind, wenn ein Übergriff stattgefunden hat oder Entwertungen, wenn einem jemand „das Eigene“ genommen hat und man verdrängt worden ist, dann können Coping-Reaktionen einsetzen – oder es kann zu einer personalen Verarbeitung kommen. Diese besteht im Verzeihen.

Verzeihen bedeutet im Kern: jemanden aus der Schuld entlassen (vgl. Längle, Bürgi 2016). Wer verziehen hat, erwartet sich nichts mehr vom anderen, braucht nichts mehr. Man kann den anderen lassen, er steht nicht mehr in meiner Schuld. Es gibt keine offene Rechnung mehr zwischen uns. Sich so aus einer Verletzung zu befreien, tut einem selbst gut, denn es gibt einem die Freiheit zurück, weil man nicht mehr in einer Abhängigkeit steht vom anderen, von dem man noch etwas will. Doch braucht es eine Auseinandersetzung, um zum Verzeihen kommen zu können. Es braucht zuerst eine Einschätzung, ob man vom anderen noch etwas braucht und ob noch etwas offen ist. Verzeihen heißt nicht, dem anderen die Schuld zu nehmen, sondern selbst mit den Konsequenzen leben zu können und sich daher aus der Anbindung (Verstrickung!) an den anderen lösen zu können. Im Verzeihen ist der Blick auf einen selbst gerichtet.

Bei genauerer Betrachtung finden sich Stufen des Verzeihens, die hier nur kurz erwähnt werden sollen, um das Bild zu komplettieren:

1. Einschätzung des Geschehenen: Was ist der Schaden/die Verletzung? Ziel dabei ist, zu verstehen, annehmen und aushalten zu können, was passiert ist.

2. Einbezug der Gefühle: Ohne Bezug auf seine Gefühle zu nehmen und sich seinen Gefühlen zu stellen, diese wahrzunehmen und zu wissen, was man dazu fühlt und was das Geschehene für das eigene Leben tatsächlich bedeutet, kann Verzeihen nicht wirklich stattfinden. Dieser Prozess braucht Zeit und kann sich über Monate erstrecken.
3. Rekurs auf das Eigene: Was sind meine berechtigten Ansprüche an den anderen? Was brauche ich als Ausgleich und zur Entschuldigung? Wie will ich damit weiter umgehen, wofür lohnt es sich zu kämpfen, worauf kann ich verzichten? Wie finde ich es richtig?
4. Umgang mit dem Unrecht: Wie möchte ich sinnvollerweise mit der Angelegenheit umgehen, wie lange für sie kämpfen, wie hoch ist der Aufwand dafür?

Im Verzeihen liegt sehr viel Arbeit an sich selber! Aber dadurch kommt man aus der Abhängigkeit vom anderen heraus, da der Blick und die Erwartungen vom andern abgezogen werden, um auf das zu schauen, was einem selbst wichtig ist, was man braucht und was man tun kann. Eventuell kann es durch das Verzeihen zur *Versöhnung* kommen. Dann ist man mit dem anderen „wieder gut" und kann mit ihm wieder zusammenleben. Dazu braucht es auch eine entsprechende Haltung des anderen.

d. Bedauern, Reue und Bereuen

Bedauern ist das Gefühl von „Schade, dass es so gekommen ist oder dass ich das gemacht habe." Es ist noch nicht so tief wie das Bereuen, ist wie eine Keimschicht dafür. – Reue und Bereuen sind die personale Verarbeitung einer Verletzung durch eigenes Handeln bzw. bei Selbstentfremdung. Das kann vorkommen, wenn man gegen sein Gewissen oder gegen seinen Willen handelt, z.B. weil man gedrängt wurde bzw. Druck dafür bekommen hat. Da kann das Gefühl aufkommen, benutzt oder missbraucht worden zu sein. Im beruflichen Alltag kann sich dies zeigen, wenn beispielsweise ein Mitarbeiter schlecht über seinen Kollegen gesprochen hat und dies im Nachhinein bedauert. Oder wenn sich ein Mitarbeiter freut, dass sein Chef ihn zum Essen eingeladen hat und er dann feststellen muss, dass dieser nicht an seiner Person interessiert ist, sondern ihn nur über seine Kollegen in der Abteilung aushorchen will. Er bedauert nun, dieser Einladung gefolgt zu sein, und bereut, so offen mit dem Chef gesprochen zu haben.

Es gibt vier Schritte der personalen Verarbeitung der Selbstentfremdung (vgl. Längle, Bürgi 2016):

1. Bedauern des Schadens: „Es ist schade", bedeutet, das Negative des Schadens zu erleben, der durch einen verursacht wurde. Das ist gleichzeitig auch ein Eingeständnis: So ist es nicht richtig, es war ein Fehler.

2. Bereuen: Beim Bereuen wird ein inneres Gespräch über das Handeln geführt und das Gefühl für den Schaden aufgenommen. Dies führt zum Gespür für das Richtige: „Das wäre das Richtige gewesen." Reue ist die Empfindung für das Unrichtige, das gemacht wurde. Man bleibt seinem Gefühl und dem dazugehörigen Impuls auf der Spur. Man nimmt Gespür für sich auf und sieht die Differenz zu dem, was man tut. Das erzeugt eine Spannung. Aus dieser Spannung kann eine Änderungsabsicht entstehen.
3. Änderungsabsicht: „Ich will es ändern, es das nächste Mal anders machen." Hier ist erkennbar, dass die Spannung zur Motivation wird, weil eine Entscheidung getroffen wird. Es tut einem „leid", der Verlust wird schwer genommen (Traueranteil in der Reue). Durch den Traueranteil erhält die Änderungsabsicht ihr Gewicht, weil der Verlust deutlich wird.
4. Sich verzeihen im Willen, wieder gut zu machen, was geht, und es künftig besser zu machen. Das beinhaltet eine innere Versöhnung und ein Loslassen des Alten, was heilsam ist.

Nun ist man wieder offen für Begegnung, für das Gespräch nach außen hin. Wenn man so weit ist, ist man innerlich freigegeben. Dadurch kann man sich zeigen, sein Eigenes deutlich machen. Außerdem kann der andere einem leichter verzeihen, denn man spürt den Schmerz schon und der andere hat dadurch weniger Bedürfnis, einen zu bestrafen.

e. Mitteilung von Kritik und Peinlichem

Es kann sein, dass jemandem Kritisches oder Peinliches mitgeteilt werden muss, um etwas an der derzeitigen Situation zu ändern. Was braucht es, um Kritik bzw. Peinliches personal mitteilen zu können? Die Struktur, in die eine solche Mitteilung gefasst werden kann, kann mithilfe der Grundmotivationen gegliedert und tiefer verstanden werden:

1. Erste Grundmotivation: Standfestigkeit – es halten, tragen können (man selbst und der andere)

   Es braucht das Gefühl, der Situation gewachsen zu sein und dass der andere den Boden dadurch nicht verliert. Der andere sollte dabei spüren, dass man nicht aus Ablehnung spricht, sondern aus der Haltung, dass der andere mit der Mitteilung vielleicht sogar besser (weil informierter) sein kann. Dabei sollte der andere nicht als ganzer Mensch infrage gestellt werden. Kriterium dafür ist das Gespür, dass man ihn annehmen kann. Darum braucht eine Mitteilung Mut und Vertrauen.

   Für die Mitteilung von Kritik oder Peinlichem haben ein geeigneter Rahmen, das Setting und gemeinsame Regeln (z.B. offene Gesprächskultur im Unternehmen) stützende Funktion.

2. Zweite Grundmotivation: Beziehung halten
   Wichtig bei der Mitteilung von schwierigen Inhalten ist, aus der Beziehung heraus motiviert zu sein – weil man seinen Gesprächspartner mag bzw. weil man fühlt, dass man es ihm und sich schuldig ist. Es muss keine tiefe Beziehung sein, diese kann auch nur momentan und kurz bestehen. Es geht dabei nicht um die Sachlichkeit („Das muss ich jetzt auf den Punkt bringen."), sondern um die gefühlte Beziehung („Ich spreche aus Verbundenheit, Verantwortlichkeit."). Wenn keine Beziehung da ist, dann ist es wesentlich schwieriger als wenn eine gute Beziehung besteht. Es braucht zumindest Mitgefühl als Minimum von Beziehung: „Wie muss es dem gehen, wenn ich ihm das sage bzw. ihm niemand etwas sagt und ihn alle meiden?"
   Leichter wird das Gespräch, wenn es als gemeinsames Problem angesehen oder eine gemeinsame Aktivität vorgeschlagen wird.
3. Dritte Grundmotivation: zu seinem Eigenen stehen und das Eigene des Gegenübers belassen können
   Es geht nicht darum, zu sagen, was richtig und falsch ist, sondern es geht darum, zu sagen, was man erlebt, sieht, wie es einem dabei geht. Es geht also um das, was das Eigene ist im Zusammenhang mit dem anderen, und darum, offen zu lassen, was richtig und falsch ist. Die Grenze zwischen einem selbst und dem Gegenüber bleibt dadurch erhalten. Das bedeutet, jedem das Eigene zu belassen. Wenn das eigene Problem formuliert wird, ist das eine Einladung an den anderen, einen Blick auf einen zu werfen, damit er sehen kann, wie es einem in seiner Gegenwart geht. Wenn man von sich spricht, ist es personal: „Ich nehme es wahr und teile es mit (beurteile es nicht)." Es gilt die Regel: Die wirklich personale Mitteilung kann nicht verletzen, weil es eigentlich Begegnung ist und für den anderen dadurch etwas Tragendes und Wertschätzendes. Das, was man mitteilt, teilt man aus seiner Perspektive mit und formuliert es aus seinem Empfinden, nicht als Verallgemeinerung, Regel, Gesetz oder Norm, sondern ganz persönlich. Das bedeutet z. B. auch, nicht zu sagen: „Die anderen sagen es auch.", denn das wäre verletzend.
   Die Grundcharakteristika einer Person werden immer wieder angesprochen und kommen in der Haltung zum Ausdruck: Freiheit, Eigenbestimmung, Respekt, Würde, Selbstwert, Beziehung, Verantwortung, Wissen um die Verletzlichkeit.
   Etwas nicht zu sagen, kann verletzender sein als etwas zu sagen. Wenn es also gesagt wird, so bedeutet dies auch, Achtung und Wertschätzung für die betreffende Person zum Ausdruck zu bringen.

4. Vierte Grundmotivation: Sinnzusammenhang
   Bei einer schwierigen Mitteilung ist es wichtig, dass es „für etwas gut ist", es zu sagen. Es ist z. B. gut, wenn man sieht, dass es für den Empfänger sinnvoll ist und es ihm helfen könnte, weil es hier um ein größeres Gut geht, um ein größeres Ganzes; weil man glaubt, dass es ihm hilft, dass er mit dieser Information etwas anfangen oder ändern oder sich schützen kann und ihm vieles verständlich wird. Ein solcher Zusammenhang macht es immer wieder sinnvoll, etwas zu sagen.

Betrachten wir abschließend noch die Frage, was einem überhaupt das Recht gibt, jemandem etwas Peinliches, Unangenehmes oder Kritisches sagen zu dürfen. Es erleichtert erheblich, eine solche Position einzunehmen, wenn man sich auch im Recht dafür fühlen kann. Zusammenfassend könnte man es entsprechend dem ganzheitlichen Ansatz des Strukturmodells so formulieren: Das Recht, an jemandem Kritik üben zu dürfen, gibt einem Folgendes:
1. Mut und Vertrauen, dass beide es halten können
2. Beziehung – Verantwortung dafür empfinden und sich zuständig fühlen
3. Authentizität und nur von sich zu sprechen
4. Sinnvoller Zusammenhang – es soll für etwas gut sein

Wenn eine Mitteilung von Persönlichem bzw. Peinlichem nicht gelingt, dann hakt es mindestens in einem der genannten Bereiche.

Wenn das beachtet wird, kann darauf aufbauend nach Benien (2009) vorgegangen werden. Er beschreibt, wie Beratungs-, Kritik- und Konfliktgespräche im Berufsalltag vorbereitet und geführt werden können. Dabei bezieht er sich auf das „Kommunikationsquadrat" (Sachebene, Selbstkundgabeebene, Beziehungsebene und Appellebene einer Nachricht) und das „Innere Team" von Friedemann Schulz von Thun.

Um mit dem Kritischen besser umgehen zu können, kann man sich anhand folgender Fragen vertiefen:
- Wie stehe ich zu Kritik im Allgemeinen? Ist sie mir sehr unsympathisch oder bin ich eher ein kritischer Mensch, der den Wert von guter Kritik erfahren hat und schätzt?
- Wie geht es mir, wenn ich Kritik aus meiner Position heraus mitteilen muss? Und wenn ich sie aus einem persönlichen Bedürfnis heraus sagen muss?
- Wie gut kann ich selber Kritik nehmen? Bin ich interessiert an kritischen Rückmeldungen über mich?

- Ist es eher nur mein Bedürfnis, wenn ich eine Kritik mitteile? Mach ich es, weil es v. a. mich stört oder geht es mir primär um den anderen (bin ich wohlwollend)?
- Was ist mein Ziel, wenn ich Kritik mitteile? Wie sehr geht es mir darum, meine Grenzen zu schützen?
- Kann ich Kritik so mitteilen, dass es die Beziehung nicht belastet, indem ich die Person dabei wertschätze und Feedbackregeln beachte?
- Was konkret sind meine Schwierigkeiten, meine Hemmnisse?
- Was ist mir das größere Problem: selbst zurückgewiesen zu werden und einen Beziehungsverlust zu erleben oder den anderen zu verletzen?

5.4 Die vierte Säule der Prävention

Leitsatz: Im Sollen liegt der Sinn.

Headline: **Ein Betätigungsfeld in einem größeren Kontext zu haben, das auf Werte in der Zukunft ausgerichtet ist, um fruchtbar zu werden inmitten seiner Welt. Dann wird Handeln sinnvoll.**

Bei den ersten drei Säulen ging es um den Aufbau einer inneren Festigkeit, sodass man in seiner „Welt" und natürlich in seinem Arbeitsleben *sein kann* (Säule 1), *sein mag* (Säule 2) und *sein darf* (Säule 3). Sind diese Bereiche erfüllt, so heißt das aber noch nicht, dass man zu einer persönlichen Erfüllung kommt in seinem Leben und daher Stress präventiv lebt. Denn es gibt noch jene Dimension des Lebens, bei der es darum geht, in etwas „Größerem", „Weiterem" als nur im Eigenen aufgehen zu können, dass man für etwas da ist, bei dem es um mehr als um einen selbst geht. Erst wenn der Mensch erlebt, dass er benötigt wird, dass er auf eine Zukunft und ein Werden hin ausgerichtet ist, dass es das, was er tut, auch braucht, weil es für etwas anderes oder für die Zukunft gut ist, kommt er ins Blühen und bringt sein Dasein in eine Erfüllung.

5.4.1 Das Sollen

Nicht so leicht zu verstehen ist die Frage nach dem Sollen. Was bedeutet das Sollen überhaupt? „Soll ich jetzt weiterlesen oder aufhören? Soll ich etwas dazu sagen oder schweigen? Soll ich jetzt kündigen oder noch zuwarten?" –

Man merkt gleich, dass es hier nicht um die Frage des Könnens geht. Das Können ist jedenfalls gegeben, wenn es um das Sollen geht. Es ist auch nicht das Mögen oder das Dürfen gefragt. Mit dem Sollen geht es um einen größeren Horizont, um eine Einbettung der Handlung in einen größeren Rahmen. Ob man etwas tun soll oder nicht, kann man nur klären, indem man den Blick auf die Ganzheit richtet, auf die Situation, auf den Augenblick. Es ist die Frage nach dem Eingebettetsein in der Situation und im Hinblick auf die Zukunft: Soll das *werden*?

Es braucht neben einem guten Selbstbezug, der in Form von Können, Mögen und Dürfen geschaffen wird, einen Bezug zum *größeren Zusammenhang,* um zu einem erfüllenden Leben zu kommen. Dies wird mit der Frage nach dem Sollen angepeilt. Denn wenn man etwas tut, ohne dass man es soll, tut man es als Selbstbefriedigung – die Umgebung reagiert im Allgemeinen auch pikiert, seien es die Kinder, die sich bevormundet fühlen, oder die Mitarbeiter und Kollegen, die sich fragen, wie sie dazu kommen, dass man ihnen ungefragt Kommentare zur Arbeit abgibt usw.

Das Sollen ist *Handlungsaufforderung*. Das kann auch das Unangenehme am Sollen sein, weil es einem als Anspruch entgegenkommen kann und nicht automatisch die Abgleichung mit dem Eigenen inkludiert: „Jetzt soll ich auch noch dieses Anbot prüfen bis morgen." – da kommt einem zunächst nur der Pflichtcharakter entgegen. Es wird nicht gefragt: „Und was willst du? Was findest du richtig?" Ein vollständiges Sollen inkludiert aber beide Aspekte: den Bedarf von außen, den Anspruch und den Aufruf – und das alles ist durch das eigene Gewissen gegangen, sodass man selbst spürt, dass es richtig und wichtig ist und wie es einen persönlich anspricht und auffordert. Mit anderen Worten: der kontextgebundene Anspruch ist mit dem Ich *abgestimmt,* ist bezogen auf Können, Mögen und Dürfen. Erst dann ist das Sollen personal und kann mit eine Grundlage bilden für das Wollen.

Die vierte Säule der Prävention hat nun folgenden Aspekt der Existenz im Blick: Was verlangt der Horizont, der größere Kontext, in dem ich lebe? Was soll in diesem Rahmen von mir beigetragen werden, was soll ich dazu beisteuern – gemessen an dem, was ich kann, mag und darf?
Jedes Sollen, das auftaucht, ist eine Anfrage bezüglich des „Ja zum Werden": Braucht es mich dazu, dass dies geschieht bzw. wird? Prophylaktisch kann man sich fragen: Habe ich in dieser Organisation eine interessante Tätigkeit, die mich so anspricht, dass ich spüre, hier soll ich bleiben und mich einbringen? Sehe ich den größeren Kontext, in den mein Handeln eingebunden ist und der etwas von mir will? Oder leiten sich meine Ziele

aus der Unternehmensstrategie oder aus meinen Wünschen und Bedürfnissen ab und nicht aus dem Kontext?
Beim Sollen geht es darum, ein Betätigungsfeld in einem größeren Kontext zu haben und Werte in der Zukunft zu sehen, um das eigene Handeln als wirkungsvoll in dem vorhandenen Rahmen erleben zu können. Dadurch erlebt der Mensch sein Arbeitsleben als sinnvoll und kann Erfüllung finden, was sich lebendig anfühlt und positiv auf seinen Gesundheitszustand auswirkt.

Erfüllung zu erleben ist eigentlich ein sehr komplexer Vorgang. Erfüllung hat neben den anderen Grunddimensionen der Existenz auch den Einbezug des Sollens zur Voraussetzung. Dadurch kommen wir in einen Dialog mit der Welt und der Situation, in der wir stehen. Wir erleben die Anfrage und verstehen unser Dasein immer wieder als das Geben einer Antwort, als ein Sicheinbringen in die Welt, als ein Leben nicht nur für sich, sondern auch ein Geben und Verschenken. Denn erst durch dieses Fruchtbarwerden erfährt der Mensch einen Sinn.

5.4.2 Die Voraussetzungen für das Sollen: Kontext, Aufgabe, Wert in der Zukunft

Das Leben ist aufs Engste mit der Welt verbunden, mit der man ständig in Abstimmung steht, mal mehr, mal weniger, weil die Aufmerksamkeit auf einen selbst gelenkt ist. Doch geschieht unser Dasein immer in Verbindung mit größeren Horizonten in Raum, Gesellschaft, innerer Tiefe und Zeit. Um sich darin entsprechend einbetten zu können, braucht es eine Bedachtnahme auf den Kontext, ein Finden der aktuellen Werte und Inhalte, die Angebote und Aufgaben darstellen, und ein Ausgerichtetsein auf eine Zukunft. Die Zusammenführung dieser Voraussetzungen lässt den Menschen sein Leben als sinnvoll und kreativ-fruchtbar erleben. Man ist orientiert, weiß, wofür man die Dinge macht, und spürt, wofür es gut ist, sie zu erleben.

1. Kontext:
Bei allem, was wir tun, stehen wir immer in etwas Größerem, Umfassenderem: in der Familie, im Unternehmen, inmitten anderer Menschen, in der Natur, in einer Stadt und einem Land usw. Und mit jeder Entscheidung nehmen wir darauf Bezug, denn die Handlung muss in diesem Rahmen erfolgen. Wir sind nie in einem „luftleeren Raum“, sind immer eingebettet. Wir überschreiten daher in allem, was wir tun, unsere eigene

Grenze, hinterlassen footprints und wirken positiv oder schädlich auf die Umgebung und das größere Ganze ein. Wir leben vernetzt, können gar nicht anders als eingebettet und bezogen auf andere und anderes leben. Die Frage ist nun, wie sehr wir uns auf dieses Umfassendere hin auch ausrichten und es in unserem Handeln berücksichtigen. Wie offen leben wir, wie abgestimmt sind wir auf unser Milieu? Auch wenn es uns nicht bewusst ist, wir stehen hier in einer unaufhebbaren Verantwortlichkeit – wir sind immer „in der Welt“. Auch das, was ich jetzt tue, z.B. dieses Buch lesen, geschieht in einem größeren Kontext, in einem Zusammenhang, der es ausmacht, dass ich überhaupt Interesse habe. Es geht nicht um das Lesen als solches. Es geht dabei um mehr, es geht darum, wofür und warum ich es lese. Es geht um die Vorerfahrung und die Gründe, die ich habe, das Buch zu lesen. Ich stehe in einer spezifischen Anfrage, die auch noch eine zeitliche Dimension hat und nicht nur von mir und meinen momentanen Bedürfnissen, Interessen, Wünschen ausgeht, sondern auch im Bewusstsein steht, etwas für meine Zukunft zu machen und vielleicht auch für andere, für den Betrieb etwa.

So sehen wir, dass wir immer in Zusammenhängen stehen. Die Frage in dieser Dimension der Existenz ist, ob man sich entsprechend ihrer „Grammatik“, ihrer Struktur, ihrer Anforderungen und Angebote verhält, ob man sie überhaupt wahrgenommen und in seinen Entscheidungen berücksichtigt hat. Denn ohne dies zu tun, geht die Existenz nicht auf, kommt sie nicht in ihre Fülle und es bleibt eine Frustration zurück.

So steht unser Leben und mit ihm jede einzelne Tätigkeit in einem Horizont, in einem größeren Rahmen, der auch in die Orientierung unseres Lebens einfließen soll. Diese Zusammenhänge werden oft auch als *Systeme* bezeichnet. Der Begriff verweist auf die kausale Verwobenheit und Verkettung der einzelnen Mitglieder in einer Familie, einem Unternehmen, einer Gesellschaft, wo man unter wechselseitiger Beeinflussung steht und wo das größere Ganze über Feedback-Schleifen auch auf einen selbst immer Rückwirkungen hat. Ist man sich dieser Interdependenzen bewusst, dann erkennt man die eigene Verantwortung für das Größere, in dem man steht, und die Tätigkeiten bekommen einen Aufgabencharakter, weil man sie nun nicht mehr nur für sich alleine macht. (Hier sei auch nochmals auf das Kapitel 5.1.1 verwiesen, in dem wir auf die Vernetztheit des Einzelnen aufmerksam machen wollten.) Diese Systeme entwickeln eine Dynamik, weil es nicht nur um die Komplexität und Vielfalt geht, sondern um die Interdependenzen und die sie begleitenden Ansprüche und Verantwortungen.

Durch diese grundsätzliche, strukturelle Eingebundenheit (und auch noch aus anderen Gründen, auf die hier nicht eingegangen werden kann) ist der Mensch darauf hin angelegt, sich selbst zu überschreiten und sich auf andere und anderes auszurichten. Der Mensch ist von seinem existentiellen Wesen her „selbst-transzendent", wie Viktor Frankl es bezeichnet hat. Dieses Ausgerichtet- und Hingeordnetsein auf andere(s) hat Frankl zur Grundlage seiner Logotherapie gemacht (vgl. Frankl 1997, 2004). Voraussetzung, um die eigenen Handlungen als sinnvoll zu erleben, ist demnach, den größeren Horizont zu sehen, in dem man steht und in den man hineinwirkt. Geschieht das in der Offenheit einer Existentiellen Wende, also des sich Anfragen-Lassens durch die Situation, dann erlebt man sein wirkliches Eingebettetsein in der Welt mit ihren Aufgaben und Angeboten. Das macht es aus, dass man nun sagen könnte: „Es liegt ein Sinn in der Luft, der Realität werden könnte durch mein Handeln. In diesem Rahmen stehe ich im Dienste von etwas Größerem. Da könnte etwas daraus werden, das gut ist."

Hierin ist ein Perspektivenwechsel enthalten: Die Person geht nicht mit einer Anspruchs- und Erwartungshaltung in die Arbeitswelt, sondern es ist die Arbeitswelt, die die Fragen stellt, auf die man nun seine Antworten geben kann. Nach Frankl wird dies die Existentielle Wende genannt. Sie ist zentral für die Sinnfindung. Man öffnet sich der Situation und lässt sich von ihr befragen: Was will diese Situation von mir? Was fragt mich das Leben damit? Was könnte und sollte meine Antwort sein auf diese Anfrage, auf diese Herausforderung? – Aus dieser Sicht gibt es keinen absoluten allgemeingültigen Sinn, sondern die jeweilige Person gibt ihre personale Antwort situativ. Dazu benötigt sie eine gute Ressourcenlage. Angefragt zu werden kann auch lästig sein, da jede Antwort bzw. Entscheidung auch Konsequenzen hat, für die es gilt, die Verantwortung zu übernehmen. Daher sollte diese vierte Dimension erst dann in Angriff genommen werden, wenn die ersten drei Dimensionen weitgehend erfolgreich bearbeitet wurden.

Um Sinn und Erfüllung im (Arbeits-)Leben zu finden, ist Offenheit notwendig, und zwar eine doppelte: für die Umgebung, für den Kontext, für den größeren Zusammenhang, für das „System" einerseits, und für sich selbst, um in sich hinein zu hören andererseits. Dabei sind nicht die Erwartungen und Ansprüche (von sich selbst wie auch von anderen) gemeint. Zu ihnen ist auf eine kritische Distanz zu gehen. Sie sollten eher losgelassen werden, um sich offen ansprechen zu lassen sowohl von der Situation als auch von dem, was man selbst bedarf

und was einem wichtig ist. Durch diese doppelte Offenheit nach innen und außen kann ein Dialog entstehen zwischen mir und meiner Welt. Dieser ist Voraussetzung für die Sinnfindung. Denn um die Anfragen aus mir und aus meiner Welt wahrzunehmen und die ganz individuelle Antwort darauf zu finden, ist ein solcher persönlicher Austausch notwendig.
So stellt nicht nur die Welt Fragen an uns, sondern es können sich auch welche aus uns heraus stellen. Beispiele dafür wären: Was braucht es in dieser Situation – und heute – von mir? Was steht an? Wo werde ich gebraucht, wo bin ich unersetzlich? Wie wichtig ist das für das Ganze in meinen Augen?
Und: Was will ich in diese Situation einbringen? Wofür bin ich in diesem System, in diesem Unternehmen? Wozu mache ich meine Aufgaben? Was soll beispielsweise durch meine Interessen und Begabungen von mir „ins Leben" gebracht werden?
Wird dieser Sinn und die Erfüllung nicht gefunden, so kann dies mittel- bis langfristig in ein Burnout führen. Gerade diese Thematik hat für die Burnout-Entstehung ein besonderes Gewicht, weil sie leicht übersehen oder übergangen wird, da sie schwerer zu fassen ist als die Themen der 1. bis 3. Säule. Darum wird ihr in Kapitel 5.4.3 ein eigener Abschnitt gewidmet.

2. Aufgabe:

Im Rahmen dieses Eingebettetseins des Menschen tun sich ihm Wertefelder auf, Bereiche, die ihn als wertvoll und gut berühren oder die ihn als Unwerte stören und ihm wehtun. Darauf wurde in der 2. Säule der Prävention schon eingegangen, denn die 2. Dimension der Existenz enthält das Auffinden von Werten. Solcherart angesprochen und berührt, erscheinen einem diese Werte nun im Lichte des größeren Kontexts als Angebote, sich auf sie einzulassen und das Gute nicht zu verpassen, oder als Aufgaben, die jetzt oder morgen von einem zu tun wären, weil es sich um etwas Gutes und Wertvolles handelt.
Frankl hat die ganzen Möglichkeiten für solche Tätigkeitsbereiche in drei Kategorien eingeteilt. Sie stellen gewissermaßen den „Acker" dar, auf dem der Sinn im Leben heranwachsen kann. Mit anderen Worten: Sinnfindung geschieht immer in zumindest einem der drei Tätigkeitsbereiche. Frankl verweist darauf, dass die Sinnfindung nur auf der Basis gefundener Werte geschehen kann: „Den Sinn des Daseins erfüllen wir – unser Dasein erfüllen wir mit Sinn – allemal dadurch, daß wir Werte verwirkli-

chen." (Frankl 2005, S. 202). Nach Frankl decken nun die folgenden drei Wertekategorien alle Möglichkeiten ab, um Sinn finden zu können (vgl. auch Längle 2007a, der eine ausführliche Darstellung der Franklschen Sinnlehre gibt):

a) die rezeptiven Werte
b) die produktiven Werte
c) die Werte der Einstellung gegenüber schicksalhaftem Leiden

Die rezeptiven Werte sind *Erlebniswerte:* dazu zählt, etwas Wertvolles, Gutes, Schönes zu erleben, ein gutes Gespräch, schöne Musik, ein erholsamer Spaziergang oder Körpererleben im Sport, Naturerleben im Wandern, Kunsterleben, ein gutes Essen, eine schöne Sexualität etc.

Bei den produktiven Werten wird man selbst kreativ. Frankl nennt sie die *schöpferischen Werte:* etwas Wertvolles schaffen, ein Essen zubereiten, die Wohnung aufräumen, mit den Kindern lernen, die E-Mails beantworten, die Arbeit verrichten etc.

Die *Einstellungswerte* sind von Bedeutung, wenn es darum geht, unabänderliche, leidvolle Situationen durchzustehen. Solange man noch etwas tun kann (z. B. den Mitarbeiter von der Kündigung abzuhalten), sind schöpferische Werte gefragt, kreative Ideen, Handeln. Die größte Sinnproblematik hat der Mensch, wenn er mit Verlusten, Schmerz, Unangenehmem zu tun hat und dabei nichts mehr ändern kann: das gescheiterte Projekt, der Unfall, die Krankheit. Das können natürlich auch sehr gravierende Ereignisse sein wie der Tod eines Menschen, die tödliche Krankheit, die unerwartete Trennung des Partners etc. Hier kann in der äußeren Situation nichts mehr getan werden, aber man hat noch eine Möglichkeit zur Handlung, nämlich sich selbst zu ändern und an der Einstellung zum Vorgefallenen zu arbeiten. Man kann unterschiedlich zum Schicksalhaften stehen und daher auch unterschiedlich leiden: laut oder leise, klagend oder betend, im inneren Gespräch mit sich oder mit Alkohol usw. Und man kann es für sich tun oder für andere, den Kollegen Leid abnehmen oder es ihnen schwerer machen, die Beziehung zum Leben halten oder die Flinte ins Korn schmeißen. Dies sind letzte Freiheitsgrade, die der Mensch hat und dank derer er noch etwas Gutes aus der leidvollen Situation holen kann, nämlich sich die Liebe zum Leben und zu anderen Menschen erhalten zu können. Wenn dies trotz der misslichen Umstände gelingt, gilt es als eine besonders große Leistung.

3. Wert in der Zukunft:

Wenn man diese Werte aufgreifen und umsetzen kann, dann schafft man etwas für die Zukunft. Wenn man mit Werten etwas tun kann, dann „hat man Zukunft", leistet einen Beitrag zum Schaffen, Wachsen oder Erhalten von etwas Wertvollem. Am deutlichsten wird das alles bei den Kindern, weil es da am natürlichsten ist: sie zu unterstützen, damit sie wachsen und reifen können, damit sie ein gutes Leben haben werden. Aber im Grunde ist dieses Muster in allem enthalten, was wir tun: wenn wir einen schönen Film anschauen, damit er unser Leben bereichert oder es uns nachher gut geht, wir angeregt sind; wenn wir arbeiten, damit wir uns erhalten und/oder andere etwas davon haben; wenn wir das Buch lesen, um unsere Zukunft besser gestalten zu können und die der Mitarbeiter vielleicht auch noch; wenn ein Projekt gescheitert ist, damit unser Interesse an der Tätigkeit auf einen existentiellen Prüfstand gestellt wird und wir uns klar darüber werden, ob wir trotzdem den Beruf weiter ausüben wollen, ob er der richtige ist für uns usw. Immer geht es darum, sich weiter auf einen Wert ausrichten zu können. Darin besteht der existentielle Sinn:

Abb. 17: Sinn ist die Ausrichtung auf einen Wert, der da ist und aus dem ein Wert in der Zukunft entstehen soll.

Sinn ist, erleben zu können, dass durch einen selbst etwas Gutes entsteht. Man will erleben können, dass man für etwas gut ist in seinem Leben. Leben muss fruchtbar werden, das ist ein dem Leben inhärentes Prinzip; ansonsten stirbt man.

5.4.3 Burnout als ein Defizit an echtem existentiellem Sinn

Ein Defizit an echtem existentiellem Sinn ist eine ganz gewichtige Ursache, die zu Burnout führen kann. Die Bedeutung der Sinnfrage bei Burnout geht so weit, dass man Burnout als eine Sonderform des existentiellen Vakuums (Frankl) betrachten kann, anders gesagt: als ein Defizit an echtem existentiellem Sinn. Wenn über längere Zeit kein Sinn erlebt wird, so führt dies den Menschen in die Leere. Frankl definiert das existentielle Vakuum anhand von zwei Dimensionen: dem Verlust von Interesse und dem Mangel an Initiative (Frankl 1983, S. 10). Interesse bedeutet geistige Bezugnahme auf Dinge, Gespräche, Personen etc. und ist somit ein geistiges Erfassen von etwas Wertvollem. Die Person geht aus sich heraus (inter = zwischen) und es zieht sie zu den Werten hin. Sieht die Person allerdings keinen Sinn, so geht auch das Interesse und im Gefolge die Aktivität verloren. Die Initiative nimmt ab und der Gefühlshaushalt flacht ab. Der Initiativeverlust führt zur Reduktion der Aktivität und kann bis zur Apathie gehen. Genau dies sind typische Symptome des Burnouts: die Zunahme von Interessens- und Initiativeverlust.

Lassen Sie uns in dem Zusammenhang noch etwas mehr über den *existentiellen Sinn* sagen. Existentieller Sinn hängt von einem selbst ab. Er wird einem nicht gegeben. Man kann ihn nicht einfach vorfinden. Er verlangt eine persönliche Wahrnehmung der Situation, was einem von keinem Chef abgenommen werden kann – dieser kann einem also nicht den Sinn geben. Weiters verlangt er eine persönliche Stellungnahme und Entscheidung, sich darauf einzulassen, was wiederum von niemandem abgenommen werden kann. Nur so kann das eigene Wirken und Erleben als wertvoll und sinnvoll empfunden werden. Auf dieser Basis kann das eigene Handeln zu persönlicher Erfüllung führen. Das Leben wird dadurch schöpferisch, gestalterisch, erlebnisreich und persönlich. Man kann sich hingeben an subjektiv attraktive, interessante oder als wichtig empfundene Werte. Man ist frei und kann die Verantwortung für sein situatives Leben übernehmen. Dabei kann man trotz Müdigkeit personale Erfüllung erfahren, wenn echter Sinn vorliegt. Handelt es sich jedoch nur um einen *Scheinsinn,* also ein Ziel, das wie Sinn aussieht (z.B. mehr Erfolg zu haben, angesehener zu werden usw.), aber kein wirklicher Sinn ist, weil das Ziel von einem selbst gesetzt wurde und nicht als Anfrage an einen herankam, so handelt man zwar, aber das Handeln ist nicht vom Erleben des Wertes motiviert, sondern von der hohlen Anforderung und Zielsetzung. Generell sei hier vermerkt, dass es schwierig ist, nach Zielen zu arbeiten, weil sie einen einengen und die Weite im Blick nehmen, die für die Sinnfindung erforderlich ist. Es bleibt das Erleben des Wertvollen aus und die Einsatzbereitschaft beginnt zu sinken. Das Leben wird durch den fehlenden Inhalt erschöpfend, sachlich und erlebnisarm. Oft fühlt man sich verpflichtet und immer mehr gezwungen. Man ist weit entfernt von einer Hingabe – das Verhalten wird zur Hergabe. Man gibt sich her für etwas, das man selbst nicht als attraktiv, interessant oder wertvoll empfindet und wofür man keine innere Zustimmung hat. Der Bezug zu sich selbst ist nicht gegeben. Wie soll etwas dann als sinnvoll erlebt werden?

Beim Scheinsinn meinen die Menschen zwar, etwas Sinnvolles zu tun, es geht jedoch nur um die Form, die aber inhaltsleer ist, sodass man nicht erfüllt werden kann. Das, worum es bei einem Scheinsinn gehen kann, ist beispielsweise Geld, Karriere, Ansehen, soziale Akzeptanz und Beliebtheit. Diese Anreize sind in der Arbeitswelt sehr häufig zu finden. Wenn sie nicht das Hauptmotiv des Beschäftigten sind, ist nichts dagegen einzuwenden. Gefährlich und der Keim für Burnout werden sie, wenn sie die primären und vielleicht einzigen Motive sind!

Hier ist eine Differenzierung zwischen *Sinn und Zweck* angebracht (siehe dazu auch Abbildung 18). Denn gerade in der Arbeitswelt ist der Zweck oft so dominant, dass der Sinn durch ihn versteckt wird – und der Zweck wird zum häufigsten Scheinsinn. Bei einem Zweck geht es um Zielerreichung. Ich bin für etwas entschieden und strebe es an. Der Zweck geht daher von mir aus, ist von mir gesetzt. Ich setze ein Ziel, will z.B. zum Bahnhof und brauche dazu ein Auto, ein Fahrrad usw. als Mittel. Ob es sinnvoll ist, dieses Ziel zu verfolgen, oder nicht, ist mit der alleinigen Zielsetzung nicht gesagt. Wir sehen also, dass Sinn und Zweck nicht automatisch dasselbe sind. Der Sinn steht in einem anderen Kontext. Er beginnt mit dem Angesprochensein durch einen Wert. Ich möchte einen Freund besuchen und darum zum Bahnhof. Der Freund und die Begegnung sind der Wert und in Überprüfung von Können, Mögen, Dürfen und der aktuellen Situation („Sollen") finde ich es nun angebracht, dem Wert Folge zu leisten. Dann handelt es sich um einen Sinn – er stammt aus dem Dialog mit der Welt.

Ich kann natürlich auch Ziele aus mir setzen, aus Ehrgeiz, aus Langeweile, aus irgendwelchen Bedürfnissen heraus, ohne in einer offenen Haltung mit der Welt zu stehen und mich von der Situation befragen zu lassen. Ich kann wie mit Scheuklappen durchs Leben gehen und immer Ziele vor Augen haben. Alles, was der Erfüllung der Ziele dient, stellt einen Zweck dar.

Ich möchte mehr Geld verdienen (lebe aber eh schon gut) – ist das eine Anfrage aus dem Leben und der Welt? Oder ist es ein von mir gesetztes Ziel? Wenn ich meine Arbeit einem Ziel von mir unterordne, „verzwecke" ich sie. Aber alleine, dass ich das tue und eine Ausrichtung habe, macht die Handlung noch nicht sinnvoll.

Dasselbe gilt für den Erfolg: Wenn es mir um ihn geht, beginne ich, meine Tätigkeit mehr und mehr als einen Zweck für mein Ziel zu sehen. Ansehen, Wertschätzung, Beliebtheit, Harmonie, ein gutes Gefühl – das alles sind eigentlich „Nebenprodukte" von einem Einsatz für erlebte Werte, bei dem es *primär* nicht um Erfolg usw. geht, sondern darum, sich möglichst gut für die erlebten Werte einzusetzen. In zweiter Linie darf und soll es dann schon auch um den Erfolg gehen. Denn man soll die Handlungen möglichst geschickt anlegen, sodass sie auch zum Erfolg führen. Aber eben erst in zweiter Linie …

Sinn ist die Kontexteingebundenheit und die Wertorientierung, er ist dialogisch und partnerschaftlich. Zweck ist die Zielausrichtung, er ordnet unter, instrumentalisiert die Mittel und ist hilfreich zur Erfüllung von Funktionen.

Im praktischen Leben braucht es beides: Sinn und Zweck. Wir sind mit feinen Antennen ausgestattet: Wenn das Gleichgewicht nicht mehr stimmt, wenn der Zweck dominiert, dann schleichen sich Gefühle der Sinnlosigkeit ein. Sie warnen und geben an, dass wir keine gute Richtung im Leben eingeschlagen haben.

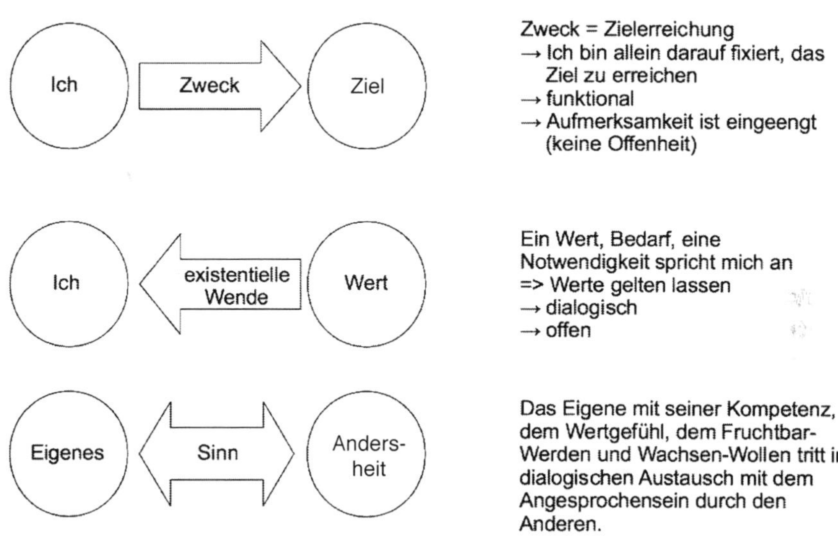

Abb. 18: Gegenüberstellung von Zweck und Sinn

Durch die Orientierung am Scheinsinn oder am reinen Zweck kommt es zur Entleerung (man kann sich dabei sogar entspannen), und dies kann leicht in ein Burnout führen.

Nindl (2001) konnte anhand einer Untersuchung bei Lehrern belegen, dass es einen eindeutigen Zusammenhang zwischen mangelnder Sinnerfüllung und dem Ausbrennen gibt. Auch König (2014) zeigt am Beispiel des Gesundheits- und Krankenpflegepersonals einer Salzburger Privatklinik einen hochsignifikanten negativen Zusammenhang zwischen existentieller Sinnerfüllung und Burnout auf. „Verringerte existentielle Sinnerfüllung ist ein Prädiktor für Burnout." (ebd., S. 76)

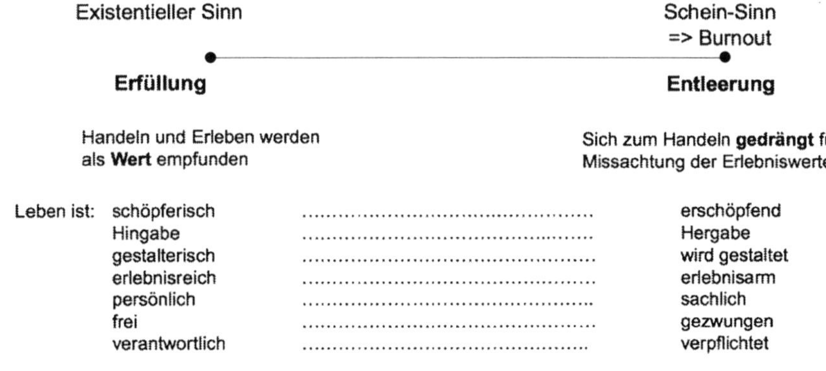

Abb. 19: Gegenüberstellung von existentiellem Sinn und Scheinsinn mit ihren psychischen Auswirkungen (Längle 2000, S. 108)

5.4.4 Motivationstheoretische Analyse

Zu einem Defizit an existentiellem Sinn und somit auch an Erfüllung kommt es durch eine Divergenz zwischen subjektiver Motivation (Intention) und objektiver Beschäftigung (intentionales Ausgerichtetsein auf die Aufgabe).

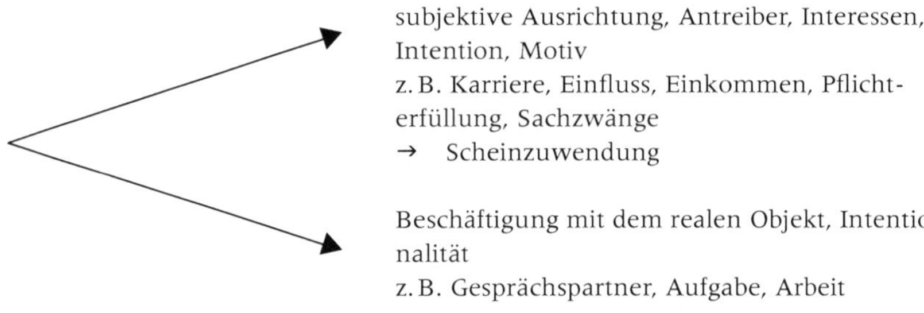

Abb. 20: Die motivationstheoretische Analyse führt zu einem Auseinanderklaffen zwischen subjektivem Handlungsmotiv und sachlicher Aufgabenstellung (Längle 2000, S. 109)

Wenn sich die subjektive Ausrichtung nicht mit dem realen, sachlichen Befasstsein deckt, dann wird etwas für den eigenen Zweck verwendet oder ist Pflichterfüllung und führt zu einer Scheinzuwendung. Hier tut sich eine Stress-Schere auf: die Person ist austauschbar, es geht nicht um sie, sondern rein um die Erfüllung von Erwartungen und Zielen. Die Person hat keinen Platz mehr.

Burnout entsteht nicht durch inhaltliche, sondern durch formale Motivation (d. h. aufgabenfremde, letztlich selbstbezogene Motive) und führt daher zu einer Scheinzuwendung. „Die Person erlebt sich dabei weniger ‚angezogen' von einem Wert als ‚getrieben' oder zur Tätigkeit ‚gedrängt'." (Längle 2000, S. 109). Es stellt sich natürlich die Frage, warum Menschen so etwas machen. Dahinter steht immer eine subjektive Bedürftigkeit. Das führt zu einer weiteren These zur Entstehungsdynamik des Burnouts: Das Handeln, das ins Burnout führt, geschieht in der Regel aus subjektiver Bedürftigkeit und erst sekundär aus objektivem Bedarf (wie schon in Kapitel 3.4.3 beschrieben).

5.4.5 Schutzreaktionen beim Gefühl der Sinnlosigkeit

Wenn man sich nicht entwickeln, sich bei seiner Arbeit nicht verwirklichen oder nicht Ja sagen kann zu dem, was man tut, können automatische Schutzreaktionen einsetzen, um dem Sinn-Verlust und der Leere zu entgehen oder sie zu lindern. Das können sein (aus Längle 2010, S. 27 f.; Längle 2016, S. 123 f.):

1. sich nicht einlassen oder provisorisches Engagement, innere Kündigung
2. Widerstand (Dienst nach Vorschrift, Hinausschieben), Kontextänderung (Umdeuten, Problembetäubung) oder das Schaffen von Inhalten (Streben nach Lust, Macht, Geld; Idealisierung, Fanatismus, Zielfixierung), „Para-Existentialität"
3. Zynismus, Sarkasmus
4. Nihilismus

Wir geben hier wieder eine recht umfassende Zusammenschau möglicher Reaktionen zum Schutz vor Sinnlosigkeit. Es geht nicht darum, sich diese Reaktionen zu merken, ja vielleicht nicht einmal darum, sie vollständig durchzulesen, sondern darum, hineinzulesen und dem Interesse folgend entweder dran zu bleiben oder auch zu überblättern. Bei Bedarf kann hier nachgeschlagen werden. Der Überblick kann aber auch helfen, versteckte Defizite bei sich selbst zu orten und mit dieser Dimension des Menschseins (der Sinndimension) in Verbindung zu bringen bzw. Reaktionen von Mitarbeitern und anderen Menschen besser zu verstehen, weil man sieht, dass sie mit diesem Inhalt in Zusammenhang stehen.

Beim Leiden unter Sinnlosigkeit können auch Schutzreakionen aus den vorangegangenen drei Kapiteln auftreten, weil sie Grundlagen sind für die Sinnfindung:

- Manchmal dominiert das Nicht-ertragen-Können der sinnlosen Situation. Dann zeigen sich Schutzreaktionen, wie in Kapitel 5.1.3 aufgezeigt (Vermeidung/Rückzug/Flucht, Auflehnung oder Ankämpfen, Hass/Vernichtung, Verleugnen/Lähmung/Erstarrung).
- Es kann auch sein, dass man primär vom Wertverlust betroffen ist, z.B. durch den spontanen Rückzug von Kollegen, sodass Wut aufkommt. Beim Wertverlust oder mangelndem Werterleben können sich Schutzreaktionen zeigen, wie in Kapitel 5.2.3 beschrieben (Abwendung/Rückzug, Leisten/Entwerten/Regruppieren, Wut, Resignation/Abschalten durch Erschöpfung).
- Am häufigsten kommen Abgrenzungsversuche vor wie Ärger oder das Bedürfnis, sich auf Distanz zu bringen, weil die Sinnlosigkeit aufgrund des Gefühls, persönlich nicht gesehen und respektiert zu werden, empfunden wird. Hier können alle Schutzreaktionen, wie in Kapitel 5.3.4 beschrieben, einsetzen (Distanz zu sich und anderen, Funktionieren/Mitspielen/Rechtgeben/Überspielen, Ärger/Zorn/Trotz/Rache, Leugnen/Spalten/Spaltung von Kognition und Emotion).

Das durchgängige Muster der typischerweise für die Sinnlosigkeit einsetzenden Schutzreaktionen ist ein Entgleiten der Existenz: Das Leben wird unkonkret, ungreifbar, unentschieden, gleichgültig, weil man sich nicht engagiert oder engagieren kann.

1. **Grundbewegung: provisorisches Engagement**
   Beim provisorischen Engagement lebt man nicht definitiv seinen Weg, sondern lebt bis auf Widerruf, vorläufig. Man steht nicht wirklich im Leben, ist ohne Engagement und wirkliche Bindung. Gleichgültigkeit allem gegenüber herrscht vor als Schutz davor, sich herzugeben für nichts. Das stellt eine Oberflächlichkeit dar, in der man nicht bereit ist, im Sinne eines größeren Ganzen ein Leid auf sich zu nehmen.
   In der Praxis findet sich beispielsweise immer wieder die Haltung der inneren Kündigung mit der Einstellung: „Ich mache das jetzt noch, bis ich einen anderen Job finde." Darin kommt die Gleichgültigkeit zum Ausdruck. Sie zeigt sich z.B. auch, wenn man Beziehungen folgendermaßen lebt: „Solange wir Spaß miteinander haben, treffe ich mich mit ihm. Wenn Probleme auftauchen, suche ich mir andere Kollegen." Solche Beziehungen sind nicht konfliktfähig.

In jedem größeren Projekt hat man auch ein Leiden auf sich zu nehmen. Dies kann beispielsweise bei einer internationalen Tätigkeit das Reisen sein (Zeitverschiebung, weg vom sozialen Umfeld etc.). Ein provisorisches Leben kann nicht erfüllend und sinnvoll sein, weil man sich dabei nicht auf die Realität einlässt.

Das provisorische Engagement kann sich in folgenden Formen zeigen:

- innerlich ausgeklinkt leben, sich innerlich mit anderen Dingen beschäftigen, Tagträume, Leben in der Vorläufigkeit
- innere Kündigung, handeln ohne jedes Engagement, oberflächlich, nicht „drinnen im Leben" stehen, sich als Außenseiter vom Leben empfinden
- Das Leben nur spielerisch-vergnüglich auffassen, nicht ernsthaft, konstruktiv an Werten und Sinnvollem arbeiten, sondern planlos von Tag zu Tag leben. Hier besteht eine erhöhte Suizidbereitschaft: Wenn die provisorische Haltung das ganze Leben durchzieht und so generalisiert ist, gibt es wenig oder nichts mehr, was den Menschen im Krisenfall von einem Selbstmord abhalten könnte.
- Beziehungssucht: provisorische Beziehungen, in denen nicht wirklich Nähe aufgenommen wird, auf die man sich nicht wirklich einlässt. Diese Beziehungen können relativ leicht gewechselt werden, weil man sich nicht eingelassen hat. Es geht um ein Erleben von Eingefügtsein, um den Schein von Eingebettetsein. Der Grund dafür ist weniger, nicht allein zu sein, sondern mehr, die Leere im Dasein zu überbrücken, die Heimatlosigkeit, nicht Fuß gefasst zu haben, nicht Wurzeln geschlagen zu haben, nicht fruchtbar geworden zu sein. Diese Art von Beziehung ist im Berufsleben immer wieder anzutreffen.

Das provisorische Engagement geht bereits in die Richtung dessen, was man braucht (wie alle Grundbewegungen der Schutzreaktionen), erreicht aber das Ziel nicht: die Bindung, das Sichniederlassen, das Aufgehen darin.

2. Aktivismus: Widerstand aufbauen, Kontextänderung, Inhalte schaffen

Beim Aktivismus wird die Leere überspielt und ein Sinnersatz geschaffen. Man kann ihn daran erkennen, dass der Betroffene einen Widerstand aufbaut, Inhalte schafft oder den Rahmen bzw. Kontext ändert. Bei der Kontextänderung wird versucht, an den Rahmenbedingungen etwas zu verändern, nachdem die Sache selbst nicht geändert werden kann.

a. Widerstand aufbauen:

- Dienst nach Vorschrift (leben eines Formalismus): Man tut nichts, verweigert sich, weil es als sinnlos empfunden wird.
- Hinausschieben so lange es geht: Zu spät anfangen, bis man spürt, jetzt muss man, man hat keine Wahl mehr. Dabei arbeitet man dagegen, solange man kann. Es stellt eine aktive Verhinderung einer freiwilligen Entscheidung für etwas Sinnloses dar – man lässt sie sich von der Situation abnehmen. Im Arbeitsleben ist dies häufig der Fall im Bereich der Bürokratie. Wenn ein Mitarbeiter einen Bericht schreiben soll, dessen Sinn er nicht einsieht, und das Schreiben so lange aufschiebt, bis eine Angst entsteht: „Wenn ich jetzt nicht anfange, schaffe ich es zeitlich nicht mehr und ich stehe bei meinem Chef schlecht da. Das könnte Auswirkungen auf meinen Verbleib im Unternehmen haben!" Aus dem Druck heraus schreibt er den Bericht, um seine Angst zu beruhigen. Aber einen Bericht zu schreiben, sollte einen andern Sinn haben, nämlich einen Beitrag zu leisten zur Verbesserung der Arbeitssituation o.Ä., und nicht nur der subjektiven Beruhigung dienen. Wiederholen sich solche Situationen, stellt sich die Frage, ob man überhaupt in diesem System am richtigen Platz ist.

b. Kontextänderung:

Wenn man schon die Sachen nicht ändern kann, kann doch an den Rahmenbedingungen etwas versucht werden.

- Bedürfnis zu klagen und zu schimpfen, um Bedauern zu bekommen: Dabei versucht man, sich aus dem Kontext der Arbeit zu nehmen und sich in den Kontext der Mitmenschlichkeit zu betten. Man möchte Mitgefühl bekommen, um das unangenehme Gefühl aus der Situation erträglicher zu machen.
- Provozieren, Übertreiben, die Sinnlosigkeit auf die Spitze treiben, z.B. die Aussage von Frau B.: „Für jedes Weggehen müssen wir einen Zettel ausfüllen und ich hab für jede Kleinigkeit einen ausgefüllt und einen ganzen Packen abgegeben."
- Sich aus allem ein Spiel machen: Dadurch wird Reiz und Spannung erzeugt, damit es „wieder um etwas geht", weil man nicht sieht, um was es sonst gehen könnte, und man nicht erträgt, dass es um nichts geht. Z.B. Wetten abschließen darüber, was der Chef nächstes Mal sagt und so seine phänomenologische Sicht üben. Oder beim Ausfüllen von Formularen so übertreiben, dass es schon wieder lustig wird, es in die Absurdität treiben.
- Umdeuten: Sich krampfhaft einreden, dass etwas Bestimmtes sinnvoll sei, und dabei spürt man genau, dass es nicht stimmt.

- Unverständlich werden, indem man beispielsweise auf die großen Visionen des Unternehmens zu sprechen kommt, die aber so abgehoben erscheinen, dass das, worum es jetzt geht, verdeckt wird.
- Problembetäubung: Alkohol oder andere Drogen einsetzen, um gegen das Leiden an der Sinnlosigkeit anzukämpfen, den Kontext erträglicher zu machen und die Situation besser durchhalten zu können.

c. **Inhalte schaffen:**

- Streben nach Lust (Konsumverhalten), Macht (Einfluss, Selbstwert), Geld und/oder Karriere als Kompensation der Leere (nicht des Selbstwertes). Einkaufen als Ersatz bis hin zur Kaufsucht.
- Idealisierung einer Person, einer Theorie oder Ideologie: Sie wird so überhöht gesehen, dass sie einen alles bestimmenden Charakter bekommt, weil sie quasireligiösen Stellenwert hat, eben „ideal" ist. Durch diese Ideologien werden Inhalte geschaffen. Es kann beispielsweise auch das Berufsbild eines Managers oder Geschäftsführers so idealisiert werden, dass man danach strebt und alles dem unterordnet.
- Fanatismus: Hier wird die Wirklichkeit ausgeblendet. Dies ist auch der Fall bei einer Zielorientierung, die nicht wirklich realitätsbezogen und weltoffen ist, sondern konstruiert. Wenn einem Fanatiker das Ziel wegfällt, bricht sein Leben zusammen. Oder das Ziel verlagert sich auf ein anderes Objekt, das fanatisiert wird und auch im Gegensatz zum ersten stehen kann (z.B. fundamentalistische Gruppe, politischer Fanatismus). Fanatismus geschieht meist in Gruppen als Inhaltsfüllung der Leere.
- Zielfixierung, überwertige Idee, interne oder externe Fixierung in der Suche nach Inhalten: Zielfixierung zeigt sich oft bei „Macher-Typen" und ist eine Form von Fanatismus, mit dem Willen, Ziele zu verfolgen und nicht abzulassen, auch wenn es von den äußeren Umständen her nicht mehr passt bzw. anderes dran wäre. Im Beruf beispielsweise zeigt sich dies darin, dass man verbissen nach einem Ziel oder einer Karriere strebt, von dem oder der man glaubt, es oder sie haben zu müssen. Dabei gibt man vor, wo es langgeht und man hat einen Inhalt, dem man nachgeht. Auch im Sport begegnen wir häufig dieser Zielverbissenheit. Diese Verbissenheit ist begleitet von folgendem Gefühl: „Wenn ich das nicht habe, ist das Leben sinnlos." Dies führt notwendigerweise zu Weltverschlossenheit. Eine Form davon ist die Para-Existentialität (Furnica, 1998). Das bedeutet, sich nicht mit der Anfrage aus der Welt abzustimmen, sondern sich

nach der eigenen Zielsetzung auszurichten. Dazu zählen Sturheit, Unzugänglichkeit, Verbissenheit, Michael-Kohlhaas-Typen (der für die Gerechtigkeit alles opfert) und Fanatiker. Dabei wird die innere Orientierungslosigkeit durch die Zielsetzung überbrückt, die innere Leere durch das Erfolgsstreben. Bei Karriereberufen beispielsweise ist dies sehr häufig zu sehen, wenn der Sinn des Lebens die Karriere ist. Aber die Karriere stellt einen Sinnersatz dar und kann kein echter Sinn sein, denn ein solcher stammt aus der Situation.

- Fixierung auf sich selbst (reiner Egoismus) oder Außenfixierung in der Suche nach Hilfe und sich dabei ständig übersehen: Wenn beispielsweise bei einer überwertigen Idee alles Denken, alle Aufmerksamkeit nur um diese Idee, um ein Ziel kreist und die Ausrichtung auf die Welt dominiert.

3. **Aggression: spielerische Aggression, Empörung, Zynismus, Sarkasmus**

   Sinnlos Empfundenes kann einen je nach Persönlichkeitsstruktur auf unterschiedlichen Ebenen treffen, je nachdem, wo man den Schwachpunkt hat. Bei der spielerischen Aggression, der Empörung, dem Zynismus und dem Sarkasmus geht es um Kontextänderungen, durch die man sich dem leeren Zusammenhang entzieht und dabei Mächtigkeit, Vitalität oder Selbstwert als Ersatz erlebt.

   a. **Spielerische Aggression:**

      Da kein Lebensinhalt da ist, dient die Aggression als reizvolle, abwechslungsreiche Betätigung, mit keinem anderen Zweck, als einen spannenden Zeitvertreib zu schaffen.

      - Wenn die Spannung als unerträglich und bedrohlich empfunden wird, kann das dazu führen, dass jemand einem anderen Leid zu seinem Vergnügen zufügt, wie beispielsweise willkürlich etwas zu zerstört oder jemanden zu quälen (dies kann untermischt sein von anderen Bedürfnissen wie Narzissmus, Angst, Mutproben usw.).
      - Eine weitere Art der Schutzreaktion bei als sinnlos Empfundenem kann sein, Verwirrung zu stiften und Chaos zu erzeugen: Freude an der Zerstörung von Werten, Ausleben von Sinnlosigkeit an anderen, bewusst und böswillig die Strukturen durcheinanderzubringen, „denen beweisen und zeigen, wie sinnlos es ist“ (crashes produzieren). Dazu zählt beispielsweise das Verbreiten von Viren im Internet.
      - Auch Mobbing ist eine Form der Aggressionsbildung dieser Art. Es kann natürlich auch die anderen existentiellen Motivationen als Hintergründe haben: Verdrängungswettbewerb, Beziehungslosigkeit,

Selbstwertsteigerung der Akteure, sich vor der Gruppe zu inszenieren. Die Mobbingbereitschaft ist in Betrieben, in denen die Sinnhaftigkeit der Arbeit ein Problem ist, oder bei Menschen, die unter Sinnlosigkeitsgefühlen leiden, nach unseren (noch unsystematischen) Beobachtungen erhöht.

b. Empörung:

Wenn man sich mit einem Rahmen nicht abfinden kann, in den man gestellt ist, und er einem sinnlos erscheint, kommt Empörung auf, die sich im Fluchen Luft verschaffen kann. Man empfindet die Situation als „unerhört", sieht es als Zumutung an, eine solche Arbeit tun zu müssen. Diese Aggression ist oft eine Mischung aus Ärger, Wut und Hass, aber man ist weniger selbst betroffen als mit der Sache beschäftigt, blickt mehr auf die äußeren Umstände als auf sich selbst.

c. Zynismus:

Zynismus meint das Gegenteil von dem, was gesagt wird. Er entwertet dadurch und stellt einen scheinbar anderen Kontext her, in den die Situation gestellt wird, im Wissen, dass es nicht stimmt. Wenn beispielsweise ein Mitarbeiter seinem Kollegen mit einem zynischen Unterton sagt: „Ich mache jetzt nichts lieber als zu dieser Besprechung zu gehen, bei der so viel Wichtiges geredet und entschieden wird!" Beim Zynismus geht man in den Zusammenhang hinein, stellt sich in den Kontext, verdeckt den wahren Zusammenhang, macht sich lächerlich, entwertet, enttäuscht, betrügt und greift einen Teil heraus und nimmt nur darauf Bezug, was im Widerspruch zum Ganzen steht.

d. Sarkasmus:

Sarkasmus ist eine gesteigerte Form von in scheinbaren Humor gepackter Aggression, die bereits „ins Fleisch geht" (sarx = Fleisch). Es ist ein „beißender Spott", z.B.: „Der Chef, dieser Schlappschwanz der Nation ..."

4. Totstellreflex: Apathie, Fatalismus, nihilistische Passivität

a. Hoffnungslosigkeit und Fatalismus:

Hoffnungslosigkeit, Fatalismus und Selbstaufgabe können aufkommen, wenn man keinen Wert in der Zukunft mehr sieht und daher alles gleichgültig wird. Nichts lohnt sich mehr. Man lässt sich und sein Leben fallen, tritt für keine Werte mehr ein, engagiert sich nicht mehr. Alles ist egal, das Leben ist anscheinend so, da kann man nichts machen. Man resigniert. In der Resignation tut man nichts mehr, ist schicksalsergeben, enttäuscht und passiv. Während in der Apathie die Gleichgültigkeit und die emotionale Unberührbarkeit vorherrschen, kommen in der Resignation die Hoffnungslosigkeit und das Sich-fallen-Lassen dazu, weil man so frustriert und machtlos ist und nur noch Negatives in der Zukunft sieht: „Es ist nicht mehr gut zu machen, was da kaputt gegangen ist! Da kann man nichts mehr ändern, das wird auch nie mehr gut." Durch Generalisierungen kann sich die Resignation über das Scheitern des Projekts auf das ganze Leben übertragen und auch Mitarbeiter mit der Hoffnungslosigkeit anstecken: „Es sieht eh keiner, was ich gemacht habe. Es hat keinen Sinn, dass ich mich für das nächste Projekt einsetze. Darum sag ich auch bei der heutigen Besprechung nichts, weil es ja eh egal ist, ob ich mich einsetze oder nicht!"

b. **Nihilistische Passivität:**
Wir treffen im Arbeitsleben mitunter Mitarbeiter, die nicht nur passiv und wie gelähmt sind, sondern auch eine nihilistische Haltung haben, in der alles sinnlos und für nichts gut zu sein scheint. Sie haben keine Kraft mehr, sind müde, apathisch und demotiviert, schieben in der Regel die Arbeiten auf bis zum letzten Moment und verbreiten eine negative Atmosphäre. Wenn sie sich überfordert fühlen, überhören sie Dinge, sind innerlich abwesend und wie taub (nicht zu verwechseln damit, sich taub zu stellen) und verhalten sich so, als ob bei einem Vorfall nichts gewesen wäre (z.B. bei einer unerwarteten sexuellen Annäherung im Büro). Sie können auf nichts mehr eingehen. Es ist, als ob ihr Geist und die Beziehung zu sich erloschen wären.

c. **Verzweifelte Betäubung:**
Das Gefühl der Sinnlosigkeit und inneren Leere ist eine häufige Grundlage für die Entwicklung einer Sucht. So ist beispielsweise Alkohol in Unternehmen mit viel Leerlauf sehr verbreitet. In der staatlichen Verwaltung oder beim Militär ist auf die Suchtgefahr besonders zu achten.

Man soll im eigenen Unternehmen oder für sich als Person darauf achten, welche Gewohnheiten bestehen, die eine potenzielle Gefahr für Süchtigkeit sein könnten. Dabei geht es insbesondere um Alkohol, Rauchen, Tabletten (Schlaftabletten, Beruhigungs- oder auch Aufputschmittel), aber auch um mein Kauf-, Internet- und Arbeitsverhalten. Bei der Arbeit ist man besonders gefährdet, einer Arbeitssucht zu verfallen, denn diese ist von der Gesellschaft kaum zu erkennen und tendenziell sogar sozial hoch angesehen (man ist „fleißig").

Halten diese Schutzreaktionen des Totstellreflexes über längere Zeit an, so ist die Wahrscheinlichkeit groß, dass sich der Mitarbeiter in einem Burnout befindet.

Hier nochmals ein Überblick über die Schutzreaktionen bei Überhandnehmen der Sinnlosigkeit:

Tab. 6: Coping-Reaktionen des Kontextverlustes (4. Grundmotivation) im Überblick

Grundbewegung	provisorisches Engagement
Aktivismus	Widerstand aufbauen, Kontextänderung, Inhalte schaffen
Aggression	spielerische Aggression, Empörung, Zynismus, Sarkasmus
Totstellreflex	Hoffnungslosigkeit, Fatalismus, verzweifelte Betäubung, nihilistische Passivität

Als Prophylaxe oder auch wenn man schon Burnout-Zeichen an sich erkennt, kann man sich fragen:

- Kenne ich Gefühle der Sinnlosigkeit in meinem Leben und in der Arbeit?
- Wie reagiere ich dann, wenn ich etwas (z.B. die Arbeit) als sinnlos erlebe?
- Erkenne ich Muster dieser Schutzreaktionen an mir? Welche?
- Sind es immer dieselben Muster, bin ich darin wie festgelegt? Oder wechseln meine Reaktionsweisen?
- Handelt es sich nur um eine vorübergehende Phase?

Die Sensibilisierung für solche Fragen führt in ein neues Betrachten der Lebensumstände und der eigenen Person.
Es geht zuerst darum, besser sehen zu lernen, was die Wachstumsprozesse in einem selbst anstößt, insbesondere, wenn sie auch noch in den Dialog gebracht werden, d.h. mit anderen besprochen werden. So kann man sich besser abstimmen mit den Situationen und Umständen. Es gibt keine schnellen Lösungen – diese gehen am Menschen vorbei.

5.4.6 Vorgehen beim Auftreten von Schutzreaktionen bzw. bei der Bedrohung des Sollens

Werden bei einem Mitarbeiter oder bei einem selbst eine oder mehrere dieser Schutzreaktionen erkannt, so kann damit vorbeugend personal/bewusst umgegangen werden. Hier wird (wie auch schon bei den drei vorangegangenen Säulen der Prävention) ein Vorgehen anhand eines Beispiels aufgezeigt.

Ausgangslage:
Frau Mayer hat an der damaligen Hochschule St. Gallen Betriebswirtschaft studiert. Ihre Motivation für das Studium war, Karriere zu machen und einmal Managerin zu werden und somit Einfluss und ein gutes Einkommen zu erlangen. Denn sie wollte auf keinen Fall so ein Leben wie ihre Mutter haben: nur daheim für Mann und Kinder zuständig zu sein und sonst praktisch nichts zu sagen zu haben. Nach ihrem Studium trat sie in einen mittelständischen Betrieb als Sachbearbeiterin im Bereich Marketing ein. Da sie stetig ihr Ziel verfolgte, dementsprechend viel Einsatz zeigte und eine mehr als zufriedenstellende Leistung erbrachte, wurde sie vor vierzehn Jahren nach der Pensionierung ihres Vorgesetzten zu seiner Nachfolgerin gemacht und Leiterin der Marketingabteilung.

Obwohl sie nun sehr zufrieden sein könnte, merkt Frau Mayer aber schon seit längerem, dass sie sich erschöpft fühlt. Sie arbeitet ihre To-do-Listen ab. Sie ist innerlich nicht mehr bei ihrer Arbeit dabei, hat praktisch schon innerlich gekündigt, handelt ohne jedes Engagement und oberflächlich (das entspricht dem provisorischen Engagement, der Grundbewegung dieser Schutzreaktion). Obwohl sie irgendwie spürt, dass es nicht stimmt, redet sie sich ein, dass sie eine sinnvolle Aufgabe und eine ganz tolle Stelle hat, weil sie ja ihrem lebenslangen Streben entspricht (das ist eine Rationalisierung im Sinne einer Kontextschaffung, also ein Aktivismus dieser Schutzreaktion). Es fällt ihr auf, dass sie schon seit einem knappen Jahr am Abend (anfänglich weniger, in letzter Zeit mehr) Rotwein trinkt, um abschalten und anschließend besser schlafen zu können (Problembetäubung bei aufkommender, noch unterschwelliger, kaum bewusster Verzweiflung und Aussichtslosigkeit – Was soll sie denn tun? Sie hat keinen anderen Lebensplan. Sie kann doch nicht kündigen, obwohl sie es heimlich und innerlich schon getan hat.). In letzter Zeit rutschen ihr auch immer wieder zynische Bemerkungen über Mitarbeiter oder über das Unternehmen über die Lippen, etwas, das sie früher nie gekannt hatte (aggressives Reaktionsmuster der Schutzreaktion bei Sinnlosigkeit).

Auch Frau Mayer geht nach dem Fragebogen aus dem Anhang vor:

Will ich in dieser Organisation sein? Will ich dieses Arbeitsleben und diese Tätigkeit?

Frau Mayer will in dieser Organisation sein. Eigentlich könnten das Arbeitsleben und die Tätigkeit darin ganz gut und sinnvoll sein.

Weiß ich und spüre ich, wozu meine Arbeit gut ist? Sehe ich den Zusammenhang, das größere Ganze, in dem ich hier in dieser Organisation, in meinem Aufgabenbereich und Tätigkeitsfeld stehe und wofür ich arbeite? Spüre ich, dass ich an dieser Arbeitsstelle benötigt werde, und auch, dass ich das machen soll? Fühle ich mich an der richtigen Stelle?

Frau Mayer kann diese Fragen teilweise mit einem Ja beantworten – sie weiß es, spürt es aber nicht.

Warum? Was habe ich?

Sie weiß, dass durch ihre Marketingaktivitäten der Verkauf und Umsatz positiv beeinflusst werden, was zur Existenz des Unternehmens und somit auch der darin arbeitenden Menschen beiträgt. Auch gibt es immer wieder neue Herausforderungen, an denen sie wachsen kann und bei denen sie Interessantes lernen kann.

Was fehlt und was davon bräuchte ich?

Frau Mayer merkt, dass sie nicht mit innerer Zustimmung arbeitet. Sie hat den Fokus viel zu sehr auf ihre Karriere, ihren Einfluss und ihr Image gelegt. Es ging ihr also primär immer um sich selbst. Ihr fehlt der Blick bzw. die mentale Beschäftigung mit den Arbeitsinhalten.

Was hätte ich gerne anders? Was kann ich selbst ändern oder in Gang bringen?

Frau Mayer möchte sich mehr auf die Gründe ihres Tuns fokussieren, also den Wert der einzelnen Tätigkeiten überlegen und von ihrem vorwiegenden Streben nach Erfolg und Karriere Abstand nehmen.

Aktionsplan – Was mache ich?

Frau Mayer wird nach ihrem Urlaub versuchen, mit ihrer Aufmerksamkeit ganz bei den Inhalten ihrer Arbeit und bei ihren Gesprächspartnern zu sein, sich also bewusst im Hier und Jetzt aufhalten und das, was sie tut, ganz tun, ohne damit etwas zu bezwecken oder ein Ziel für sich selbst zu verfolgen. Sie möchte versuchen, einmal „selbstlos" in dem aufzugehen, ganz und nur in dem zu sein, was sie gerade tut. Sie wird prüfen, ob das, was sie gerade tut, die wertvollste Möglichkeit in der Situation ist. Denn so ist der existentielle Sinn in der Logotherapie formuliert – sich also dem hinzugeben, verspricht, einen Sinn zu bekommen. Sie wird also versuchen, den Wert ihres Handelns zu sehen und die Situation auszukosten und zu genießen (Erlebniswert), das für sie und ihr Umfeld Beste daraus zu machen, einen Beitrag zu leisten (schöpferische Werte) und wo sich eine Situation nicht ändern lässt, um eine konstruktive Einstellung bemüht zu sein (Einstellungswerte).

5.4.7 Die personalen Aktivitäten der vierten Säule: sich in Übereinstimmung bringen und sinnvoll handeln

Nachdem wir ausführlich die automatischen Schutzreaktionen beschrieben haben, soll jetzt der Frage nachgegangen werden, was man bewusst und entschieden, also freiwillig und nicht automatisch tun kann, um Sinn in sein Leben zu bringen, d.h. um sich personal in einen größeren Kontext einbinden zu können. Wie wir gesehen haben, braucht es dazu einen selbst: Sinn verlangt, dass man sich selbst persönlich einbringt. Dazu reicht es aber nicht, einfach nach einem vorgefertigten Plan oder einem Ziel vorzugehen, wie das Beispiel von Frau Mayer gezeigt hat. Es geht in dieser vierten Säule der Prävention um ein Sicheinbringen in die Situation, in die Welt.

Dafür ist eine Handlung unumgänglich: sich zuerst mit der Situation und den Anfragen der Situation *abzustimmen* und dann danach zu trachten, sich in *Übereinstimmung* zu bringen mit dem Innen und Außen, und entsprechend dann auch tatsächlich zu handeln. Diese Übereinstimmung verlangt eine Klärung der Ausrichtung, nämlich wofür und wozu man es macht oder eben nicht macht. Nur wenn man den Zusammenhang sieht, in dem das steht, was man tut, wenn man die konkrete Anfrage und das damit verbundene Tätigkeitsfeld fassen kann und sich auf einen Wert in der Zukunft hin ausrichtet, kann das Gefühl und Erleben von Sinn aufkommen. Alle diese Strukturen gelten gleichermaßen für das private wie berufliche Leben. Existentiell gesehen besteht da kein Unterschied.

Um also Sinn in der Arbeit finden zu können, braucht es ein „Sich-in-Übereinstimmung-Bringen" und daraus resultierendes entschiedenes Handeln. Das entschiedene Handeln gibt die Rückmeldung, ob es sich um einen realistischen Sinn handelt, der sich also tatsächlich in unserer Welt und durch mich realisieren lässt, oder ob es eher um einen Wunsch, eine Fantasie oder einen Traum geht.

Prophylaktisch oder auch schon von Burnout-Symptomen betroffen, kann man sich fragen:
Wie offen bin ich für die Möglichkeiten, Angebote und Anfragen der Situation? Was will z.B. der heutige Tag von mir, oder diese Stunde, oder die nächste Minute?
Denke ich das, was jetzt ansteht, was mich jetzt fragt, oder fühle ich es auch? Bin ich da zu sehr im Kopf, zu vernünftig, zu rational, zu sehr auf den Nutzen orientiert, oder wirklich offen und empfänglich für die Schwingungen, die in mir entstehen in solchen Situationen?
Sehe und fühle ich mich eingebettet in den jeweils größeren Rahmen dessen, wo ich gerade stehe: in der Beziehung, Familie, unter Freunden oder in der Arbeit? Fühle ich diese Eingebundenheit und mag ich sie? Ist sie mir wertvoll, wichtig, oder beengt sie mich, lehne ich sie ab? Was hätte ich dann zu tun, um das zu verbessern, worin ich stehe?
Sehe ich meine konkreten Tätigkeitsfelder oder Erlebnisbereiche, die sozusagen „auf mich warten"? Kann ich so konkret werden und mir sagen, was genau jetzt der größte Wert ist, in dieser Minute: nachzudenken, eine Musik aufzulegen, und zwar genau diese oder jene, weil die dazu passt, mit den Gedanken joggen zu gehen, mit dem Partner zu sprechen, ein Telefonat endlich zu führen?
Kann ich benennen, um welchen Wert es mir bei dieser Tätigkeit geht, bei jenem Erleben, was daraus werden soll? Was ist das Gute, auf das ich ausgerichtet bin, das ich erhoffe, das ich anstrebe, für das ich mir Zeit nehme und Mühe aufbringe?
Spüre ich konkret, was ich gerade tun soll, um Sinn in mein (Arbeits-) Leben zu bringen, um mich in meinen größeren Kontext einbinden zu können? Vielleicht habe ich ein konkretes Gefühl, vielleicht eines, das mir gar nicht lieb ist, mir einen Strich durch die Rechnung macht – aber ehrlicherweise ist es dennoch da und klopft innerlich schon längst an ...?

Mit solchen Fragen und im Lichte auch dieser vierten Säule der Prävention kann man sich und sein Leben in einen größeren Horizont stellen. Damit weitet man die reine und kleine Häuslichkeit der Bedürfnisse und des Wohlfühlens. Man stellt sich in den Wind des Lebens, steht anderen Menschen zu Diensten und zur Verfügung, um etwas in ihrem Leben zu verbessern – und erntet die Genugtuung, dass man für etwas Wertvolles in der Welt gelebt hat, für sich ebenso wie für andere. Durch diese offene Haltung der Sinnsuche vernetzt man sich, verbindet man sich mit dem anderen und schafft mit an der menschlichen Gemeinschaft, in der man selbst aufgehoben ist.

6 Wenn Hindernisse den Weg blockieren – nicht aufgeben, sondern anpacken!

Prävention ist immer besser als Heilung. Doch leider kann nicht alles im Vorfeld verhindert werden. Wir erfahren im Leben immer wieder Verletzungen, Defizite oder Blockaden, die einen reibungslosen Ablauf unserer Arbeit behindern, die uns Probleme machen oder uns belasten, demotivieren und leiden lassen. In solchen Situationen, wenn die bestehenden Probleme zu groß sind, reichen Präventionen nicht mehr aus oder kommen schon zu spät. Dann ist es notwendig, auf der Ebene der Prozesse vorzugehen und über sie – d.h. im existentiellen Vorgehen des Mobilisierens der personalen Dynamik – zu einer Verbesserung der Struktur zu kommen. Dieses prozessorientierte Vorgehen ist der Inhalt dieses Kapitels.

Rufen wir uns kurz nochmals in Erinnerung, was wir schon ausführlich im Kapitel 1 beschrieben haben: Um nicht einfach nur zu leben, sondern dem Leben eine besondere Charakteristik zu geben, um es ganz zu leben, um diese Ganzheit auch zu fühlen, braucht es die eigene innere Zustimmung zu dem, was man tut. Dadurch kann man ganz da sein und leben. Leben wir Ganzheit, so empfinden wir sie subjektiv als Erfüllung. Und all das gilt auch für die Arbeit, denn Arbeit ist auch Leben. Wir haben auch den Weg beschrieben, wie wir zu dieser Ganzheit kommen können. Er geht über die Strukturen der Existenz, über die Erfüllung der Grundbedingungen der Existenz. Darum können sie auch die Säulen der Prävention sein: das Ja zur Welt, die Beziehung zum Leben, das Sich-selbst-Sein und das Leben in größeren Kontexten. Die Zustimmung bündelt die existentiellen Grundstrebungen Können, Mögen, Dürfen und Sollen.
Diese existentielle Struktur ist so grundlegend, dass sie auch Grundlage für das prozesshafte Vorgehen zur Bearbeitung von Hindernissen ist. Darum geben diese vier Strukturen die Einteilung dieses Kapitels ab, wie schon zuvor in der Burnout-Prävention. Doch werden die Strukturen nun angereichert mit prozessualen Schritten zur Bearbeitung der Blockaden, Defizite oder Störungen. Dazu dient die in der Praxis erprobte und bewährte Methode der Personalen Existenzanalyse (PEA – siehe Kapitel 1). Die Methode eignet sich für alle Formen von Störungen, für leichte ebenso wie für schwere, und auch für präventive Schritte zur Verarbeitung von Unklarem, Unverstandenem, Schwierigem usw. Abgesehen von ihrer zentralen Anwendung in der Psychotherapie kann die Personale Existenzanalyse daher auch in der Beratung und im Coaching mit den-

selben Schritten zum Einsatz kommen. Für existentielle Vorgangsweisen wichtig ist immer die Frage, was der Betroffene selbst dazu tun kann, um seine Bedingungen zu verändern.

Es folgt hier zunächst ein Überblick über die Schritte der PEA, des Prozessmodells der Existenzanalyse, entlang derer blockierte Verarbeitungsmodi entdeckt und bearbeitet werden können. Der Leser kann aber diese Beschreibung überspringen, da in den folgenden Bearbeitungen der Grunddimensionen der Existenz die PEA bei jedem Schritt wieder systematisch angewandt wird. Doch mag es von Interesse sein, sich zuerst ein Bild zu verschaffen von den Prozessschritten.

1. **Deskription:** Jeder Veränderungsprozess beginnt mit einer Wahrnehmung und Erfassung der Situation. Es ist daher eine möglichst sachliche Beschreibung der Fakten nötig: *Was* liegt vor? In der Existenzanalyse wird dieser Schritt als PEA-0 bezeichnet, weil er einen allgemeinen ersten Schritt darstellt, der noch nichts Spezifisches aus der Existenzanalyse beinhaltet.

   Bezogen auf die Arbeitswelt bedeutet das, jedes Problem, jede Schwierigkeit gut anzuschauen (und evtl. jemandem zu schildern). Man beschreibt nur das, was wirklich vorliegt, keine Vermutungen, keine Überlegungen, nur die „reine Tatsache“: Was hat die Person wirklich gesagt, was hat sie getan, was waren die konkreten Umstände, wie haben andere darauf reagiert usw.?

   Bei Ängsten um die Arbeit kann man sich z.B. fragen: Was ist es denn konkret, das Angst macht? Wovor genau habe ich Angst? Bin ich beruflich nicht gesichert? Oder haben die Ängste mehr mit der persönlichen Situation zu tun, mit der aktuellen oder mit der Vergangenheit? Welche Gedanken gehen mir durch den Kopf und was haben sie mit der Wirklichkeit zu tun? Welche konkreten Informationen habe ich? Was ist geschehen? – Es geht nur um die nüchternen Fakten, nicht um die Möglichkeiten, denn möglich ist prinzipiell fast alles in der Welt, da kommt man nie zu einem Ende. Bei der Angst also: Was deutet darauf hin, dass dies oder jenes passieren könnte? Welche Anzeichen gibt es? Darauf richtet sich die Aufmerksamkeit. Von den Fantasien ist Abstand zu nehmen.
2. **Gefühl:** Um den persönlichen Boden zu finden und sich zu stärken, sind die Gefühle wichtig, ein Faktor, der gerade in der Berufswelt oft übergangen oder abgewertet wird. Doch jeder Mensch hat Gefühle und sie haben eine wichtige Wahrnehmungsfunktion. Darum ist es immer wichtig, sich zu fragen: *Wie* ist das für mich? Wie berührt es mich, welche Gefühle löst

es in mir aus? Welche spontanen Impulse sind damit verbunden? – In der Existenzanalyse ist das PEA-1.
In unserem Beispiel hieße das: Welche Gefühle kommen beim Denken an die berufliche und/oder persönliche Situation auf? Wie fühlen sich die Ängste an? Wonach drängen sie mich? Was täte ich am liebsten? Es geht darum, es sich einzugestehen, nicht darum, es zu tun.

3. **Stellungnahme:** Den Boden in der Bearbeitung der Schwierigkeiten erreicht man, wenn man zur eigenen Stellungnahme kommt. Auf der Basis der Gefühle und des Verstehens fragt man sich: *Was halte ich persönlich davon?* Ist das richtig, was da geschehen ist? Wird es mir bzw. der Situation gerecht, stimmt das so? Will ich da etwas tun? – In der Existenzanalyse ist das PEA-2.
Die Stellungnahme enthält eine Bewertung aller relevanten Werte. Sie geschieht auf der Basis des eigenen Erlebens und Fühlens. Wichtig für die Bearbeitung von Problemen ist, dass man nicht versucht, „abgehoben" auf die Themen zu schauen, sondern sich „existentiell einbindet" und versucht, seine Gefühle zu fassen und zu verstehen. Das ermöglicht dann auch die Willensbildung als praktischen Ausfluss der Stellungnahme.
Konkret kann man sich bei den Ängsten fragen: Verstehe ich meine Gefühle und meine Reaktion? Was halte ich von ihnen und von der Situation, in der sie auftreten? Sind die Ängste realistisch? Sind sie übertrieben? Sind sie unnötig? Werden sie der Situation und mir gerecht? Bekomme ich die Ängste, weil ich mich nicht richtig verhalte? Will ich etwas tun in der Situation? Was?
4. **Verhalten:** Der ganze Prozess der inneren Verarbeitung, des Fühlens und Findens der eigenen Stellungnahme und dessen, was man wirklich aus sich heraus tun will, verlangt nach einem Ausdruck. Es soll das Gefundene in die Welt gebracht werden. Daher stellt sich die praktische Frage: *Wie kann das konkret umgesetzt werden,* was man will? – In der Existenzanalyse ist das PEA-3.
Bei den Ängsten ist abschließend ein „strategisches Vorgehen" zu überlegen: Was ist jetzt am geschicktesten zu tun? Mit welchen Gegenreaktionen habe ich zu rechnen? Es ist wichtig, die Vorgangsweise ganz konkret zu machen: Was kann ich heute konkret tun, um mehr Sicherheit zu erlangen? Mit wem? Wie? Wann? Mit welchen Mitteln?

Kann man sich selbst mit solchen Anleitungen nicht helfen, ist Fremdhilfe angeraten. Man kann sich selbst eine Verwundung verbinden und zum Abheilen bringen, aber operieren kann man sich nicht selbst. Es ist kein Makel, Fremdhilfe zu holen, wir tun es jeden Tag und sind uns dessen oft gar nicht bewusst: wenn wir einkaufen, tanken, den Steuerberater kontaktieren, den Kollegen um einen Gefallen bitten etc.

Man kann nun diese potenten Schritte der Selbst-Stärkung und Situationsklärung in jeder Dimension der Existenz anwenden, wenn es in ihr zu Blockaden oder Problemen kommt. Die PEA ist inhaltlich nicht gebunden, sondern universell anwendbar – aber nur bei Menschen, nicht bei Sachthemen. Sie hat eine ähnliche Funktion, wie wenn man verstopfte Rohre wieder durchgängig macht oder verkehrsbehindernde Objekte von der Straße entfernt. Legt man dieses prozessuale Vorgehen der PEA systematisch an, dann ergibt sich *innerhalb der Strukturen der Existenz folgender Ablauf:*

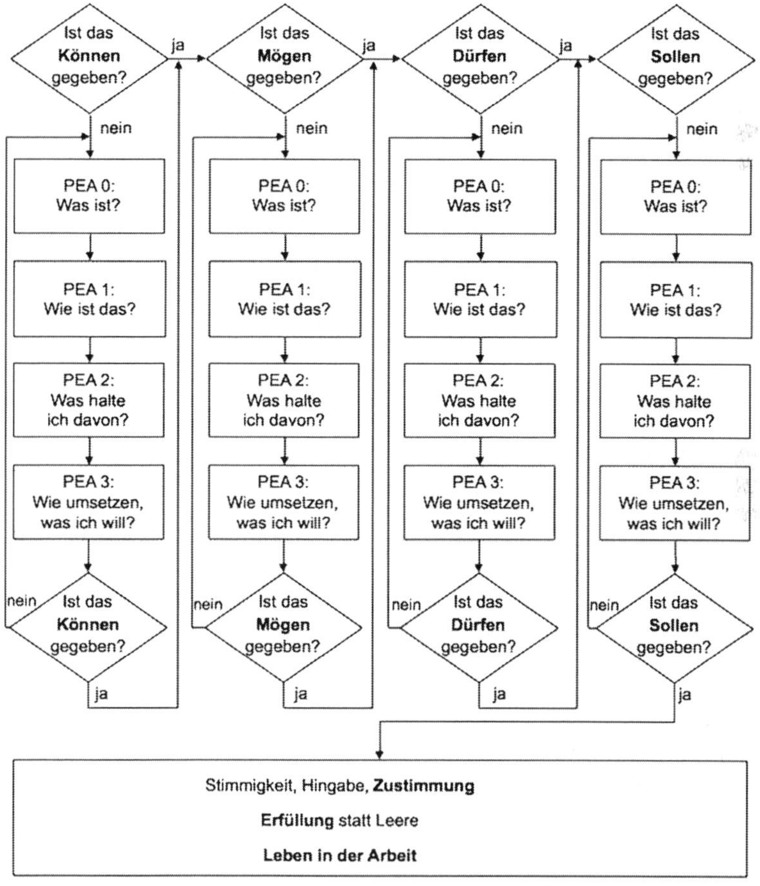

Abb. 21: Vorgehen, um zu einem erfüllteren Leben in der Arbeit zu gelangen

6.1 Erster Schritt: Das Können ist die Grundlage von allem

Wir erinnern uns: Um in der (Außen- und Innen-)Welt sein zu können, braucht der Mensch Schutz, Raum und Halt in der Welt (vgl. Kapitel 5.1.2). Ist dies aber trotz der Burnout präventiven Maßnahmen (Kapitel 5.1.4) oder aufgrund zu großer Probleme bzw. Hindernisse nicht ausreichend gewährleistet, so ist ein größerer Hebel angebracht, wofür die Personale Existenzanalyse (PEA) dienen kann.

6.1.0 Die Faktenlage: Was liegt vor? (PEA-0)

Um zu richtigen und befriedigenden Entscheidungen zu kommen und sich adäquat verhalten zu können, ist ein Ansetzen ganz an der Basis der Entscheidungskette eine Voraussetzung. Die Basis von allen Prozessen sind die Fakten: Was behindert das Können, die Vernetzung mit der Welt? Diese gilt es gut wahrzunehmen und zu beschreiben, für sich selbst oder natürlich im Gespräch mit anderen. Die Gegebenheiten, Bedingungen und sachlichen Umstände können bereits ein erstes Hindernis auf dem Weg zur Erfüllung in der Arbeit darstellen. Die Klärung des Faktischen schafft Transparenz und gibt Schutz, Raum und Halt bei der Arbeit. Es entsteht Orientierung und Vertrauen. Darum ist es wichtig, zuallererst wahrzunehmen, was ist.

Um in der Vielfalt der zu bedenkenden Fakten eine Struktur zu finden, wird im Folgenden eine Art Checkliste angeführt, die gegliedert ist nach Organisation, Führung und Individuum. Sie dient mehr der Anregung und erhebt keinen Anspruch auf Vollständigkeit.

1. **Organisationale Ebene:**
   Dieser Abschnitt wird in zwei Teile geteilt: Zuerst werden einige wichtige Bereiche skizziert, die zur strukturellen Basis von Unternehmen gehören, um danach einige mögliche Problemfelder aufzuzeigen, die dann mithilfe der Prozessdynamik bearbeitet werden können. Es soll hier ja nicht um eine vollständige Organisationsbeschreibung gehen und auch nicht um eine Beschreibung aller möglichen Problemfelder und ihrer methodischen Bearbeitung, sondern um das Aufzeigen des Prinzips, nach dem vorgegangen werden kann.

a) *Die organisationale Basis:*
Auf der organisationalen Ebene geht es zuerst einmal um die Positionierung des Unternehmens im Markt und wodurch es sich definiert (Kernkompetenz, Mitbewerber, Selbstverständnis gegenüber Stakeholdern). Diese Abstimmung des Unternehmens auf den Bedarf der Außenwelt und die Selbstdefinition sind grundlegende unternehmerische Aufgaben, bei denen oft genug gravierende Fehler passieren, sodass man seine Kompetenzen überschreitet oder am Markt vorbei handelt. Jeder weiß, dass eine fehlende Abklärung der Faktenlage tödlich sein kann für das Unternehmen. Im Weiteren sind natürlich die konkreten Strukturen der Organisation zu beleuchten, ihre Angemessenheit (Erprobtheit) und Akzeptanz bei den Mitarbeitern, die Art des Beteiligtseins der einzelnen Mitarbeiter an den Abläufen usw. Weiters sind auch Stärken und Schwächen, Ressourcen und Risiken zu analysieren (z.B. kann das durch eine SWOT-Analyse zu Finanzlage, Personalmarkt und Mitarbeitern, Produkten, Marktposition und Marktpotenzial geschehen).
Eine „gesunde" Organisation gibt den Mitarbeiter frei, sodass er sich seinen Aufgaben widmen kann. In solchen Organisationen trachtet man danach, dass die Mitarbeiter nicht unter Druck stehen oder ständig Rückstände aufholen müssen. Bedrohungen und Krisen im Unternehmen werden tunlichst abgefangen. Wenn das Unternehmen z.B. finanziell so angeschlagen ist, dass es um das Überleben kämpfen muss und kaum mehr Entscheidungsspielraum hat, drückt die Unternehmenslage nicht nur die Qualität der Leistung der Mitarbeiter, sondern belastet auch ihr Befinden und ihre Gesundheit.
Zu den Strukturen des Unternehmens zählen auch die Informationspolitik und der *Informationsfluss.* Es ist ohne Zweifel förderlich für das Wohlbefinden und damit für die Gesundheit der Mitarbeiter, wenn eine offene Kommunikation herrscht und sie wesentliche Dinge nicht viel zu spät (wenn beispielsweise schon die „Gerüchteküche" brodelt) oder von Dritten (z.B. aus den Medien) erfahren.
Ganz nahe am Praktischen angesiedelt ist, dass die einzelnen Mitarbeiter Voraussetzungen vorfinden, die ihnen ein gutes Verrichten ihrer Arbeit ermöglichen (z.B. Informationen, Arbeitsunterlagen, EDV-Programme, Werkzeuge). Dazu zählt auch, welche räumlichen Gegebenheiten den Mitarbeitern geboten werden: der Arbeitsplatz selbst, die Gestaltung der Besprechungsräume, ob es für Mitarbeiter Zufluchtsräume gibt (z.B. Ruheräume) und ob es dem Einzelnen möglich ist, mobil zu arbeiten (z.B. Raumwechsel, höhenverstellbare Schreibtische etc.).

Zu einem ausführlichen Erfassen der Strukturen des Systems gehören auch Regelmäßigkeiten in der Organisation, die sich unter anderem in Normen, Gesetzen, Traditionen und evtl. Ritualen abbilden. Diese Themenbereiche werden auch in den anderen Dimensionen wieder aufgenommen. Hier sind sie von Bedeutung, weil sie Halt für den Einzelnen und eine Berechenbarkeit geben (wenn z. B. jeden Herbst Mitarbeitergespräche durchgeführt werden, alle zwei Jahre eine Mitarbeiterbefragung zum Thema Mitarbeiterzufriedenheit oder -bindung gemacht wird usw.).
Es stellt sich generell die Frage, ob eine *Vertrauens*- oder eine Misstrauenskultur im Unternehmen besteht. Dazu zählt beispielsweise, ob bei den Geschäftsbeziehungen Verlässlichkeit und Treue (z. B. bei Mitarbeitern, Lieferanten, Kunden und Geldgebern) gelebt wird.
In jeder Organisation gibt es Umstände und Situationen, die *Ängste* erzeugen (die verschiedenen Formen von Ängsten wurden schon in Kapitel 5.0 beschrieben). Für Stabilität und Funktionalität der Organisation ist es wichtig, zu erfassen, welche Ängste es in der betreffenden Organisation im Zusammenhang mit der Organisation, ihrer Führung und dem Arbeitsbereich gibt.
Noch viel Weiteres ist zu berücksichtigen, wie z. B. die konjunkturellen Rahmenbedingungen, der Kapitalmarkt, die Währung (z. B. Stärke und Schwankungen), die politischen Verhältnisse, die Gesetzeslage bzw. rechtlichen Bestimmungen und auch, in welchem Kulturkreis und Wertgefüge sich das Unternehmen befindet. All das spielt eine Rolle nicht nur für das Unternehmen als Organisation und für seine Produktivität, sondern es findet auch mehr oder weniger Niederschlag auf die Gesundheit und Stabilität der Mitarbeiter.

b) Problembereiche:

Im Rahmen der Organisationsstruktur ergeben sich naturgemäß Spannungsfelder und Schwierigkeiten, Verschiebungen von Bereichen, Entwicklungen, die eine Veränderung (Change) verlangen usw.

- So kann z. B. im Ablauf der Prozesse ein erhöhtes Stresspotenzial für die Mitarbeiter entstehen, weil neue Verordnungen zusätzliche Kontrollen in der Umweltbelastung der Produktion verlangen, für die aber kein geeignetes Personal zur Verfügung steht. Auflagen in der Entsorgung und Produktbeschreibung bringen das Marketing unter Stress, eine Grippewelle legt das halbe Unternehmen lahm, ohne dass dem Druck und den Folgekosten der nicht eingehaltenen Termine entkommen werden kann usw. Jedes Unternehmen kennt das.

Es können sich innerorganisationale Fragen ergeben: Sind die *Zuständigkeitsbereiche* und „Terrains" der einzelnen Mitarbeiter ausreichend geklärt und den betroffenen Personen und ihren Schnittstellen bekannt, sodass reibungsfreie Abläufe weitgehend gewährleistet sind? Solche Probleme tauchen oft auf, wenn sich jemand innerhalb der Gruppe besonders breit macht oder wenn neue Probleme zu bewältigen sind.

Wir sprachen vom Grad der Freiheit und von Gestaltungsräumen im Unternehmen. Diese zeigen sich beispielsweise daran, ob man stark genug ist, Aufträge wegen voller Auftragsbücher, ethischer Bedenken oder wegen eines Mangels an kompetenten Mitarbeitern abzulehnen. Oder sie werden auch daran deutlich, ob genügend Spielraum ist, um ein Projekt starten zu können, z.B. zur Burnout-Prävention und Gesundheitsförderung.

Ein anderes Thema kann das Vertrauen im Unternehmen betreffen. Wie stark ist das Vertrauenspotenzial in unserem Unternehmen? Und wie gut kann ich selbst vertrauen? Wie viel Vertrauen wird mir entgegengebracht? Man kann bemerken, dass das Vertrauen in der letzten Zeit geschwunden ist, dass Ängste auftauchten, dass man selbst vielleicht auch Ängste entwickelt hat.

Man kann auf der ganz persönlichen Ebene merken, dass das Wohlbefinden in der letzten Zeit gelitten hat. Welche Rolle spielen dabei die Wirtschaftslage, das Betriebsklima, die eigene Kompetenz, der Gesundheitszustand?

2. **Führungsebene:**

Die Führungsebene beinhaltet sowohl ein Fordern (Zielvereinbarung und -kontrolle) als auch ein Fördern (Unterstützung und Entwicklung der Mitarbeiter). Es braucht in dieser Dimension von Seiten der Führung Information, Daten, Fakten, Wissen, Strukturen und Vorgaben, aber auch Unterstützung und persönliche Beteiligung der Führungspersonen (für eine ausführliche Darstellung existentieller Führungsmerkmale und -stile vgl. Johner, Bürgi, Längle in Vorb.).

Die Existenzanalytiker Kinast und Milz (2013, S. 29) legen im Rahmen einer organisationstheoretischen Beschreibung viel Gewicht auf eine Personen stärkende Organisationskultur, um bei den Mitarbeitern Engagement und Leistung zu fördern. Als Grundbedingung sehen sie eine Kultur der Transparenz, der Orientierung und des Vertrauens. Dazu zählen klare Aufgaben und Zuständigkeiten, Orientierung der Mitarbeiter durch Information, Kontinuität und verlässliche Vereinbarungen. Ansonsten herrsche bald eine Kultur der Angst, Verunsicherung, strukturellen Desorientierung und Unverbindlichkeit. Um die Personen stärkende Kultur zu fördern, empfehlen sie aus Führungssicht (ebd.):

- Für das Einhalten der Aufgaben, Kompetenzen, Verantwortungen sorgen und klare Aufträge erteilen.
- Orientierung geben durch persönliche Information und Kommunikation über die Ziele und Ausrichtung der gesamten Organisation.
- Bei Top-down-Entscheidungen die Hintergründe transparent machen, Gestaltungsräume sichten und definieren.
- Eine gute Einführung neuer Mitarbeiter (sowohl in die Organisation selbst als auch in fachlicher Hinsicht) organisieren (beispielsweise durch ein Mentoring-Programm).
- Gezielt fachliche Weiterbildungen veranstalten.
- Bei der Teamentwicklung auch die Zusammenarbeit klar regeln.
- Das Thema der Personalausstattung und -ressourcen proaktiv ansprechen.
- Vereinbarungen auf realistische Umsetzbarkeit überprüfen und, falls diese nicht eingehalten werden können, offen Stellung beziehen.
- Bei Problemen den Mitarbeiter nicht alleine lassen und in Grenzsituationen klare Ansprechpartner zur Verfügung stellen.
- Vertrauen und Zutrauen in den Mitarbeiter aussprechen.

Wenn nun eine Führungskraft vor dem Problem steht, dass sie überfordert ist von einer Situation, dass sie schlichtweg „nicht machen kann“, was jetzt von ihr gefordert wird, dann kann ihr die prozessuale Vorgangsweise helfen, die Situation zu klären und vielleicht einen Weg zu finden, zu dem sie stehen und mit dem sie sich identifizieren kann. Es gibt viele schwierige Situationen in Führungsaufgaben, in denen man anfangs nicht weiß, wie man es machen soll, was am besten zu tun ist, was man sich zutrauen kann, was einem zu viel wird, wovor man Angst hat, oder die einem einfach mehr Stress machen, als man erwarten würde.
So kann z.B. eine Führungskraft in der neuen Position überfordert sein, weil sie sich gegenüber einem ehemaligen Kollegen (mit dem sie sich gut versteht) durchsetzen muss, der trotz mehrmaliger Gespräche den Leistungsanforderungen nicht entspricht. Für eine junge Führungskraft ist das ein schwieriges Problem einem vorher gleichgestellten Kollegen gegenüber.
Eine andere, leider nicht so seltene Situation für Führungskräfte ist das Suchtverhalten von Mitarbeitern, die trotz Thematisierung keine Hilfe in Anspruch nehmen. Das ist ja auch ein typisches Symptom der Sucht, dass sie geleugnet wird und lange Zeit keine Motivation zur Behandlung besteht.

Schwierig wird es für eine neue Kraft, die innerhalb der Führungsposition überraschenderweise mehr mit der Zentrale im Ausland zu tun hat, wenn ihr schlichtweg die Sprachkenntnisse fehlen, um sich verständlich zu machen.
Diese wenigen Beispiele aus der Praxis sollen vorerst als Illustration genügen.

3. **Individuelle Ebene:**
Für unser Anliegen, d. h. für die Burnout-Prävention, Gesundheitsförderung und für ein erfüllendes Arbeiten, soll man selbst bzw. der einzelne Mitarbeiter erleben können, dass man (bzw. der Mitarbeiter) in seiner Organisation mit seinem Können und mit den gegebenen Rahmenbedingungen gut angenommen ist und seinen Platz hat. Das wird im besonderen Maße gefördert durch Vertrauen, Angenommensein, eigene Kompetenzen usw., wie in Kapitel 5.1.1 und 5.1.2 beschrieben.
Gerade das *Vertrauen* spielt am Arbeitsplatz eine große Rolle. Es beinhaltet sowohl das Vertrauen in sich selbst (bezüglich seiner Kompetenzen für die Arbeitsaufgaben und im Umgang mit den Geschäftspartnern) als auch das Vertrauen in die anderen, in seine Anspruchsgruppen bzw. Stakeholder (Führungskraft, Kollegen, Kunden, Lieferanten etc.) und in die Organisation selbst. Wichtig ist auch das Vertrauen, das man von außen bekommt und das in einen gesetzt wird (Traut man mir etwas zu?). Fehlendes Vertrauen macht unsicher und führt zur Entwicklung von Ängsten. Daher sind die Ängste ernst zu nehmen, denn sie verweisen immer auf Schwachstellen in Strukturen im Außen oder im Innen. Sind die Ängste realistisch, so sollen sie einen veranlassen, Vorsicht walten zu lassen (z. B. Angebot noch einmal genau durchlesen und überprüfen, bevor es dem Kunden geschickt wird). Wenn sie jedoch unrealistisch sind und einen zu lähmen beginnen, brauchen sie besondere Zuwendung und evtl. Behandlung, z. B. wenn man aus Angst, einen Fehler zu machen, nur noch nach genauen Anweisungen arbeitet oder keine Verantwortung mehr übernimmt, oder aus Angst vor Arbeitsplatzverlust einen Aktivismus (z. B. Dienst nach Vorschrift) einsetzt.
Das *Annehmen* und Angenommensein hat ein doppeltes Gesicht, nämlich dass man einerseits sich selber annehmen kann und dass man andererseits von den Kollegen, vom Chef und von Geschäftspartnern angenommen wird. Der Mitarbeiter soll das Gefühl haben, dass er in dieser Organisation mit ihren Rahmenbedingungen angenommen ist, aber auch dass er selbst die Bedingungen annehmen kann.

Die *Kompetenzen* haben nicht nur mit Kenntnissen und Fertigkeiten, sondern auch mit Übung und Erfahrung zu tun. Sie stellen die „Werkzeuge“ dar zur erfolgreichen Erfüllung der Aufgaben. Dazu werden unterschiedliche Kompetenzbereiche benötigt, wie z.B. Fach-, Methoden-, Problemlösungs-, Sozial-, Selbstführungs- und Führungskompetenzen der Mitarbeiter. Man wird sich selbst immer wieder fragen, ob man für ein anstehendes Projekt auch die nötige Kompetenz hat, wie man sie erwerben kann oder ob man sie beiziehen muss. Das Gebiet ist ungeheuer vielfältig. Wir möchten gerne auf ein Kompetenzmodell zurückgreifen, das einen praktischen Einblick gibt in die Auswahl und die Vielzahl der Kompetenzen, die von den einzelnen Personen gefordert sind. Es stammt von einem Schweizer Unternehmen. Das Modell beinhaltet folgende Kompetenzen: Fachwissen, Beherrschung von Methoden und Werkzeugen, Planungs- und organisatorische Fähigkeiten, analytische Fähigkeiten zum Lösen komplexer Probleme, Entscheidungsfähigkeit, Kommunikationsfähigkeit, Teamfähigkeit, Umgang mit Konflikten, interkulturelle Orientierung, Fachberatung und Unterstützung, Überzeugungsfähigkeit, Integrität und Loyalität, Eigeninitiative, Innovationsfähigkeit, Verantwortungsbereitschaft, Qualitäts- und Ergebnisorientierung, Kundenorientierung, unternehmerisches und strategisches Denken und Handeln, Veränderungsbereitschaft.

Bei den Führungskompetenzen wird darauf geachtet, wie der Betreffende Motivator, Coach und Entwickler für seine Mitarbeiter ist, welche Ergebnisse seine Abteilung liefert und ob er ein Leader ist (vgl. die praktischen Hinweise für Führungskräfte bei Grobner 2016).

Es ist leichter, zu einer Erfüllung in der Arbeit zu gelangen, wenn auch das Thema *Raum* (Ort, Platz – sowohl physisch als auch im übertragenen Sinne) Berücksichtigung findet. Jeder Mitarbeiter benötigt seinen Raum und sollte das Gefühl haben, sich den für ihn notwendigen Raum auch nehmen zu können. Nur so kann er seinen Platz in der Organisation finden bzw. einnehmen. Die Raumfrage ist natürlich auch abzustimmen mit den anderen: Wie viel Raum nimmt der Einzelne im Team ein und wie viel Raum wird ihm gelassen bzw. zugestanden? Es gibt sehr „Raum einnehmende“ Mitarbeiter, die einen werden dafür geschätzt, die anderen als lästig empfunden.

Rein physisch betrachtet, spiegelt sich der zugestandene Raum mehr oder weniger in der Größe des Arbeitsplatzes. Das Chefzimmer ist meistens größer als das der anderen. Es beinhaltet eine Aussage, mit wie vielen anderen der Raum geteilt wird und wie er gestaltet ist. Wie wird es erlebt, wenn man alleine ein Büro hat bzw. mit einem Kollegen zusammen? Für den einen ist das Büro alleine zu einsam, für den anderen ist das geteilte Büro zu wenig sein „Revier". Die Fragen gehen natürlich noch weiter und können sehr psychologisch werden: Ist der Arbeitsplatz zu sauber, zeigt die Person einen „Putzfimmel", so könnte es sein, dass sich der Mensch auch in anderen Bereichen beschneidet. Ist sein Büro sehr unordentlich, hat er vielleicht ein inneres Durcheinander. Es kann anregend sein, die Gestaltung des Raumes, in dem man lebt, gelegentlich als Spiegel des inneren Haushalts zu betrachten.

In einem ganz übertragenen Sinne spielt das Thema Raum eine Rolle im Erleben des jeweiligen Entscheidungs- und Handlungsspielraums. Hier kann man sich sehr eingeengt fühlen, sodass man nicht genug Platz hat zur Entfaltung des Eigenen, ja dass man das Gefühl hat, es lässt einen gewissermaßen „nicht leben".

Beim Thema „Können" (Kapitel 5.1.1) haben wir schon gesehen, dass dieses nicht nur von den Kompetenzen und den Umständen abhängt, sondern auch grundlegend von der *Kraft*. Daher spielen auf der physischen Ebene die körperlichen Voraussetzungen (Gesundheit, Vitalität, Kraft, Energie) zur Erfüllung der Aufgaben eine wesentliche Rolle. Deshalb ist Gesundheitsförderung ganz fundamental auf dem Weg zur Erfüllung bei der Arbeit.

Ebenso wichtig ist die ganz banale finanzielle und rechtliche Absicherung jedes Einzelnen. Für Mitarbeiter sind Arbeitsverträge daher auch psychologisch wichtig, weil mit ihnen eine gewisse Verlässlichkeit und Berechenbarkeit verbunden ist. Überhaupt spielt das Versicherungswesen in dieser Dimension eine wichtige Rolle.

Zentral ist, dass ich zu mir bzw. der Mitarbeiter zu sich sagen kann: Ich kann in dieser Organisation/Abteilung sein. Ich kann Menschen und Dinge, die mir nicht entsprechen, aber die ich nicht ändern kann, akzeptieren, aushalten bzw. loslassen. Sonst erlebt man unweigerlich, dass man selbst nicht sein kann an diesem Platz.

6.1.1 Gefühl: Wie ist das für mich? (PEA-1)

In der vorangegangenen Prozessstufe PEA-0 wurde die sachliche Information erhoben und die Faktenlage in der äußeren Welt festgestellt. Außerdem wurde in der inneren Welt das Können bzw. Nichtkönnen erfasst. Wie man auf das Nichtkönnen automatisch reagieren kann, wurde in Kapitel 5.1.3 (Schutzreaktionen) beschrieben. Um aber zu einem personalen Verhalten zu kommen, d.h. um entschieden und verantwortlich mit der Situation umgehen zu können, sie annehmen und aushalten zu können, bedarf es des Durchgehens des personalen Prozesses. Dies ist für jeden der genannten Bereiche (Organisation, Führungsebene, individuelle Ebene), wo immer ein Problem auftaucht, personenbezogen durchführbar. Wir beginnen den personalen Prozess an dieser Stelle mit dem ersten Schritt der PEA. Wie wirkt diese Faktenlage auf die erlebende Person? In PEA-1 wird das subjektive Erleben dieser Situation erfasst. Dabei wird der Blick also ganz auf den Betroffenen zurückgelenkt. – Man kann diese Schritte übrigens alleine, zusammen mit einem Coach oder auch mit einem Kollegen durchführen.

1. Zuerst wird auf das spontane Gefühl und die begleitenden Körperempfindungen geachtet.
   - Im Blick sowohl auf die beruflichen Gegebenheiten und Bedingungen als auch auf die Kompetenzen und das eigene Können bzw. Nichtkönnen kann es zunächst einmal immer gut sein, sich ganz allgemein die Frage zu stellen: Was empfinde ich dabei? Wie erlebe ich das? Wie geht es mir damit?
   - Danach wird es schon etwas konkreter: Welches konkrete Gefühl habe ich beim Anblick der beruflichen Situation und der persönlichen Kompetenzen? Fühle ich mich hilflos und ohnmächtig? Habe ich Abwehrreaktionen, eine Aggression vielleicht? Wo spüre ich dies? Was macht es mit mir?
   - Spüre ich vielleicht sogar eine Bedrohung, Verunsicherung oder Angst? Habe ich körperliche Reaktionen dazu (z.B. ständiges Schwitzen, Zittern, erhöhter Blutdruck und Puls, Schlafstörungen)? – Dann ist ärztliche und/oder psychotherapeutische Behandlung dringend angeraten.
2. Stellt sich zu dem Gefühl eine Bewegung spontan ein, ein Impuls? – Denn wo ein Gefühl ist, ist eine impulsive Bewegung.
   - Wenn ich ganz tun könnte, wonach mir ist, ohne Rücksicht nehmen zu müssen, ganz spontan und ohne lange Überlegung, was würde ich da am liebsten tun? Welche Bewegung stellt sich spontan ein? Spüre ich da einen Impuls? Welchen?
3. Nun wird der Blick gehoben und auf die Situation gerichtet und nach der Botschaft Ausschau gehalten, die mit ihr verbunden ist. Dadurch kommt man zur Tiefe, zu dem, was man intuitiv gespürt hat:

- Wenn ich die Situation offen auf mich wirken lasse, was sagt sie mir? Hat mich etwas getroffen? Was ist das Eigentliche in der Situation? Was ist die Botschaft, die bei mir angekommen ist?
- Was bedeutet das für mich? Was gibt es mir im Klartext zu verstehen?

4. Nach der phänomenologischen Analyse wird der Blick wieder auf die Emotion und den Impuls (aus der derzeitigen Sicht) gerichtet, um den Schritt zusammenzufassen:
   - Was empfinde ich jetzt dabei? Wie geht es mir damit?

6.1.2 Stellungnahme: Was halte ich davon? (PEA-2)

Um in der personalen Verarbeitung weiterzukommen, bedarf es der Erarbeitung einer inneren Stellungnahme. Dazu braucht es ein Verstehen der Wertzusammenhänge, ein Urteilen und Entscheiden. Ziel ist, das Neue mit dem Bestehenden in Verbindung zu bringen. Es hat sich übrigens bei allen Schritten als wichtig erwiesen, die Reihenfolge einzuhalten und nicht einen Unterschritt dem anderen vorzuziehen.

1. **Verstehen:**
   Das Verstehen ist eigentlich schon eine umfangreiche Aufgabe. Es bezieht sich auf drei Bereiche:
   - Selbstverständnis:
     Verstehe ich, dass es mir so dabei geht? Verstehe ich, was mich bewegt? Verstehe ich mein Gefühl? Verstehe ich mich? Was ging mir dadurch verloren? Was bewegt mich dabei?
   - Fremdverständnis:
     Verstehe ich den anderen? Was hat es mit mir zu tun (Eigenanteil) und was mit dem anderen?
   - Unverständnis:
     Was verstehe ich nicht?
2. **Gewissen – die personale Einschätzung:**
   Das Verstehen alleine reicht noch nicht aus, um zu einer inneren Stellungnahme zu kommen. Damit diese auch wirklich personal ist, braucht es ein Abwägen mit dem innersten persönlichen Gespür. Denn darin – wir nennen es personales „Gewissen" – kommt es zu einer Zusammenführung aller Werte der Person. Dieser Schritt schafft den Boden für den Umgang mit dem Erlebten oder Vorgefallenen. Die Person achtet hier auf das Innerste, schaut auf die innere Stimmigkeit und darauf, was sie dabei zu spüren bekommt. Das innere Gespür zeigt einem an, ob man es persönlich als richtig empfinden kann, was einem

widerfahren ist bzw. was man selbst getan hat. Dabei können folgende Fragen helfen:
- Was sagt es eigentlich in der Tiefe meiner Seele dazu? Was halte ich persönlich, ganz im Innersten („insgeheim") davon?
- Finde ich, dass es gut/richtig war? Ist es gerechtfertigt? Ist mir recht geschehen?

3. **Kognitive Stellungnahme und Urteil:**
   Zur Abrundung des Gespürten werden nun Überlegungen, Wissen und Erfahrungen miteinbezogen. Zur kognitiven Stellungnahme und zu einem Urteil führen Fragen wie:
   - Was halte ich von einem solchen Verhalten?
   - Wie beurteile ich das? Was soll man von einem Menschen halten, der so etwas tut?
   - Was halte ich von dem, was da passiert ist? Was für Gedanken gehen mir da durch den Kopf? Was halte ich grundsätzlich davon?
   - Was ist meine persönliche Meinung von diesem Menschen? Was kann/mag ich persönlich dazu sagen?
4. **Wille:**
   Verstehen und Stellungnahmen münden in den praktischen Willen, d.h. in die Vorbereitung des Handelns. Dem Willen kann man sich annähern mit folgenden Fragen:
   - Spüre ich, dass ich etwas tun möchte/sollte, um die Situation zu verändern? Spüre ich, dass das jetzt an der Reihe wäre, dass es das von mir bräuchte?
   - Was würde ich am liebsten tun? Wie möchte ich eigentlich damit umgehen? Welches Verhalten wäre gut?
   - Will ich es wirklich? Was soll daraus werden? Spüre ich eine Kraft? Was würde ich da am liebsten und im Grunde tun wollen?

6.1.3 Verhalten: Wie kann ich das umsetzen, was ich will? (PEA-3)

Den Abschluss des personalen Prozesses bildet PEA-3. Nun wird die effizienteste Realisierungsform des Willens überlegt. Dazu werden folgende strategische Bereiche bedacht:

1. **Was** konkret will ich tun, **wie viel** davon jetzt angehen?
2. Mit **wem** will ich es angehen?
3. **Wie**, mit welchen Mitteln?
4. **Wann** ist der beste Zeitpunkt?

Etwas zu tun braucht natürlich Mut. Wenn man mit dem Aktionsplan „in die Welt hinaus" geht und versucht, das umzusetzen, was man „will", geht man immer ein Risiko ein. Darum ist bei jeder Aktion in PEA-3 immer auch zu fragen: Könnte ich es tragen, wenn es nicht gelingt? Kann ich es aushalten? Was würde ich dann tun?
Manchmal besteht ein Konflikt zwischen Wollen und Können. Ein kleines Schema kann hier vielleicht helfen, auftretende Blockaden oder Verwirrungen mit einem Lächeln zu klären. Es geht um folgende Möglichkeiten. Es gibt:

1. Dinge, die ich ändern will und kann.
2. Dinge, die ich ändern will, aber nicht ändern kann.
3. Dinge, die ich nicht ändern will, aber ändern könnte.
4. Dinge, die ich nicht ändern will und nicht ändern kann.

Was jeweils zu tun ist, ist in folgendem Schema eingetragen:

Tab. 7: Die vier Möglichkeiten im Zusammentreffen von Können und Wollen und was jeweils zu tun ist

Es gibt ein etwas flapsiges Motto, wenn man in der Aktion ansteht: „Love it, change it or leave it!" Wir könnten es existenziell ergänzen, ohne ihm damit die Flapsigkeit ganz zu nehmen: „Love it, change it, leave it or accept it." Denn es gibt genug Situationen, von denen man nicht einfach davongehen kann – und es ist auch nicht immer das Beste.

6.1.4 Beispiele aus der Praxis

a) Organisationale Ebene:

Wenn z.B. ein erhöhtes Stresspotenzial bei den Mitarbeitern vorliegt, könnte eine personale Bearbeitung durch eine zuständige Führungskraft folgendermaßen aussehen. Mit diesem Muster im Kopf kann auch mit den Mitarbeitern gesprochen werden:

PEA-0: Welche Personen haben den Stress, wie lange schon, was verursacht ihn? Ist direkte Abhilfe möglich? – Wenn es nach einem größeren Problem aussieht und nicht nur nach einer organisationalen Frage, die natürlich schon auf der Sachebene geklärt wäre, braucht es weitere Schritte.

PEA-1: Wie erleben es die Mitarbeiter? Wie geht es ihnen? Was würden sie am liebsten tun? Wie ist die Stimmung?

PEA-2: Verstehen sie, dass sie jetzt Stress haben? Wie verstehen sie die Situation? Was ist ihnen unklar? Empfinden sie die Mehrbelastung als ungerecht, als ihrem Tätigkeitsprofil nicht entsprechend, unzumutbar, entwertend etc.? Was halten sie davon, dass das jetzt so ist? Was halten sie von der Führung, die um die Situation weiß? Gibt es etwas, was sie tun wollen, was sie in dieser Situation zu einer Reaktion drängt, das kann von Durchhalten bis Streik alles sein?

PEA-3: Was davon ist das Dringendste, Wichtigste (Hierarchisierung der Themen/Aufgaben)? Wer ist alles beizuziehen? Kann es intern gelöst werden oder braucht es Fremdhilfe? Welche Mittel stehen zur Verfügung und welche braucht es? Ist es in der normalen Arbeitszeit zu machen oder braucht es Überstunden?

b) Führungsebene:

Eine Führungskraft schafft es nicht, einem Mitarbeiter, der den Anforderungen nicht entspricht und schon mehrmals ermahnt worden ist, die Kündigung auszusprechen, aus Angst vor den Reaktionen der anderen Mitarbeiter und des Betroffenen selbst. Der personale Prozess kann angeleitet werden mit den folgenden Schritten:

PEA-0: Was ist der reale Kündigungsgrund? Was liegt wirklich vor?

PEA-1: Wie geht es mir bei dem Gedanken, dem Mitarbeiter die Kündigung nun auszusprechen? Welche Gefühle stellen sich da bei mir ein? Was würde ich am liebsten tun? Was vermittle ich ihm eigentlich mit der Kündigung?
PEA-2: Verstehe ich, warum es mir so schwerfällt? Ist da etwas dabei, das ich nicht kann? Wie, verstehe ich, wird es für ihn sein, für die anderen Mitarbeiter? Gibt es etwas dabei, das ich nicht verstehe? Wird ihm mit der Kündigung unrecht getan, oder ist sie aus meiner Sicht passend, „stimmig"? Was stimmt nicht? Finde ich, dass er sie „verdient" hat, nach allem, was geschehen ist? Was halte ich von diesem Mitarbeiter fachlich, persönlich? Was ist das für ein Mensch? Gibt es etwas, was ich eigentlich tun will, was jetzt ansteht, was es eigentlich bräuchte? Oder fühle ich, dass ich ihn jetzt wirklich kündigen will?
PEA-3: Was und wie viel von den internen Überlegungen teile ich ihm mit? Was ist klug, was entspricht der arbeitsrechtlichen Situation? Was möchte ich gerne, dass er weiß? Unter wessen Beisein führe ich das Gespräch? Nehme ich den Personalchef dazu, einen Betriebsrat? Führe ich es alleine? Wie teile ich es ihm mit, gleich die Kündigung im ersten Satz oder eine Einleitung, etwas Menschliches zuerst? Wo: in meinem Zimmer, im Besprechungsraum? Mit sofortiger Dienstfreistellung? Wann führe ich das Gespräch: vor dem Urlaub oder nachher, am Montag oder am Freitag, am Letzten des Monats oder gleich?

c) **Individuelle Ebene:**
Da diese Ebene für unser Anliegen (Burnout-Prävention, Gesundheitsförderung und Erfüllung bei der Arbeit) wohl die größte Bedeutung hat, bringen wir ein etwas ausführlicheres Beispiel.

Herr Meier hat zum Ersten dieses Monats die Stelle als Einkäufer in einem mittelständischen Produktionsbetrieb als neuer Mitarbeiter angetreten. Er wurde angestellt, weil er über die notwendigen Kompetenzen verfügt. Auch erfreut er sich des Rückhalts seiner Familie. Trotzdem ist er unsicher, da in dieser Firma alles neu für ihn ist und er sich erst einarbeiten muss. Er stellt fest, dass er auf sich alleine gestellt ist und noch großen Informationsbedarf hat, da es kein Einführungsprogramm für neue Mitarbeiter gibt. Zur Bearbeitung dieser Stresssituation wird die Methode der PEA herangezogen.

PEA-0: Deskription – sachliche Beschreibung der Fakten: Was liegt vor?

Herr Meier hat nur die Informationen über das Unternehmen, die er aus dem Internet und seinen Bewerbungsgesprächen kennt.

Er hat zwar seine Aufgaben zugeteilt bekommen, aber es ist ihm nicht klar, woran sein Erfolg festgemacht wird und wer ihn dabei noch unterstützen kann bzw. wie die Netzwerke im Unternehmen sind.

Auch ist sein Chef selbst so sehr mit seinem Alltagsgeschäft beschäftigt, dass er sich nicht proaktiv um ihn kümmert. Allerdings ist er offen für Fragen und nimmt sich dann auch Zeit, um diese zu beantworten.

Mit der Ausstattung seines neuen Arbeitsplatzes selbst ist er zufrieden. Er hat ein Einzelbüro, in dem er seinen Platz so gestalten kann, wie er möchte.

Durch Innehalten und Selbstreflexion merkt er, dass er aufgrund seiner Unsicherheit nicht in einen Aktivismus verfallen sollte, sondern bewusst vorgehen sollte.

PEA-1: Gefühl: Wie ist das für ihn?

Herr Meier fühlt sich stark und sicher bezüglich seiner Kompetenzen, seines sozialen Rückhaltes außerhalb des Unternehmens und seiner Gesundheit.

Dennoch hat er ein deutliches Gefühl von Unsicherheit, wenn er es sich so offen eingesteht. Es stört ihn, dass er als neuer Mitarbeiter so alleine gelassen wird.

Er spürt deutlich, was er am liebsten tun würde, nämlich zu seinem Chef und dem Geschäftsführer gehen und ihnen sagen, dass ihn die Form der Einführung enttäuscht und dass er es als unmöglich ansieht, neue Mitarbeiter so zu behandeln. „Dann sind Sie selber schuld, wenn die Mitarbeiter den Erfolg nicht bringen!" Er merkt, wie mit seinem Unsicherheitsgefühl nun langsam eine Aggression aufkommt, weil er trotz seiner Kompetenz zunehmend das Gefühl bekommt, so keine zufriedenstellende Arbeit leisten zu können.

Bei genauem Betrachten wird ihm auch klar, was es ist, was ihn so unsicher werden lässt. Dieses Unternehmen vermittelt durch seinen achtlosen und uneinfühlsamen Umgang mit neuen Mitarbeitern, dass diese der Erledigung der Arbeit nachgereiht sind. „Erst kommt die Arbeit, dann der Mitarbeiter!" Das ist die Botschaft, die er der Behandlungsweise entnimmt. Sie machte ihm schon vor dem Einstieg ins Unternehmen als unausgesprochene, aber implizite Vorabinformation („Visitenkarte") ein Unbehagen.

PEA-2: Stellungnahme erarbeiten

Um zu einer persönlichen Stellungnahme und zu Klarheit darüber zu kommen, was er tun will, wendet sich Herr Meier seiner Lebenssituation zu, mit dem Ziel, sich selber noch besser verstehen zu können. Es ist ihm gleich klar, dass dies eine missliche Lage ist, in der er ist. Er befürchtet, dass er vielleicht gar nicht erfüllen kann, was von ihm erwartet wird.

Das verunsichert ihn über die berufliche Situation hinaus auch in seiner privaten Lebenssituation. Er braucht die Arbeitsstelle. Er hat eine Familie und ein Zuhause. Er hat lange um eine neue Anstellung gekämpft. Es war mühsam und aufreibend, diese Stelle zu bekommen. Er hat lange gebangt, ob er sie bekommen wird, hatte er sich doch unter 84 Mitbewerbern durchzusetzen. Nun beschleicht ihn die Angst, dass er den ganzen Leidensweg wieder durchmachen müsste, wenn er gekündigt bzw. nach der Probezeit nicht von der Firma behalten würde.

Die Stellungnahme beginnt mit der Abfrage des ganz eigenen, persönlichen Gefühls, ob es richtig ist, wie die Firma hier vorgeht. Er spürt ganz deutlich, dass ihm ein solcher Umgang mit ihm nicht gerecht wird. Das entspricht nicht einem Menschen, der als neuer Mitarbeiter in ein Unternehmen integriert werden und sich darin engagieren soll. Neben diesem ganz persönlichen und stillen Gefühl wird ihm auch kognitiv immer klarer, dass es eigentlich unprofessionell ist, Mitarbeiter so zu behandeln.

Was er sich von diesem Unternehmen denkt. Er hält es möglicherweise für überfordert, sodass sich die Führungskräfte aus Mangel an Struktur und Organisation nicht genügend lösen können von der unmittelbaren Arbeitsanforderung, in der sie zu ertrinken scheinen. Böse Absicht oder Ablehnung dürfte nicht vorliegen, weil er sich ja jederzeit an die Vorgesetzten wenden darf, was ihm eine gewisse Offenheit ihm gegenüber signalisiert. Doch besteht keine Kultur der Integration und des Zugehens auf Mitarbeiter.

Beim Betrachten dieser Gefühle und beim Nachgehen dieser Gedanken merkt er zunehmend, dass er da etwas tun will, um sich die Chancen, in diesem Unternehmen bleiben zu können, zu erhöhen und um vielleicht gleich von Anfang an etwas zur Verbesserung der Kultur dieses Unternehmens beizutragen. Denn wie soll er andererseits in diesem Unternehmen bleiben können, wenn es so anders gestrickt ist?

PEA-3: Verhalten: Wie kann er das umsetzen, was er will?

Herr Meier hält inne und schreibt für sich auf, was er eigentlich haben will bzw. was er benötigt, damit er sich nicht mehr so unsicher fühlt und

gut arbeiten kann. Danach priorisiert er diese Punkte und macht einen Aktionsplan.
Er kommt unter anderem zu folgenden Dingen: Er wird einen Termin mit seinem Chef vereinbaren, bei dem er sich die fehlenden Informationen holt. Darunter fallen beispielsweise: Strategie und Ziele des Unternehmens und der Abteilung, auf welche Ressourcen er im Unternehmen zurückgreifen kann und welche informellen Netzwerke bestehen, welche Erwartungen der Chef an ihn hat bzw. woran sein Erfolg gemessen wird, welche Prozesse wichtig sind und wie diese aussehen (insbesondere der Beschaffungsprozess), bei welchen Personen (Geschäftspartnern, Kollegen etc.) man besonders aufpassen muss und was er generell beachten sollte.
Weiters möchte er mit seinem Chef regelmäßige Gespräche vereinbaren, bei denen es sowohl um die Erfolgskontrolle als auch um Möglichkeiten zur Verbesserung geht. Das könnte ihm für den Anfang genügend Halt und das Gefühl geben, dass er seine Arbeit gut machen kann.
In seinem Strategieplan überlegt er, dass er dies am besten gleich nächste Woche mit dem Chef besprechen möchte. Damit das auch möglich ist, möchte er ihm ein paar Tage vorher schon eine E-Mail schicken, in der er gleich um einen Termin von mindestens einer Stunde bittet. Er will ihm darin auch die Themenschwerpunkte mitteilen, damit der Chef weiß, worum es gehen wird und welche Themen er an wen delegieren kann.

Herr Meier wird nun ruhig. So kann er auch akzeptieren, dass es in dem Unternehmen kein Einführungsprogramm für neue Mitarbeiter gibt. Aber er ist sich sicher: Sollte der Chef das Gespräch und diese ausführliche Mitarbeiterinformation leichtfertig übergehen oder in zehn Minuten erledigen wollen, wird er Widerstand leisten und auf das ausführliche Gespräch bestehen. Denn ohne solche Grundlagen könnte er allzu leicht in offene Messer laufen.

6.2 Zweiter Schritt: Ohne Mögen wird es zäh

In Kapitel 5.2 wurde als Burnout-Prävention beschrieben, dass der Mensch zum Erleben von Werten kommen kann, indem er Beziehung aufnimmt, sich Zeit nimmt und die Nähe fühlt. Das steht in einer Feedback-Wechselwirkung mit seinem Mögen. Ist dies aber aufgrund zu großer Probleme bzw. Hindernisse behindert, so ist ein vertieftes Vorgehen nötig, sodass wieder auf die Methode der Personalen Existenzanalyse (PEA) zurückgegriffen wird.

6.2.0 Die Faktenlage: Was liegt vor? (PEA-0)

Jegliches tiefere Bearbeiten von Themen beginnt an der Basis, bei den Fakten. Die Frage richtet sich auf das, was das Mögen behindert, was die eigene Lebendigkeit und die eigenen Gefühle (wie Freude, Lust, Heiterkeit) beeinträchtigt. Diese Vorgänge und Hindernisse gilt es, gut wahrzunehmen und zu beschreiben, für sich selbst oder natürlich im Gespräch mit anderen. Belastete Beziehungen, schlechte Gefühle, fehlende oder zu große Nähe können die Erfüllung in der Arbeit wegnehmen. Ein Einstieg zur Verbesserung der Situation kann durch die Klärung des Mögens geschaffen werden – oder eben verstärkt durch den Prozess der PEA.

Es ist wichtig, zu einem positiven inneren Bewegtsein zu kommen. Durch Beziehung, Zeit und Nähe zu dem, was wir tun, kommt Lebendigkeit in den Alltag. Um in der Vielfalt der damit verbundenen Möglichkeiten eine Struktur zu finden, wird wieder eine Art Checkliste (analog zum vorangegangenen Kapitel) angeführt, die dieselbe Gliederung nach Organisation, Führung und Individuum hat. Sie dient mehr der Anregung und erhebt keinen Anspruch auf Vollständigkeit.

1. **Organisationale Ebene:**
   Wir werden zuerst die kulturelle Basis von Unternehmen skizzieren und danach einige mögliche Problemfelder aufzeigen, deren Bearbeitung eine Prozessdynamik benötigt. Die Darstellung ist wiederum mehr exemplarisch als vollständig zu verstehen.

   a) *Die organisationale Basis:*
      In der Dimension der Werte und Beziehungen geht es auf der organisationalen Ebene vornehmlich um die Organisationskultur, die Mitarbeiterbeziehung, die Kunden- und Lieferantenbeziehung bzw. generell die Geschäftsbeziehungen, aber auch um den Wert der Produkte und Dienstleistungen.
      Wie der Begriff „Geschäftsbeziehung" schon sagt, geht es sowohl um das Sachliche, das Geschäft, aber nicht allein um dieses, sondern immer auch um die Beziehungsebene. Es versteht sich von selbst, dass die Faktoren der Sachebene unbedingt stimmen müssen, damit der Geschäftspartner nicht unzufrieden ist. Je besser hingegen die Faktoren der Beziehungsebene sind, desto zufriedener sind die Partner (vgl. Künz 1995, S. 15). Im Rahmen einer Befragung in der metallverarbei-

tenden Industrie in Österreich fiel in Zusammenhang mit der psychologischen Seite der Geschäftsbeziehungen zwischen Unternehmungen Folgendes auf (ebd., S. 65 f.):

- Für die erfolgreichen Unternehmen haben die Geschäftsbeziehungen und deren Management einen höheren Stellenwert als für die nicht erfolgreichen. Dabei trägt ein bewusstes Management der Geschäftsbeziehung zum Erfolg des Unternehmens bei.
- Erfolgreiche Unternehmen gehen bei Geschäftsbeziehungen zu ihren wichtigen Geschäftspartnern mehr in die Tiefe (d. h. möglichst intensive Beziehungen, dafür aber zu weniger Unternehmen) und bei Beziehungen zu ihren weniger wichtigen Partnern mehr in die Breite.
- Die Geschäftsbeziehung ist dann erfolgreicher, wenn auf eine langfristige Partnerschaft viel Wert gelegt wird.
- Die Geschäftsbeziehungen werden durch die Unternehmenskultur geprägt.
- Eine vertrauensvolle Zusammenarbeit beeinflusst den Erfolg der Geschäftsbeziehung wesentlich.
- Die Erfolgreichen schätzen den Einfluss guter Geschäftsbeziehungen auf wichtige Geschäftsentscheide (z.B. Kauf) wesentlich höher ein als die nicht Erfolgreichen.
- Noch besser, als sich nur durch das Kernprodukt von der Konkurrenz abzuheben, ist, sich durch Geschäftsbeziehungen, Dienstleistungen und Services zu unterscheiden. Am weitaus erfolgreichsten ist eine Unterscheidung aufgrund beider Faktoren.
- Fast alle Befragten geben an, dass die Geschäftsbeziehung umso erfolgreicher ist, je mehr persönliche Kontakte zum Geschäftspartner gepflegt werden.
- Es sollten regelmäßig Mitarbeitergespräche stattfinden, bei denen auch über den Umgang mit Geschäftspartnern gesprochen wird.
- Bei Konflikten ist es ratsam, nicht nur sachliche Ursachen zu suchen, sondern sobald ein Konflikt erkannt wird, diesen auch anzusprechen und bewusst zu lösen.
- Alle drei Gruppen der Befragten (Erfolgreiche, Durchschnittliche und nicht Erfolgreiche) werten Ehrlichkeit als den stärksten Einflussfaktor auf den Erfolg der Geschäftsbeziehung. Gefolgt wird diese vom Vertrauen, dem eigenen Image und der eigenen Marktattraktivität. Trotzdem schenken die erfolgreichen Unternehmer den psychologischen Faktoren in einer Geschäftsbeziehung mehr Beachtung.
- Je zufriedener die Geschäftspartner mit ihrer Beziehung sind, desto erfolgreicher ist diese. Sie sind umso zufriedener, je ausgeglichener

ihre Beziehung ist. Ausgeglichen bedeutet, dass der Aufwand ungefähr gleich dem Ertrag ist (sowohl monetär als auch nicht monetär). Generell benötigt man ausreichend Zeit und Gelegenheiten, um diese geschäftlichen Beziehungen aufzubauen und zu pflegen.

b) *Problembereiche:*
Auch im Rahmen der Organisationskultur ergeben sich naturgemäß Spannungsfelder, Schwierigkeiten und Entwicklungen, die eine Veränderung verlangen sowie Konfrontation und Aussprachen, Bildung und Training, Hilfe von anderen oder auch von außen usw. benötigen.
- So kann z. B. bezüglich der Unternehmenswerte ein erhöhtes *Stresspotenzial für die Mitarbeiter* entstehen, weil die Unternehmenswerte zu wenig sichtbar, erlebbar und fühlbar sind. Es gibt Bereiche, in denen die Mitarbeiter in direktem Kontakt zu Unternehmenswerten stehen, beispielsweise kann der Kundendienst im Rahmen des Kundenkontaktes den Wert der Kundenorientierung erfahren. Aber es gibt andere Bereiche (z. B. EDV-Helpdesk oder Buchhaltung), die nicht in direkter Beziehung mit Menschen stehen und somit Gefahr laufen, zu wenig Wertvolles erleben zu können. Jeder Mensch braucht eine erlebnismäßige Beziehung zu den Werten, die in seiner Tätigkeit enthalten sind.
- Gibt es Probleme bezüglich der Geschäftsbeziehungen, so kann man sich fragen: Wie sehr wird der Bereich der Geschäftsbeziehungen in unserem Unternehmen beachtet und gestaltet? Erkennt man, welche Bedeutung die Beziehungen zu den unterschiedlichen Stakeholdern haben? – Es ist eine Grundregel für existentielle Erfüllung in der Arbeit, Beziehungen nicht rein zweck- und nutzenorientiert aufzufassen, sondern auf Wert- und Sinnvolles im gemeinsamen Umgang zu achten.
- Ein großes Problemfeld sind oft die Beziehungen unter Mitarbeitern. Werden diese auch betrieblich gefördert, beispielsweise durch Betriebsausflüge, die Möglichkeit, in der Organisation bzw. Kantine zu essen oder durch gemeinsame sportliche Aktivitäten? Oder werden Mitarbeiterbeziehungen als „Privatsache" behandelt, in die man sich möglichst nicht einmischen soll? Wo liegt hier das Optimum in unserem Betrieb? Sollen sie vom Betrieb zum Thema gemacht werden, wenn sich z. B. Rivalitätsverhältnisse oder gar Mobbings entwickeln (da ist betrieblicher Handlungsbedarf auf jeden Fall gegeben), und welche Eifersüchteleien sind auf der privaten Ebene zu belassen?

2. **Führungsebene:**
Wertebezug, Beziehungen, Modulation der Emotionalität, Beziehung zur eigenen Führungsaufgabe usw. sind verständlicherweise ebenso zentrale Themen für Führungskräfte wie die anderen Dimensionen der Existenz. Eine besonders knappe Ressource in der Führung ist die *Zeit*. Dem Einsatz und der Verteilung der Zeit ist besondere Beachtung zu widmen und es ist zu bedenken, dass Führung häufig durch das Vergeben von Zeit geschieht. Eine gute Führungskraft hat Zeit und ist nicht bis zum Rande voll mit Tätigkeiten – davon hat sie möglichst viel zu delegieren, um Zeit zu haben für die Mitarbeiter und zum Nachdenken, Planen, Sichinformieren etc. Der Aufbau und die Pflege von Beziehungen sowohl im Unternehmen als auch zu den Kunden brauchen Zeit. Dazu kommt, dass jeder Mitarbeiter seine Zeit braucht, um seine Aufgaben gut zu erfüllen und den Wert seiner Arbeit fühlen zu können. Aus diesem Kontext versteht sich, dass ausreichend Zeit zu haben nicht nur für die Führung wichtig ist, sondern auch ein wesentlicher Faktor zur Stressreduktion und für die Erfüllung in der Arbeit ist.
Kinast und Milz (2013, S. 29) sehen in der Kultur der Reflexion und des Interesses füreinander – der Beziehungen also (zu Menschen und Aufgaben) –, des Zulassens von Emotionen und der Berührbarkeit, der Reflexion und des Austausches eine weitere grundlegende Dimension für die Entwicklung von Engagement und Leistung. Sie fassen gut zusammen, was die Führungskraft beachten und beherrschen soll, um eine Personen stärkende Kultur zu fördern. Wir geben hier ihre überblicksartige Zusammenschau wieder:
   - Dem Mitarbeiter als „berührbarem Menschen“ gerecht werden.
   - Den Mitarbeiter zur Reflexion anhalten und seine subjektiven Sichtweisen anhören.
   - In Mitarbeitergesprächen der persönlichen und emotionalen Seite Raum geben: Was macht Freude? Was ist mühsam?
   - In Besprechungen Raum geben für Austausch, Würdigung und Jammern.
   - Teamentwicklung: Beziehungen der Teammitglieder untereinander stärken.
   - Gemeinsame Erlebnisse ermöglichen, Anlässe (Jahresfeste, Projektabschlüsse etc.) feiern.

Wenn nun eine Führungskraft vor dem Problem steht, dass sie keinen „Draht“ zu einem bestimmten Mitarbeiter finden kann oder einen Mitarbeiter nicht mag, dann kann ihr die prozessuale Vorgangsweise helfen, die

Situation zu klären und vielleicht einen Weg zu finden, zu dem sie stehen und mit dem sie sich identifizieren kann.
Es gibt viele komplexe Situationen im Führungsalltag, die individuell zu handhaben sind. Erhält beispielsweise ein Mitarbeiter mehr Zuwendung, weil man mit seiner Leistung oder seinem Verhalten nicht zufrieden ist und man ihn unterstützen will? Wie wirkt sich das auf die Beziehung zu den erfolgreichen Mitarbeitern aus? Kann es sie beispielsweise eifersüchtig machen, weil der Chef sich für den einen Kollegen so viel mehr Zeit nimmt als für sie?

3. **Individuelle Ebene:**
Damit man seine Arbeit mag, sollte einem die Tätigkeit gefallen und man sollte sich in seinem Arbeitsleben wohlfühlen. Das hängt sehr davon ab, ob man in dem, was man tut, einen *Wert* sieht, der einen anspricht, ob einem die Prozesse gefallen oder nicht, ob man bei dem, was man tut, eine Freude hat oder darunter leidet.
Auf der individuellen Ebene spielt auch *Zeit* eine wesentliche Rolle: Wie viel Zeit man sich für sich und seine Geschäftspartner nimmt, wie man sie gestaltet und ob man sie nur für Berufliches verwendet oder auch Privates Platz hat. Leistungsbetonung, Zeitdruck, Effizienzdiktat und in der Folge Entpersönlichung erhalten leicht eine Dominanz im komplexen und hochgetakteten, anspruchsvollen modernen Arbeitsleben. Ihnen ist bewusst und entschieden die Wertigkeit der eigenen sozialen, emotionalen und sinnlichen Bedürfnisse entgegenzustellen. Dies soll aber nicht nur „der Gesundheit zuliebe" getan werden, dann wäre es schon wieder funktional und zweckgebunden gedacht. Es soll aus der Liebe zum Leben erwachsen, aus einer Haltung, die über den Tellerrand der Arbeit hinausblickt und den Wert des Lebens im Auge hat – was dem Thema der zweiten Dimension der Existenz entspricht.
In derselben Linie liegt, dass der andere Mensch nicht nur als Funktionsträger gesehen wird, sondern in erster Linie als Mensch bzw. Person. Hat beispielsweise Frau Schulz nur in ihrer Funktion als Buchhalterin eine Bedeutung für mich, der man seine Spesenabrechnung gibt, oder kenne ich auch ihre Lebensumstände, Besonderheiten und Hobbys? In einer jahrelangen Zusammenarbeit ist das für ein menschliches Klima grundlegend. Jeder Einzelne trägt so viel Wertbezug in ein Unternehmen. Wie spreche ich z.B. mit den Geschäftspartnern? Bin ich wirklich auch an der Person interessiert oder möchte ich nur meinen Job erledigen („Geschäftspartner ist Mittel zum Zweck")? Wende ich mich dem anderen Menschen zu (mit innerer und äußerer Hinwendung) oder bleibe ich an der Oberfläche?

In solchen Haltungen ist viel Ursache für mangelndes Lebensgefühl in der Arbeit versteckt. Mit anderen Worten: Erfüllend kann es nur werden, wenn neben dem Nutzwert einer Sache oder Person auch der Eigenwert gesehen wird und generell auf den Wert der eigenen Tätigkeit oder den der anderen geachtet wird.

In einem existentiellen Verständnis der Arbeit wird das Gefühl angestrebt, in der Arbeit *„leben" zu können* und nicht nur funktionieren zu müssen. Es ist gesundheitsfördernd und macht erst die Freude in der Arbeit aus, wenn man mit seinem Herzen bei der Sache sein kann und somit emotional eingebunden und verbunden ist. Um dies erleben zu können, ist auch darauf zu achten, was als belastend erlebt wird.

Ein weiteres Thema im Zusammenhang mit dem Erleben von Freude und Erfüllung ist, wie viel *Nähe bzw. Distanz* (einerseits bei seinem Gegenüber und andererseits gegenüber seiner Tätigkeit) angebracht ist und zugelassen wird. Zu beachten sind dabei hierarchische Ebenen (Führungskräfte sind keine Kumpel) und kulturelle Besonderheiten bei Mitarbeitern aus anderen Kulturen. Sexuelle oder erotische Auffassungsmöglichkeiten sind zu bedenken und zu vermeiden, weil es nur um eine menschliche Nähe (statt kühler Distanz) geht und nicht um das „Anbandeln" von Beziehungen. Dieses Thema braucht Fingerspitzengefühl und ist ein besonders heikles in der Arbeitswelt, dennoch ein unvermeidbares.

Das Mögen der Arbeit wird auch stark beeinflusst durch eine Kultur des *Feierns:* welchen Stellenwert verschiedene Anlässe haben und ob beispielsweise auf Geburtstage, Jubiläen oder Neujahr bzw. wichtige Ereignisse geachtet wird. Wird ein gelungenes Projekt „gefeiert" (oder um ein misslungenes „getrauert")? Man soll sich fragen: Welche Rolle spielt das Feiern in meinem Leben? Mag ich es oder ist es mir eher lästig? Warum? Wie handhabe ich das Feiern? Was tue ich, wenn ich feiere? Kann ich mich innerlich mit dem Wert verbinden, der befeiert wird? Ich sehe, wie andere feiern, will ich dies auch so handhaben?

Nicht nur für einen reibungsfreien Ablauf und für ein gutes Funktionieren, sondern auch um seine Tätigkeit und die Organisation zu mögen, braucht es tragende *Beziehungen.* Ohne dieses große Kapitel hier weiter auszuführen, kann an dieser Stelle darüber nachgedacht werden, in welchem Rahmen in der eigenen Arbeitswelt Austausch und Beziehung stattfinden, und ob ich das so mag? Welche Beziehungen habe ich zu den Stakeholdern und Anspruchsgruppen wie Kollegen, der Führungskraft, anderen Abteilungen, Kunden, Lieferanten, Geschäftspartnern, Vertretern, Kooperationspartnern? Pflege ich sie? Und vor allem: Wie ist die Beziehung zu mir selbst?

Die amerikanische Betriebsberaterin Ronna Lichtenberg (2001, S. 16), die ihre Arbeit schwerpunktmäßig auf den personalen Faktor setzt, meinte einmal sehr zurecht: „Now smart companies know the degree to which individuals, and the individual's ability to create relationships, are often the engine that drives their company's value."

Kinast und Milz (2013, S. 29) fassen die individuellen bzw. personalen Voraussetzungen für Engagement und Leistung im Rahmen der zweiten Grundmotivation folgendermaßen zusammen:

- Dem Leben und den primären Eindrücken in mir gegenüber aufmerksam sein.
- Lebenswertes entdecken und sich dafür aktiv einsetzen.
- Auf andere und anderes aktiv zugehen, sie ernst nehmen und sich berühren lassen, auf sich wirken lassen und in die Umwelt wirken wollen.

Durch diese Haltung wird man vom Leben berührt, angezogen und bewegt und erfährt das Leben als lebenswert. Fazit: Es trägt zur Erfüllung und zur Erfahrung von Leben in der Arbeit bei.

6.2.1 Gefühl: Wie ist das für mich? (PEA-1)

Nach der Feststellung und Beschreibung des Verhältnisses von „Mögen bzw. Nichtmögen", wie wir es gerne in diesem Buch bezeichnen, geht es um das Behandeln allfälliger Probleme. Wir haben schon in Kapitel 5.2 gesehen, wie man auf das Nichtmögen automatisch reagieren kann. Doch wir streben ein personales Verhalten an, bei dem man entschieden und verantwortlich mit der Situation umgeht und sich den Werten (und Problemen) zuwenden kann. Dafür bedarf es wieder des Durchgehens des personalen Prozesses. Dies ist für jeden der genannten Bereiche (Organisation, Führungsebene, individuelle Ebene), wo immer ein Problem auftaucht, durchführbar. Er beginnt (ganz gleich wie schon in Kapitel 6.1.1 beschrieben) mit dem ersten Schritt der PEA, mit der Frage nach der Wirkung der Faktenlage auf die erlebende Person. In PEA-1 wird das subjektive Erleben der Werte- und Beziehungssituation erfasst. Um den Charakter eines gewissen Schematismus zu entwickeln, verwenden wir in der Folge oftmals dieselben Einleitungs- oder Reflexionssätze. Das soll deutlich machen, dass das Gerüst der Durcharbeitung in jeder Dimension der Existenz dasselbe ist – nur die Inhalte, auf die die Anwendung der PEA gerichtet ist, ändern sich. Dieser Schematismus soll auch helfen, sich leichter zurechtzufinden in der Anwendung des personalen Prozesses bei den jeweiligen existentiellen Dimensionen, insbesondere wenn bei einzelnen Problemlagen nachgeschlagen wird.

1. Zuerst wird auf das spontane Gefühl und die begleitenden Körperempfindungen geachtet.
   - Im Blick auf seine Gefühle und sein Mögen bzw. Nichtmögen kann es zunächst einmal immer gut sein, sich ganz allgemein die Frage zu stellen: Was empfinde ich dabei? Wie erlebe ich das? Wie geht es mir damit?
   - Danach wird es schon etwas konkreter: Welches Gefühl habe ich? Die Gefühle in dieser Dimension: Bin ich traurig? Spüre ich eine Belastung? Habe ich Abwehrreaktionen, eine Aggression vielleicht, eine Wut? Wo spüre ich dies? Was macht es mit mir?
   - Spüre ich die Belastung körperlich?
   - Wie erlebe ich das? Wie geht es mir damit? Was gefällt mir daran? Was ist störend?
   - Spüre ich vielleicht sogar depressive Lustlosigkeit, Schwere oder Lähmung? Habe ich körperliche Reaktionen dazu (Appetitmangel, Schlafstörungen)? – Dann ist ärztliche und/oder psychotherapeutische Behandlung dringend angeraten.
2. Stellt sich zu dem Gefühl eine Bewegung spontan ein, ein Impuls? – Denn wo ein Gefühl ist, ist eine impulsive Bewegung.
   - Wenn ich so ganz tun könnte, wonach mir ist, ohne Rücksicht nehmen zu müssen, ganz spontan und ohne lange Überlegung, was würde ich da am liebsten tun? Welche Bewegung stellt sich spontan ein? Spüre ich da einen Impuls? Welchen?
3. Nun wird der Blick gehoben und auf die Situation gerichtet und nach der Botschaft Ausschau gehalten, die mit ihr verbunden ist. Dadurch kommt man zur Tiefe, zu dem, was man intuitiv gespürt hat:
   - Wenn ich die Situation offen auf mich wirken lasse, was sagt sie mir? Hat mich etwas getroffen? Was ist das Eigentliche in der Situation? Was ist die Botschaft, die bei mir angekommen ist?
   - Was bedeutet das für mich? Was gibt es mir im Klartext zu verstehen?
4. Nach der phänomenologischen Analyse wird der Blick wieder auf die Emotion und den Impuls (aus der derzeitigen Sicht) gerichtet, um den Schritt zusammenzufassen:
   - Was empfinde ich jetzt dabei? Wie geht es mir damit?

6.2.2 Stellungnahme: Was halte ich davon? (PEA-2)

Um in der personalen Verarbeitung weiterzukommen, bedarf es der Erarbeitung einer inneren Stellungnahme. Dazu braucht es ein Verstehen der Wertzusammenhänge, ein Urteilen und Entscheiden. Ziel ist, das Neue mit dem Bestehenden in Verbindung zu bringen. Die Einhaltung der Reihenfolge ist wichtig.

1. **Verstehen:**
   Das Verstehen ist jeweils schon eine komplexe Aufgabe, die sich auf drei Bereiche bezieht:
   - Selbstverständnis:
     Verstehe ich, dass es mir dabei so geht? Verstehe ich, was mich bewegt? Verstehe ich mein Gefühl? Verstehe ich mich? Was ging mir dadurch verloren? Was bewegt mich dabei?
   - Fremdverständnis:
     Verstehe ich den anderen? Was hat es mit mir zu tun (Eigenanteil) und was mit dem anderen?
   - Unverständnis:
     Was verstehe ich nicht?
2. **Gewissen – die personale Einschätzung:**
   Das Verstehen alleine reicht noch nicht aus, um zu einer inneren Stellungnahme zu kommen. Damit diese auch wirklich personal ist, braucht es ein Abwägen mit dem innersten persönlichen Gespür. Denn im personalen „Gewissen" kommt es zu einer Zusammenführung aller Werte der Person. Dieser Schritt schafft den Boden für den Umgang mit dem Erlebten oder Vorgefallenen. Wir achten hier auf das Innerste, schauen auf die innere Stimmigkeit und darauf, was wir dabei zu spüren bekommen. Das innere Gespür zeigt einem an, ob man es persönlich als richtig empfinden kann, was einem widerfahren ist bzw. was man selbst getan hat:
   - Was sagt es eigentlich in der Tiefe meiner Seele dazu? Was halte ich persönlich, ganz im Innersten („insgeheim") davon?
   - Finde ich, dass es gut/richtig war? Ist es gerechtfertigt? Ist mir recht geschehen?
3. **Kognitive Stellungnahme und Urteil:**
   Zur Abrundung des Gespürten werden nun Überlegungen, Wissen und Erfahrungen miteinbezogen. Zur kognitiven Stellungnahme und zu einem Urteil führen Fragen wie:
   - Was halte ich von einem solchen Verhalten?

- Wie beurteile ich das? Was soll man von einem Menschen halten, der so etwas tut?
- Was halte ich von dem, was da passiert ist? Was für Gedanken gehen mir da durch den Kopf? Was halte ich grundsätzlich davon?
- Was ist meine persönliche Meinung von diesem Menschen? Was kann/mag ich persönlich dazu sagen?

4. **Wille:**
   Verstehen und Stellungnahmen münden in den praktischen Willen, d.h. in die Vorbereitung des Handelns. Dem Willen nähern wir uns mit folgenden Fragen an:
   - Spüre ich, dass ich etwas tun möchte/sollte, um die Situation zu verändern? Spüre ich, dass das jetzt an der Reihe wäre, dass es das von mir bräuchte?
   - Was würde ich am liebsten tun? Wie möchte ich eigentlich damit umgehen? Welches Verhalten wäre gut?
   - Will ich es wirklich? Was soll daraus werden? Spüre ich eine Kraft? Was würde ich da am liebsten und im Grunde tun wollen?

Der Abschnitt PEA-2 ist besonders wichtig für eine vertiefte Werte-Arbeit. Es wird eine persönliche Stellung bezogen zu dem, was einen berührt – positiv wie leidvoll –, und ihre Bedeutung für das eigene Leben wird gehoben. Man entzieht sich nicht dem Wertvollen, auch wenn es schwierig ist oder wenn Werte verloren gingen. Die enthaltene persönliche Aktivität in der Werte-Arbeit und bei Verlusten in der Trauer wurde in Kapitel 5.2.5 besprochen.

6.2.3 Verhalten: Wie kann ich das umsetzen, was ich will? (PEA-3)

Den Abschluss des personalen Prozesses bildet wieder der Schritt PEA-3. Nun wird die effizienteste Realisierungsform des Willens überlegt. Dazu werden folgende strategische Bereiche bedacht:

1. **Was** konkret will ich tun, **wie viel** davon jetzt angehen?
2. Mit **wem** will ich es angehen?
3. **Wie**, mit welchen Mitteln?
4. **Wann** ist der beste Zeitpunkt?

Die Umsetzung bezieht sich dabei auf die Qualitäten des Lebens wie das Aufnehmen und Pflegen von Beziehungen, den Umgang mit dem inneren Bewegtsein, auf das Sich-Zeit-Nehmen, um die Werte zu spüren und mit ihnen in ein Mitschwingen zu kommen. Es geht um das Mögen seiner Tätigkeit und der Personen, mit denen man zusammenarbeitet. Denn dadurch können Werthaftigkeit und emotional bedeutungsvolle Beziehungen erlebt werden. Kommt man hier nicht voran, sollte man noch einmal zum Anfang der PEA-Schritte zurückgehen.

Bei der Umsetzung kann nach dem 3S-Modell (aus dem Englischen: stay – stop – start) vorgegangen werden (in Wikipedia als SKS-Modell „Stop-keep-start-Modell" beschrieben, vgl. https://en.wikipedia.org/wiki/SKS_process).

1. Stay: Gegenwärtige Stärken und erfolgreiche Verhaltensmuster beibehalten und festigen:
   Was mache ich gerne? Was empfinde ich als wertvoll? Welche Beziehungen erlebe ich als bereichernd?
2. Stop: Schauen, womit aufgehört oder was geändert werden sollte:
   Was mag ich nicht an meiner Arbeit und meinem Arbeitsumfeld? Gibt es Arbeitsinhalte und/oder Personen bzw. Beziehungen, die mich belasten oder gar krank machen?
   Bei Dingen, die ich ändern will und kann, kann manchmal ein Aktionsplan mit klaren Prioritäten hilfreich sein, jedenfalls ist die Umsetzung wichtig, vielleicht auch noch eine Kontrolle oder gar ein Rückblick auf „lessons learned", d. h. auf das, was man daraus gelernt hat.
   Ein „Stop" kann z. B. erfolgen bei statistischen Evaluierungen der Arbeitsvorgänge: Ich delegiere das, weil ich es nicht mag und auch nicht selbst tun muss und ich die Möglichkeit, es zu delegieren, jetzt habe.
   Ein wichtiges Thema für „Stop" ist eine aktive Beziehungsgestaltung, bei der es sowohl um den Aufbau und die Pflege als auch um die Reduktion bzw. das Beenden von Beziehungen geht.
   Wie sich die Aufgabenfelder gestalten und was man dabei zu tun hat, beschreibt die einfache 4-Felder-Gliederung nach den Dimensionen Wichtigkeit und Mögen in der folgenden Tabelle (siehe nächste Seite):
3. Start: Neu bzw. anders an Leute, Probleme und Situationen herangehen:
   Ein personaler Umgang (ausführlicher in Kapitel 5.2.5 beschrieben) wäre hier:
   - Zuwenden zum Positiven
   - Trauern um das Negative
   - Sich berühren lassen
   - Nähe halten und Werte an sich ziehen bzw. sich für sie öffnen

Tab. 8: Zuordnung von Themen zu Wichtigkeit und Mögen beim Beziehungs- und Werterleben

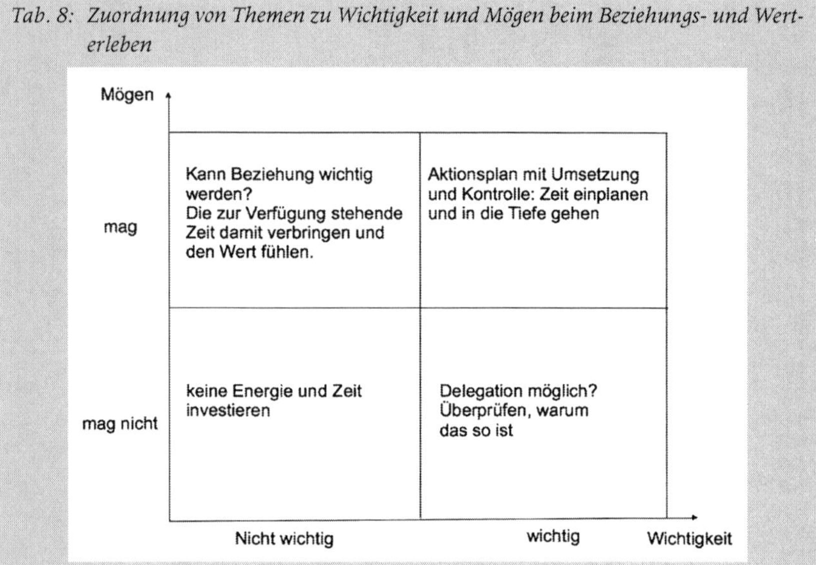

Mögen	Nicht wichtig	wichtig
mag	Kann Beziehung wichtig werden? Die zur Verfügung stehende Zeit damit verbringen und den Wert fühlen.	Aktionsplan mit Umsetzung und Kontrolle: Zeit einplanen und in die Tiefe gehen
mag nicht	keine Energie und Zeit investieren	Delegation möglich? Überprüfen, warum das so ist
		Wichtigkeit

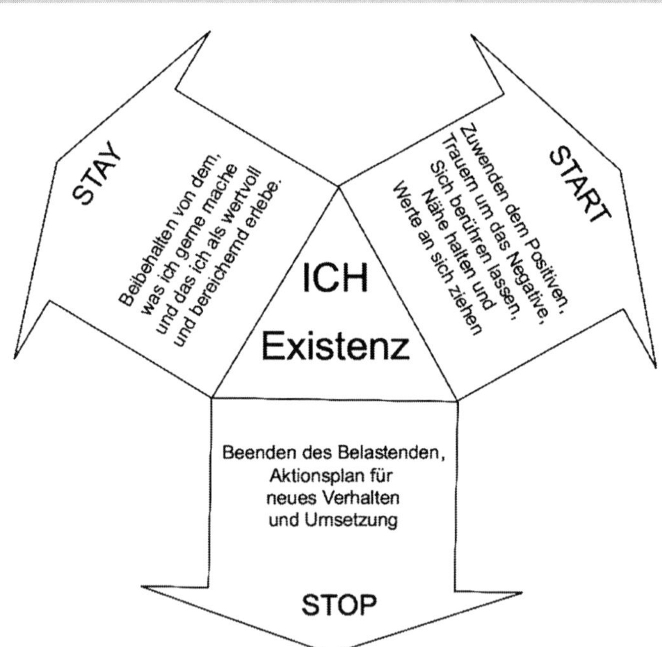

Abb. 22: Möglichkeiten im Umgang mit dem Mögen und Werterleben

Zusammengefasst geht es in dieser Dimension der Existenz darum, in Beziehungen zu treten und sie zu klären, sich dadurch vom Wert des Arbeitslebens berühren zu lassen und das subjektive Gefühl dabei zu bergen.

Wie immer ist es für die Erlangung einer dialogischen Offenheit wichtig, die eigenen Vorstellungen einzuklammern, erneut hinzuschauen und sich zu fragen: Wie ist mein Gefühl? Was berührt mich? Wo kann ich mich zuwenden und Nähe aufnehmen? Bin ich offen für Beziehungen? – Denn es geht wesentlich in unserem Leben um die innere Zustimmung zu den Werten und Beziehungen im Arbeitsleben, darum, dass man mit seinem Mögen dabei ist! Dann erst können Lust, Selbst-Zuwendung, Sorge, Verbundenheit, Verantwortung, Genuss, Freude und Dankbarkeit entstehen. Dies sind Quellen für mehr Leben und Erfüllung in der Arbeit.

6.2.4 Beispiele aus der Praxis

a) Organisationale Ebene:

Wenn in der Belegschaft z. B. Belastungen und Spannungen aufgrund von mangelndem Beziehungserleben vorhanden sind, könnte eine personale Bearbeitung durch eine zuständige Geschäftsführung folgendermaßen aussehen. Mit diesem Muster im Kopf kann auch mit der Belegschaft oder den beteiligten Personen gesprochen werden:

PEA-0: Welche Personen erleben die Situation tatsächlich als schwierig und leiden darunter (die gesamte Belegschaft oder betrifft es nur einzelne bzw. bestimmte Abteilungen)? Wie lange besteht das Problem schon, sind Ursachen dafür ausfindig zu machen? Ist direkte Abhilfe möglich, z. B. durch Umverteilung der Arbeit, sodass mehr Zeit für die Beziehungspflege bleibt? – Wenn es nach einem größeren Problem aussieht und nicht nur nach einer organisationalen Frage, die natürlich schon auf der Sachebene geklärt wäre, braucht es weitere Schritte.

PEA-1: Wie erleben es die Mitarbeiter? Wie geht es ihnen? Was würden sie am liebsten tun? Wie ist die Stimmung?

PEA-2: Verstehen sie, dass es ihnen persönlich so geht? Wie verstehen sie die Situation? Was ist ihnen unklar? Empfinden die Mitarbeiter die Ablehnung ihrer Kollegen bzw. die kritischen Beziehungen unter ihnen als passend und richtig oder als fehl am Platz? Haben sie das Gefühl, dass man ihnen gerecht wird oder dass die anderen das „verdienen"? Was halten sie davon, dass das jetzt so ist? Was halten sie von der Führung, die um die Situation weiß? Gibt es etwas, was sie tun wollen, was sie in dieser Situation zu einer Reaktion drängt? Das kann im Rahmen einer aktiven Beziehungsreflexion vom Abbruch bzw. Auslaufenlassen einzelner Bezie-

hungen über die Beziehungsklärung bis hin zum Aufbau neuer Beziehungen alles sein. Oder es können die Beziehungen einen Rahmen durch die Formulierung von Unternehmenswerten oder eines Verhaltenskodexes erhalten.
PEA-3: Was davon ist das Dringendste und Wichtigste (Hierarchisierung der Vorgangsweise aufgrund von Wichtigkeit zur Erfüllung der Aufgaben und des Wertes für die Betreffenden und für das Unternehmen)? Wer ist alles beizuziehen? Kann es intern gelöst werden oder braucht es Fremdhilfe oder Auslagerung des Problems in eine Bearbeitung außerhalb des Unternehmens? Welche Mittel stehen zur Verfügung und welche braucht es? Ist es in der normalen Arbeitszeit zu machen oder braucht es Überstunden?
An dieser Stelle kann die Anwendung des Schemas in Abbildung 22 zum Tragen kommen.

Im Rahmen einer solchen aktiven Beziehungsgestaltung ist es natürlich auch gut, wenn darauf geachtet wird, ob es Personen gibt, die wichtig sein könnten und zu denen Einzelne noch keinen wirklichen Kontakt oder keine tragfähige Beziehung aufgebaut haben. Zu diesen Personen wäre dann aktiv eine Beziehung aufzubauen.

b) Führungsebene:
Wie soll mit einem schwierigen Mitarbeiter umgegangen werden, der zwar eine gute menschliche Akzeptanz in seiner Abteilung hat, aber leistungsmäßig die Erwartungen nicht erfüllt, gleichzeitig aber immer wieder Bestätigung von seiner Führungskraft haben will, die diese aber ehrlicherweise nicht geben kann? Die Führungskraft fühlt sich bedrängt und gerät in die Enge, denn sie spürt die Not und die Bedürftigkeit dieses Mitarbeiters, sein Suchen nach Nähe, Versicherung und Beziehung. Die Führungskraft selbst hätte aber das Bedürfnis, möglichst nichts mit dieser Person zu tun zu haben. Sie geht ihr eigentlich auf die Nerven, fordert und gibt zu wenig. Von der Gruppe wird sie aber geschützt, offensichtlich wegen ihrer Schwäche und vielleicht auch wegen einer gewissen Unreife, die als Kindlichkeit empfunden wird. Außerdem hat die Person eine Familie zu Hause und ist auf das Einkommen angewiesen, was allen, die sie kennen, von ihr immer wieder mitgeteilt wird.
Die Führungsposition verlangt eine Bearbeitung dieses Problems, das nicht delegierbar ist, weil der Mitarbeiter sich immer wieder explizit an sie wendet und nun auch schon Unmut zeigt. Um nicht in ein Reagieren

zu kommen, was in solchen Situationen leicht der Fall ist, versucht die Führungskraft entlang der Schritte der PEA vorzugehen.

PEA-0: Das Problem ist die Konstellation von unbefriedigender Leistung und Verlangen nach Anerkennung von der Führungskraft, die diese nicht geben kann. Durch diesen Zwiespalt entsteht Druck. Die Unreife des Mitarbeiters und die praktische Unkündbarkeit verlangen von der Führungskraft eine Lösung. Die Situation war mit den bisherigen sachlichen Vorgangsweisen (Leistungsblatt, Organisationsplan, Zeiteinteilung usw.) nicht zu lösen.

PEA-1: Wie geht es der Führungskraft mit dem Mitarbeiter? Welche Gefühle stellen sich da bei ihr ein? Was würde sie am liebsten tun? Was vermittelt ihr der Mitarbeiter eigentlich? Sie fühlt eine Enge, einen Druck, der ihr die Luft nimmt, zunehmend eine Wut auf den Mitarbeiter und sein impertinentes Verhalten. Am liebsten würde sie den Mitarbeiter anschreien: „Lass mich in Ruh und mach deine Arbeit ordentlich! Wenn du dich nicht anstrengst, kann ich nichts für dich tun!" Sie spürt, dass der Mitarbeiter eigentlich von ihr Beziehung will, mehr Nähe, vielleicht auch eine Art väterliches Gehaltensein, aber gerade das fällt ihr in diesem Fall so schwer, weil es so manipulativ gefordert wird.

PEA-2: Versteht die Führungskraft, warum es ihr so schwerfällt, dem Mitarbeiter väterlich-stützend zu begegnen? Warum mag sie das nicht? Sie weiß von sich, dass sie das sonst gut kann, nur bei diesem Mann fällt es ihr schwer. Weil er so Druck macht? Kann sie mit Druck nicht umgehen? – Im Allgemeinen kann sie Druck gut von sich fernhalten, aber hier bekommt sie dieselben Gefühle wie bei dem Partner, von dem sie sich vor zwei Jahren hat scheiden lassen.

Versteht sie, warum der Mitarbeiter das braucht? – Sie meint, dass es mit seiner Hilflosigkeit und Unreife zu tun hat, die durch die Gruppe auch noch Auftrieb und Unterstützung erhält. Es gibt nun nichts mehr, das sie nicht verstehen würde.

Wird der Führungskraft mit dem Verlangen des Mitarbeiters unrecht getan? Ist das Verhalten aus ihrer Sicht passend und „stimmig" bzw. was stimmt nicht? – Die Führungskraft empfindet es nicht gerade als Unrecht, was der Mitarbeiter einfordert, nur der Stil stimmt nicht für sie. Aber wenn sie nun diese Hilflosigkeit sieht, dann kann sie verstehen, dass er eigentlich gar nicht anders kann. Es ist wie ein Griff eines taumelnden Menschen nach Halt.

Was hält sie von diesem Mitarbeiter fachlich, persönlich? Was ist das für ein Mensch? – Er ist noch ein ziemliches Kind, eigentlich arm dran und hat keine wirkliche Unterstützung für sein Problem. Er wird entweder ge-

hätschelt oder abgelehnt. Das Unternehmen hält ihn in diesem Zwiespalt fest und es geht nicht weiter. – Was will die Führungskraft tun? Was steht jetzt an, was bräuchte es jetzt?
Durch die neue Sichtweise und persönliche Einschätzung erkennt die Führungskraft klar, dass dieser Mitarbeiter ihren vermehrten Beistand braucht, aber sie erkennt auch, dass sie diesen Bedarf, den der Mitarbeiter anmeldet, nie ganz erfüllen kann und auch nicht will. Dafür soll der Mitarbeiter nun auch ein Coaching bekommen.
PEA-3: Die Führungskraft wird dem Mitarbeiter nun von sich aus regelmäßige Kontakte am Arbeitsplatz und Gespräche bei sich im Zimmer anbieten. Zudem wird sie ihm ein Coaching vermitteln. Sie wird das Gespräch alleine mit ihm führen, ihn eigens dazu während der Arbeitszeit in ihr Zimmer bitten und Termine mit ihm festlegen: einmal pro Woche 15 Minuten plus einmal pro Monat eine gute halbe Stunde.

Schon nach dem ersten Gespräch kommt es zu einer auffallenden Entspannung. Der Mitarbeiter fühlt sich in seinem Anliegen verstanden und ernst genommen, die Führungskraft hat erkannt, wie sehr sie die Spannung aus der früheren Partnerbeziehung übertragen und die Hilflosigkeit und Not des Mitarbeiters übersehen hat. So ist es für sie auch kein größeres Hindernis mehr, die Kontakte mit dem Mitarbeiter aufzunehmen.

c) Individuelle Ebene:
Das Beispiel ist auf dieser Ebene am ausführlichsten, da der Schlüssel zu erfülltem Arbeiten beim Individuum selbst liegt.

Frau Müller ist 34 Jahre alt und Leiterin einer Filiale einer internationalen Handelskette (aus der Bekleidungsbranche) in Süddeutschland. In der Filiale sind noch weitere elf Frauen angestellt.
PEA-0: Deskription – sachliche Beschreibung der Fakten: Was liegt vor?
Das Unternehmen fährt eine Niedrigpreisstrategie und lukriert die Gewinne über den größeren Umsatz. Das wirkt sich auf Frau Müller und ihre Mitarbeiterinnen aus: Sie stehen sowohl unter einem Kosten- als auch einem Zeitdruck. Praktisch heißt das, dass sie kaum Zeit für Aussprachen und Austausch haben, worunter die Beziehungen sowohl untereinander als auch zu den vorwiegend weiblichen Kundinnen leiden. Über die Unternehmensphilosophie bzw. die Werte wurde Frau Müller nur mittels eines kleinen Folders informiert. Eigentlich macht sie sich diesbezüglich keine Gedanken. Für „solches“ hat sie wegen ihres Alltagsstresses auch gar keine Zeit und Energie.

Die von der Zentrale geforderten Mitarbeitergespräche sind im Schnitt in fünfzehn Minuten pro Mitarbeiterin zu erledigen. Das ist gerade die Zeit, die es braucht, um das dazugehörige Formular auszufüllen.
Als Führungskraft gibt sie das weiter, was sie von der Zentrale erlebt: Zeit- und Kostendruck. Man muss funktionieren und die Ergebnisse liefern.
Frau Müller stellt fest, dass sie nur noch funktionieren muss und ist mit ihrem Herzen nicht mehr bei der Sache. Sie beginnt, ihre sozialen, emotionalen und sinnlichen Bedürfnisse zu vernachlässigen, wird von der Leistungsbetonung, dem Zeitdruck und vom Effizienzdiktat dominiert. Sowohl ihre Mitarbeiterinnen als auch die Geschäftspartner (andere Filialleiterinnen, Lieferanten etc.) sind für sie nur noch Funktionsträger. Sie bleibt ihnen gegenüber distanziert. Bisher hat sie auch nicht auf den Aufbau und die Pflege von Beziehungen geachtet.
Feiern finden so gut wie keine statt, manchmal wird eine von der Zentrale „verordnet", aber sie hat rasch zu erfolgen und ist an den Tagesrand verlegt, sodass sie mehr oder weniger in der Freizeit der Mitarbeiterinnen stattfindet.

PEA-1: Gefühl: Wie ist das für sie?
Aufgrund der Beschreibung der Situation in PEA-0 beginnt Frau Müller immer deutlicher zu fühlen, dass sie ihre Arbeit so nicht mag. Sie merkt, dass es ihr im und mit dem derzeitigen Arbeitsleben nicht gut geht. Sie spürt die Belastung und ist wütend auf sich, weil sie das alles mit sich machen lässt, dass sie nur noch funktioniert und bisher zu wenig bei der Arbeit „gelebt" hat. Sie ist auch ein wenig traurig über die Oberflächlichkeit in den Beziehungen zu ihren Mitarbeiterinnen.
Aufgrund der Fragen von PEA-1 denkt sie erstmals, dass ihre Herzrhythmusstörungen eine Folge der Belastung im Arbeitsleben aufgrund des Kosten- und Zeitdruckes sein könnten.
Am liebsten würde Frau Müller einmal nichts tun und sich ausschlafen.
Das sagt ihr, dass sie überfordert ist, dass die Arbeitsbedingungen am Menschen vorbeigehen, dass sie schon über Monate nicht richtig abschalten und sich nicht erholen konnte.

PEA-2: Stellungnahme: Was hält sie davon?
Frau Müller versteht, dass es der Rahmen ihrer Arbeitsbedingungen ist, der sie und ihre Mitarbeiterinnen leiden lässt, und dass es nichts mit ihr zu tun hat.
Sie ist der Meinung, dass der Kosten- und Zeitdruck der Zentrale notwendig ist, um sich gegenüber der Konkurrenz durchzusetzen und somit ihre

Arbeitsplätze zu erhalten. Dennoch ist der Druck zu hoch und schadet ihren Mitarbeiterinnen und ihr.
Sie nimmt sich vor, zu schauen, wo sie Verbesserungen erzielen bzw. den Druck reduzieren kann bei gleichzeitiger Einhaltung der Zielvorgaben durch die Zentrale.

PEA-3: Verhalten: Wie kann sie das umsetzen, was sie will?
Frau Müller nimmt sich Mitte nächsten Monats, wenn im Geschäft nicht so viel los ist, zwei Wochen Urlaub. Da in der Woche danach immer noch nicht Hochsaison ist, wird sie sich um ihre Mitarbeiterinnen kümmern: Sie vereinbart Mitarbeitergespräche mit der Dauer von mindestens einer Stunde pro Mitarbeiterin, bei denen sie sich ausreichend Zeit sowohl für die Zielformulierung und -kontrolle als auch das Sprechen über die individuellen Erwartungen, Meinungen und Anregungen ihrer Mitarbeiterinnen und von sich selbst nimmt.
Frau Müller führt auch mit sofortiger Wirkung ein, dass die Pausen bewusst und nach Möglichkeit miteinander gemacht werden. Sie spendiert eine Kaffeemaschine und richtet sich zusammen mit ihren Mitarbeiterinnen im Lager eine kleine Sitzgelegenheit ein.
Als Filialleiterin führt sie jeden Monat ein Mitarbeiterinnentreffen ein, bei dem jede von ihnen Verbesserungsvorschläge machen kann. So ist beispielsweise eine Idee von ihr, dass sie unter anderem füreinander einkaufen gehen und somit Zeit einsparen könnten.
Frau Müller wird in Zukunft bei schönem Wetter mit dem Fahrrad zur Arbeit fahren (ein Weg ist ca. acht Kilometer). Somit baut sie Bewegung in den Alltag ein und hat am Abend kein schlechtes Gewissen, wenn sie es sich daheim gemütlich macht, anstatt noch Sport zu betreiben.
In der Beziehung mit ihrem Lebensgefährten will sie achtsam sein: Sie wird versuchen, in seiner Anwesenheit wirklich bei ihm bzw. im Hier und Jetzt zu sein und nicht ans Geschäft zu denken. Damit sie das nicht vergisst, stellt sie sich im Koch- und Wohnbereich (in dem sie sich hauptsächlich aufhalten) eine Kerze auf. Auch werden sie einmal pro Woche gemeinsam etwas unternehmen. Der Sonntag gehört nur ihnen beiden.

Frau Müller hat erkannt, dass sie Zeit gewinnt, indem sie ihre Einstellung zur Arbeit ändert: Sie wird versuchen, nach dem Motto vorzugehen: „Wenn du es eilig hast, dann gehe langsam.“ Zwischendurch wird sie auch Minipausen machen, um danach wieder leistungsfähiger und weniger fehleranfällig zu sein. Weiters wird sie darauf achten, dass sie mit ihrer

Aufmerksamkeit bei dem ist, was sie gerade macht bzw. bei der Person, mit der sie zusammen ist.
Dies ist das Ergebnis, das sie sich selbst anhand der Fragen erarbeitet hat. Es ist nicht ideal, aber es ist realistisch und in ihrer Position machbar.

6.3 Dritter Schritt: das Eigene leben dürfen

Um sich selbst sein zu können und das, was einem entspricht und wichtig ist, leben zu können, braucht der Mensch, wie schon in Kapitel 5.3 ausgeführt, Beachtung, Gerechtigkeit, Anerkennung und Wertschätzung. So findet der Mensch das, was sein Eigenes ist (Authentizität). So erhält er Ausstrahlung und natürliche Autorität. Identität, Authentizität und Ethik gehören zusammen und erlauben ein gutes Mit-sich-sein-Können und eine begegnende Offenheit für den anderen. Ist dies aber aufgrund zu großer Probleme bzw. Hindernisse nicht ausreichend gewährleistet, so ist ein vertieftes Vorgehen mithilfe der PEA nötig.

6.3.0 Die Faktenlage: Was liegt vor? (PEA-0)

Wie kann ich in meiner Arbeit ich selbst sein? Wie gut kann ich das leben, was mir persönlich als wichtig erscheint, wie viel Beachtung, Gerechtigkeit und Wertschätzung in Bezug auf die Arbeit erhalte ich? Hier sind wiederum die realen Umstände, die Fakten zu betrachten, in denen man steht und die einem eine entsprechende Entwicklung bzw. ein adäquates Verhalten erlauben oder es behindern. Die Vielfalt der zu bedenkenden Fakten wird wiederum nach Organisation, Führung und Individuum gegliedert. Wiederum mehr als Anregung gedacht und nicht auf Vollständigkeit hin ausgelegt, werden einzelne Aspekte im Folgenden genannt.

1. **Organisationale Ebene:**
   Dem Muster der vorangegangenen Kapitel folgend, wird die Organisationsebene wieder in zwei Teilen besprochen: a) die Bereiche der strukturellen Basis von Unternehmen und b) einige Problemfelder, die mithilfe der Prozessdynamik bearbeitet werden können, um das Prinzip, nach dem vorgegangen werden kann, zu zeigen.
   a) Die organisationale Basis:
   Jede Organisation, die etwas auf sich hält, ist um eine Identität bemüht, um die Corporate Identity. Im Gabler Wirtschaftslexikon wird

Corporate Identity beschrieben als „ein strategisches Konzept zur Positionierung der Identität oder auch eines klar strukturierten, einheitlichen Selbstverständnisses eines Unternehmens, sowohl im eigenen Unternehmen als auch in der Unternehmensumwelt". Die Autoren verweisen darauf, dass mit der Corporate Identity auch praktische, strategische Vorgangsweisen verbunden sind, die sich aus dem Selbstverständnis ableiten und als zum Unternehmen gehörend empfunden werden, z. B. Produkt- und Marktfelder, Beziehung zu Mitarbeitern, Kunden, Lieferanten, Konkurrenten usw. Das Unternehmensleitbild schafft ein „Wir-Bewusstsein" mit verbindlichen Verhaltensmustern und Normen, das auch allen Entscheidungsbeteiligten Grundlage für ihr Handeln ist. Dadurch wird eine wesentlich höhere Effektivität und Effizienz der Unternehmensaktivitäten möglich. Die Identifikation der Mitarbeiter mit der Corporate Identity wirkt sich wiederum positiv auf ihre Motivation aus. Somit ist die Corporate Identity neben einem Kommunikationskonzept auch ein zentraler Bestandteil der strategischen Unternehmensführung und eine wesentliche Erfolgsvoraussetzung zur Umsetzung strategischer Konzepte ins operative Geschäft.

Auf *Kernkompetenzen* zu achten und sich ihrer bewusst zu sein, ist ein weiterer Bereich dieser Ebene. Dazu zählen nicht nur die Verbesserung bestehender und die Entwicklung neuer Kompetenzen, sondern auch die Ausgliederung jener Kompetenzen, die nicht mehr benötigt werden. Als Kernkompetenz kann beispielsweise ein Unternehmen die „Entwicklung und Herstellung von Lasersystemen im medizinischen Anwendungsbereich" definieren, während die Verwendung der Laser für Messzwecke als nicht mehr benötigt und als zu seitab liegend erkannt wird.

Die organisationale Ebene beschreibt auch, welche *Rolle die Einzelperson* im Unternehmen spielt. Wenn Mitarbeiter nicht nur vorwiegend als Arbeitskraft (also in ihrem Nutzwert) gesehen werden, sondern auch als Mitmenschen mit eigenem Entscheidungsbedürfnis und persönlicher Verantwortung (Eigenwert), so tut diese ganzheitliche Sichtweise dem Menschen gut und hat einen gesundheitsfördernden Einfluss. Dabei sollte der Mitarbeiter so sein dürfen, wie er ist, was seine Kompetenzen (Begabungen, Fähigkeiten, Fertigkeiten), seine Entscheidungsfähigkeit und sein Verhalten betrifft. Wenn etwas gut ist, sollte es auch wertgeschätzt werden, und was nicht so gut ist, sollte ins Gespräch gebracht werden, damit der Mitarbeiter sich auch entwickeln kann. Damit das Arbeiten zu Erfüllung führen kann, müssen sich die Mitarbeiter (und man selbst) als *eigenständige Personen* erleben können, die ihr

Eigenes (das, was für sie wichtig und richtig ist) einbringen dürfen und deren effektive Leistung gesehen und geschätzt wird. Die Mitarbeiter brauchen Freiheiten (z.B. für die Planung ihrer Arbeit, mancherorts auch der Arbeitszeit), sollen Verantwortung übernehmen können und selbstständig arbeiten dürfen. Es soll sich für die Mitarbeiter richtig anfühlen, für diese Organisation arbeiten zu dürfen (Identifikation), auch deshalb, weil sie die ihnen zugeteilten Aufgaben nach bestem Wissen und Gewissen erfüllen können.

Das bedeutet, dass in einem vitalen und personal gefärbten Unternehmen die Meinungen und Ideen der einzelnen Mitarbeiter gefragt sind und Individualität geschätzt wird. Wenn man von Individualität spricht, darf Diversität nicht übersehen werden. Darunter fallen alle Arten von Vielfältigkeit wie Meinungen, politische Ausrichtung, Geschlecht, Nationalität, Kulturkreis, religiöse Orientierung usw.

Die Mitarbeiter fühlen sich wohler, wenn sie ihre Rolle leichter finden können, weil der *Aufgabenbereich* und die Schnittstellen zu anderen Bereichen klar definiert sind. Das kann durch eine Stellenbeschreibung oder durch klare Kommunikation der Verantwortung und Kompetenzen geschehen. Besonders von Vorteil ist, wenn die Rolle und Funktion dem Einzelnen weitgehend angepasst werden kann und er sich nicht allzu sehr einfügen muss. Mit anderen Worten: wenn ein möglichst großer Fit zwischen Funktion und Individuum besteht.

In Unternehmen spielen üblicherweise Ziele eine große Rolle. Es ist daher von großer Bedeutung, welche Ziele wie vereinbart werden und was als Erfolg gilt. Gibt es beispielsweise nur finanzielle Ziele oder auch Ziele zum Umgang miteinander, zu Kunden und zur Gesundheitsförderung?

Auf der organisationalen Ebene spielen *Anerkennung* und *Wertschätzung* eine erhebliche Rolle für die Zufriedenheit und Motivation der Mitarbeiter. Diese zeigen sich auch in den Anreiz- und Belohnungssystemen, obwohl diese die personale Qualität nicht erreichen, weil sie viel zu mechanistisch sind. Dazu gehören sowohl monetäre als auch nicht monetäre Anerkennungssysteme. Eine Möglichkeit dabei ist, die Geschäftsleitung und das Verkaufspersonal monetär am Umsatz zu beteiligen. Ein Gehaltsmodell kann sich beispielsweise zusammensetzen aus einem fixen Bestandteil (dem Grundwert der Arbeitsstelle, zuzüglich dem, was der einzelne Mitarbeiter an Kompetenzen mitbringt) und einem variablen Anteil, der an den Umsatz, Gewinn oder andere Kennzahlen geknüpft ist.

Zu den Belohnungen zählen auch *Ehrungen*. In unseren Breitengraden ist es weit verbreitet, dass die Mitarbeiter für ihre Betriebszugehörigkeit oder ihre guten Verkaufszahlen geehrt werden. Eine Ehrung tut meistens gut, weil hier der Mitarbeiter gesehen wird. Aber bei welcher Art von Ehrung wird er mehr gesehen und wertgeschätzt? Es ist zu überlegen, ob es auch noch andere Gesichtspunkte geben könnte, nach denen Ehrungen in der betreffenden Organisation vorgenommen werden könnten wie beispielsweise, wenn der Mitarbeiter eine sinnvolle Handlung mit einem guten Ergebnis getätigt hat. Sinnvoll könnte sein, wenn sich die Mitarbeiter einer Abteilung neben der Erfüllung ihrer Ziele wohlfühlen, motiviert sind und geringere Krankenstände und Fluktuationsraten aufweisen. Wäre das nicht auch eine Möglichkeit für eine Ehrung der Führungskraft?

Anerkennung kann sich auch gegenüber dem Überbringer einer schlechten Nachricht zeigen (z.B. wenn an einer Baustelle über Nacht wieder ein größerer Diebstahl erfolgte). Es sollte eine Differenzierung zwischen Person und Inhalt der Nachricht erfolgen. Die Person ist auf jeden Fall wertzuschätzen z.B. für ihren Mut, das Unangenehme zu sagen.

Ähnlich verhält es sich beim Umgang mit *Fehlern:* Hier darf der Mitarbeiter keinesfalls abgewertet werden, sondern es braucht unbedingt eine Differenzierung zwischen Person und Handlung. In der „Fehlerkultur", wie oft gesagt wird (eigentlich ist es die Kultur des Umgangs mit Fehlern), haben viele Betriebe Entwicklungsbedarf. Die Schwierigkeit, nicht in eine Abwertung oder gar „Verdammnis" zu kommen, hat oft mit allen vier Grunddimensionen der Existenz zu tun. Man tut sich schwer, das Geschehene annehmen zu können, es vielleicht sogar nur aushalten zu können. Es ist zweitens ein Wertverlust damit verbunden, der einen belastet und vielleicht traurig macht. Wer einen Fehler macht, verliert an Anerkennung und Ansehen. Und schließlich wird ein Fehler praktisch immer als sinnlos eingestuft – nicht jeder Webfehler führt zur Entdeckung der Frottee-Handtücher. Besonders verletzend ist die Personalisierung des Fehlers, der Vorwurf und die damit verbundene persönliche Abwertung der Person. Auf diese dritte Dimension, die Höherstellung der Person über die Sache, ist also besonderes Augenmerk zu legen. Darauf aufbauend kann dann auch die Sinndimension des Fehlers gehoben und besprochen werden und wie solche Fehler in Zukunft vermieden werden können. Denn der Fehler hat den Sinn, dass man aus ihm lernen kann.

Auf der Ebene der Geschäftsbeziehungen einer Organisation (auch interkulturell) sind die *kulturellen Gemeinsamkeiten und Unterschiede* von Interesse, denn bei dem einen kann man leicht mitgehen und bei anderem hat man schwerlich Zugang (z.B. autoritäre Führungsstrukturen) oder es widerspricht eigenen Grundhaltungen und man wird es ablehnen, damit den anderen aber unter Umständen vor den Kopf stoßen (z.B. die leidige Schmiergelddebatte in nicht wenigen Ländern oder Branchen). Von solchen strukturfernen Geschäftsgebahrungen wird man sich fernhalten, weil man sie nicht in die eigene Organisation übernehmen oder sich „infizieren" möchte.

b) Problembereiche:

Manche Unternehmen haben Probleme im Bereich der *Corporate Identity,* die nicht klar genug ist, sodass kein markantes Profil des Unternehmens gegeben ist und daher zu wenige Unterscheidungsmerkmale der Organisation zu den anderen bestehen. In den heutzutage meist übersättigten Märkten ist es für eine Organisation wichtig und manchmal sogar überlebensnotwendig, dem Kunden Gründe zu vermitteln, warum er gerade bei ihr und genau dieses Produkt bzw. diese Dienstleitung kaufen soll. Dabei ist es wichtig, sich selbst ebenfalls klarzumachen, was diese besonders macht bzw. wodurch sie sich von anderen – von den von Mitbewerbern angebotenen – unterscheiden (Unique Selling Proposition und Positionierung im Markt). So kann es vorkommen, dass sich ein Unternehmen zu wenig entweder aufgrund seiner Preisstrategie oder seiner Qualitätsstrategie im Markt positioniert. Viele Elemente spielen dabei eine Rolle, z.B. ob eine Marke gegeben ist (man denke an so eingebürgerte Marken in unseren Ländern wie „Tempo" bei Papiertaschentüchern oder „Nivea" bei Cremes, um sich deren Bedeutung klarzumachen). Auch ein Logo und das gesamte Design usw. ist hier zu bedenken, weil damit das Wesen der Organisation und/oder des Produktes zum Ausdruck gebracht wird.

Es können sich auch Fragen bezüglich der Kernkompetenzen ergeben: Sind diese klar definiert und ausreichend bekannt, damit sich durch die Fokussierung der Kräfte auf diese Kompetenzen eine Ressourcenersparnis ergibt? So ist stellenweise (vor allem in größeren Unternehmen) zu beobachten, dass einzelne Mitarbeiter, die keinen Wertschöpfungsbeitrag mehr liefern, sich selber gut beschäftigt halten und damit die aktuelle Lage verdeckt halten, um ihren Arbeitsplatz nicht zu verlieren.

Manche Unternehmen haben einen großen Verlust an Know-how, weil sie eine zu hohe *Kündigungsrate* haben. Das hat oft mit einem Faktor zu tun, für den manches Management blind ist: die Haltung zu den Mitarbeitern als Personen. Wenn das Unternehmen ausschließlich vom Nützlichkeitsgedanken geprägt ist, sodass der Wert des einzelnen Menschen nicht mehr gesehen wird, sondern nur seine Funktion und Rolle, dann führt diese menschliche Ausbeutung zu vermehrten Krankenständen, verminderter Motivation, innerer Kündigung und häufigeren Arbeitsplatzwechseln. Das ist gesunder Selbstschutz der Menschen, die ja niemals nur Maschinen sind.
Viel *Potenzialverlust* entsteht auch dadurch, dass die Kreativität und Eigenverantwortlichkeit einzelner Mitarbeiter, besonders in der unteren und mittleren Führungsebene, nicht gehoben und ins Unternehmen eingebracht wird. Die Menschen, die an der Arbeit unmittelbar dran sind, sehen viele Details, die anderen verborgen bleiben, und sie haben oft gute Ideen. Es gibt Betriebe, die dieses Potenzial im Rahmen eines betrieblichen Vorschlagswesens oder kontinuierlichen Verbesserungsprozesses nutzen.

2. **Führungsebene:**
Die Führungsebene ist von Kinast und Milz (2013, S. 29) auch in dieser Dimension so gut beschrieben, dass wir uns erlauben, erneut auf ihre Darstellung zurückzugreifen. Sie schreiben von der Notwendigkeit einer „Personen stärkenden Organisationskultur", um Engagement und Leistung erwarten zu können. Als Grundbedingung sehen auch sie eine Kultur der Beachtung des Einzelnen, bei der Potenziale gefördert werden, bei der wertschätzend delegiert wird, Feedback und Kritik möglich und geschätzt ist und bei der Konflikte nicht übergangen, sondern konstruktiv bearbeitet werden. Es sind alles Elemente, bei denen das Individuum ernst genommen wird und sich auf dieser Basis gerne aktiv einbringen mag. Als praktische Hinweise für die Führung empfehlen sie (ebd.):
- Zielorientiertes Führen.
- Mitarbeiter mit offenen Fragen zu Stellungnahmen auffordern und ihnen als Führungskraft mit klaren Stellungnahmen gegenübertreten.
- Potenziale entdecken, fördern und fordern: Gestaltungsfreiräume schaffen, Entscheidungen und Verantwortungen einfordern (nicht abnehmen).
- Vertrauensvoll delegieren und die „andersartige" Lösungskompetenz stärken.

- Die Leistungen des Einzelnen sehen und anerkennen – nicht nur das Team, sondern auch den Einzelnen loben.
- Teamentwicklung: Wahrhaftige Feedbackkultur und konstruktive Konfliktkultur entwickeln.
- Profilierung ermöglichen und die Beachtung der Leistungen der Kollegen fördern.
- Die Wertschätzung der Leistungen der anderen Professionen und Disziplinen in den Blick holen.
- Die geleistete Arbeit evaluieren und würdigen, indem auch auf die Sinnhaftigkeit verwiesen wird und gemeinsam selbstkritisch nach Verbesserungsmöglichkeiten gesucht wird.

Gerade in dieser Dimension kann es zu vielfachen Überforderungen der Führungskräfte kommen. Bei sich selbst beginnend, kann ein nagender, heimlich-stiller Zweifel an sich selbst die Arbeit ständig begleiten: Bin ich wirklich gut genug? Kann ich bestehen vor den anderen, sieht man meine Unsicherheit, meine Schwächen und Makel?
Angst kann dazukommen: Wenn die anderen wüssten, wie es in mir wirklich aussieht ... Und wenn meine Unfähigkeit eines Tages doch zum Vorschein kommt, was dann? Wird man mich halten? Werde ich genug gesehen in meinen Fähigkeiten und Leistungen, und werden sie auch geschätzt, sodass mein Vertrag verlängert wird? Passe ich in das Unternehmen? Wie sehr muss ich mich anpassen, und darf nicht so sein, wie ich bin? Bin ich dann dem Vorstand noch genehm? – Viel Führungsstress ist mit solchen Unsicherheiten und Ängsten verbunden, die mit dem Selbstbild, dem Selbstwert und der Abgleichung mit den anderen, insbesondere mit anderen Entscheidungsträgern verbunden sind.
Weitere Stressquellen können aus der Führungstätigkeit selbst stammen. Eine Führungskraft kann überfordert sein, wenn sie merkt, dass ihre Mitarbeiter aufgrund ihrer mangelnden Autorität ihren Anweisungen nicht folgen bzw. sie zu wenig ernst nehmen, oder wenn sie von einem Mitarbeiter vor den anderen kritisiert wird usw.
Oder man ist sich nicht klar, was eigentlich gute Führung bedeutet, macht halt die täglich anfallende Arbeit, so wie früher, als noch keine Führungsanforderung bestand, merkt aber selber, dass es noch mehr benötigen würde. Aber soll die Arbeit top-down mit Aufträgen an die Mitarbeiter erfolgen, so wie der Vater es in der Familie gemacht hat (es sind oft solche impliziten Vorbilder, denen man folgt), oder soll es bottom-up geschehen durch Besprechungen und Dialoge mit den Kollegen? Wozu ist man selbst in der Lage? Welcher Typ ist man selbst? Nicht jeder ist ein Teammensch.

Nicht jeder kann sich durchsetzen, nicht jedes Durchsetzen ist auch gut. Viele Fragen und Probleme können hier auftauchen. Sie verkomplizieren sich bei schwierigen Mitarbeitern, bei unvorhergesehenen Ereignissen, bei schwierigen Marktverhältnissen usw.

3. **Individuelle Ebene:**
Für ein erfüllendes Arbeitsleben muss jeder Einzelne in seiner Organisation so sein dürfen, wie er ist, mit seinen Einstellungen, Kompetenzen (Begabungen, Fähigkeiten, Fertigkeiten), Entscheidungen und seinem Verhalten. Er muss als Person und Mensch gefragt sein und sich einbringen können. Ansonsten ist er einer ständigen impliziten Kritik und Abweisung ausgesetzt.
Auch sollte er viel Lob, Anerkennung, Belohnung und Wertschätzung erhalten, vor allem von seiner Führungskraft und seinen Kollegen, aber auch von seinen Geschäftspartnern. Wesentlich ist, ob er selber auch sehen und schätzen kann, was er gut gemacht hat, und ob er seine Schwächen, Unzulänglichkeiten und Fehler erkennen und dazu stehen kann.
Rollenklarheit und ausgesprochene Erwartungen reduzieren Unsicherheiten und damit auch Stress, insbesondere wenn die Tätigkeiten den einzelnen Personen weitgehend entsprechen. Für die seelische Gesundheit ist es erheblich, ob man authentisch sein kann. Der Einzelne sollte sich bewusst machen, wie weit er sich an seine Funktion (mit Tag- und Nachtdiensten, Reisen, Kontrollprozessen, Übernahmen von Vorgaben usw.) anpassen und gewöhnen kann, sodass es ihm als Person und „ganzen Menschen" noch entspricht, oder ob er sich gegenüber überhöhten Erwartungen und ihm nicht entsprechenden Rollenzuschreibungen abgrenzen sollte bzw. Änderungen einfordern sollte.

Generell stellen sich für den einzelnen Mitarbeiter auf der persönlichen Ebene folgende Fragen:

- Fühlt sich meine Arbeit in dieser Organisation richtig für mich an? Bin ich am richtigen Platz, der mir und meinen Fähigkeiten entspricht?
- Wie begegne ich meinen Geschäftspartnern? Bin ich an ihnen auch als Menschen interessiert? Kann ich zumindest ihr Bemühen respektieren?
- Kommuniziere und handle ich authentisch? Kann ich auch Unangenehmes authentisch mitteilen?
- Wo ist es für mich stimmig, mitzugehen, und wo, Nein zu sagen?

- Stehe ich zu mir, zu meinen eigenen Empfindungen, Sichtweisen, Anliegen, Werten und grenze ich mich im Bedarfsfalle auch ab, um das Meinige zu bewahren?
- Wie viel Entscheidungsfreiheit und Verantwortungskompetenz habe ich? Kann ich mich in meinem Aufgabenbereich entfalten? Wie sehr kann ich bei meinen Zielen und der Art der Durchführung der Aufgaben mitentscheiden?
- Was erlebe ich als entfremdend oder fremdbestimmt?

6.3.1 Gefühl: Wie ist das für mich? (PEA-1)

Wenn wir nun die Ebene der tieferen Bearbeitung betreten, dann beziehen wir uns auf die festgestellte Faktenlage, wie es sich mit dem Sich-selbst-sein-Dürfen bzw. dem Sich-selbst-nicht-sein-Dürfen verhält. Natürlich hat der Mensch zum Glück automatische Schutzreaktionen, wenn er in Zonen der Überforderung gerät, auch in dieser Dimension sind solche da, wie in Kapitel 5.3 beschrieben. Doch wollen wir die Voraussetzungen schaffen für ein bedachtes, personales Vorgehen. Wir gehen nach demselben Muster vor, wie bei den anderen Dimensionen: getrennt nach Organisation, Führungsebene und individueller Ebene, wo immer ein Problem auftaucht. Der Systematik halber und weil es für ein spezifisches Bearbeiten der behindernden Erfahrungen in dieser dritten Dimension der Existenz hilfreich sein kann, gehen wir wieder die PEA-Schritte durch.

1. Zuerst wird nach Innen auf das spontane Gefühl und die dieses begleitenden Körperempfindungen geachtet.
   - Im Blick sowohl auf die Beachtung, Gerechtigkeit, Anerkennung und Wertschätzung als auch auf seine Eigenständigkeit, Authentizität und sein Dürfen bzw. Nichtdürfen in seinem Arbeitsumfeld kann es zunächst einmal gut sein, sich ganz allgemein die Fragen zu stellen: Was empfinde ich dabei? Wie erlebe ich das? Wie geht es mir damit?
   - Danach wird es schon etwas konkreter: Welches Gefühl habe ich? Fühle ich mich verletzt? Spüre ich ein Übergangenwerden? Merke ich einen Ärger bei mir? Wo spüre ich dies? Was macht es mit mir?

Spüre ich es körperlich? Wie erlebe ich das? Wie geht es mir damit? Was gefällt mir daran? Was ist störend?

2. Stellt sich zu dem Gefühl eine Bewegung spontan ein, ein Impuls? – Denn wo ein Gefühl ist, ist eine impulsive Bewegung.
   - Wenn ich ganz tun könnte, wonach mir ist, ohne Rücksicht nehmen zu müssen, so ganz spontan, ohne Überlegung, was würde ich da am liebsten tun? Welche Bewegung stellt sich spontan ein? Spüre ich da einen Impuls? Welchen Impuls spüre ich?
3. Nun wird der Blick gehoben und auf die Situation gerichtet und nach der Botschaft Ausschau gehalten, die mit ihr verbunden ist. Dadurch kommt man zur Tiefe, zu dem, was man intuitiv gespürt hat:
   - Wenn ich die Situation offen auf mich wirken lasse, was sagt sie mir? Hat mich etwas getroffen? Was ist das Eigentliche in der Situation? Was ist die Botschaft, die bei mir angekommen ist?
   - Was bedeutet das für mich? Was gibt es mir im Klartext zu verstehen?
4. Nach der phänomenologischen Analyse wird der Blick wieder auf die Emotion und den Impuls (aus der derzeitigen Sicht) gerichtet, um den Schritt zusammenzufassen:
   - Was empfinde ich jetzt dabei? Wie geht es mir damit?

6.3.2 Stellungnahme: Was halte ich davon? (PEA-2)

Die Erarbeitung einer inneren Stellungnahme dient dem Weiterkommen der personalen Verarbeitung. Dazu braucht es ein Verstehen der Wertzusammenhänge, ein Urteilen und Entscheiden. Ziel ist, das Neue mit dem Bestehenden in Verbindung zu bringen. Die Reihenfolge sollte eingehalten werden und nicht ein Unterschritt dem anderen vorgezogen werden.

1. **Verstehen:**
   Das Verstehen wird auf drei Bereiche bezogen:
   - Selbstverständnis:
     Verstehe ich, dass es mir dabei so geht? Verstehe ich, was mich bewegt? Verstehe ich mein Gefühl? Verstehe ich mich? Was ging mir dadurch verloren? Was bewegt mich dabei?
   - Fremdverständnis:
     Verstehe ich den anderen? Was hat es mit mir zu tun (Eigenanteil) und was mit dem anderen?
   - Unverständnis:
     Was verstehe ich nicht?

2. **Gewissen – die personale Einschätzung:**
   Das Verstandene wird mit dem innersten persönlichen Gespür abgewogen. Damit kommt es zu einer Zusammenführung aller Werte der Person. Dieser Schritt schafft den Boden für den Umgang mit dem Erlebten oder Vorgefallenen.
   Wir achten hier auf das Innerste, schauen auf die innere Stimmigkeit und darauf, was wir dabei zu spüren bekommen. Das innere Gespür zeigt einem an, ob man es persönlich als richtig empfinden kann, was einem widerfahren ist bzw. was man selbst getan hat:
   - Was sagt es eigentlich in der Tiefe meiner Seele dazu? Was halte ich persönlich, ganz im Innersten („insgeheim") davon?
   - Finde ich, dass es gut/richtig war? Ist es gerechtfertigt? Ist mir recht geschehen?
3. **Kognitive Stellungnahme und Urteil:**
   Aber auch Überlegungen, Wissen und Erfahrungen sind wichtig und kommen nun dazu mit Fragen wie:
   - Was halte ich von einem solchen Verhalten?
   - Wie beurteile ich das? Was soll man von einem Menschen halten, der so etwas tut?
   - Was halte ich von dem, was da passiert ist? Was für Gedanken gehen mir da durch den Kopf? Was halte ich grundsätzlich davon?
   - Was ist meine persönliche Meinung von diesem Menschen? Was kann/mag ich persönlich dazu sagen?
4. **Wille:**
   Verstehen und Stellungnahmen münden in den praktischen Willen, d.h. in die Vorbereitung des Handelns.
   - Spüre ich, dass ich etwas tun sollte, um die Situation zu verändern? Spüre ich, dass das jetzt an der Reihe wäre, dass es das von mir bräuchte?
   - Was würde ich am liebsten tun? Wie möchte ich eigentlich damit umgehen? Welches Verhalten wäre gut?
   - Will ich es wirklich? Was soll daraus werden? Spüre ich eine Kraft? Was würde ich da am liebsten und im Grunde tun wollen?

6.3.3 Verhalten: Wie kann ich das umsetzen, was ich will? (PEA-3)

Nun wird die effizienteste Realisierungsform des Willens anhand folgender strategischer Bereiche bedacht:

1. **Was** konkret will ich tun, **wie viel** davon jetzt angehen?
2. Mit **wem** will ich es angehen?
3. **Wie**, mit welchen Mitteln?
4. **Wann** ist der beste Zeitpunkt?

In dieser Dimension geht es vor allem darum, sich behaupten und durchsetzen zu können, zu sich zu stehen, sich abgrenzen zu können, aber auch auf andere begegnend eingehen zu können, sie zu verstehen, ohne sich, seine Ansichten, Werte und sein „Eigenes" aufzugeben. In der Ausführung dessen, was einem wichtig ist, soll man „dahinterstehen können", es soll einem entsprechen und man soll authentisch – sich selbst – sein können. Die praktischen und strategischen Überlegungen sollen dazu dienen, sich so realisieren zu können (siehe Tabelle 9).

Allgemein kann an dieser Stelle auf ein paar Grundsätze verwiesen werden, die im Zusammenhang mit der dritten Dimension der Existenz stehen. Einer besagt: „Wenn man einen Menschen nicht schätzen kann, hat man ihn i. A. in seinem Wesen (als Person) nicht gesehen!" Leider kommt das im Berufsleben (auch aufgrund von Zeitdruck) sehr häufig vor. Die Wertschätzung ist nicht an das Mögen gebunden. Man kann auch eine Person, die man nicht mag, schätzen für ihre Handlungen. Aber wenn man jemanden mag, dann fällt die Wertschätzung leichter. Wertschätzung bedeutet, von dem, was jemand macht und wie er es macht, positiv beeindruckt zu sein.

Abschließend gesagt, geht es in dieser Dimension darum, innerlich Ja sagen oder zustimmen zu können zu seiner eigenen Person. Dann hat man das Gefühl, sich sehen lassen zu können und – da man sich selbst ist – auch die Chance zu haben, von anderen wirklich gesehen zu werden. Angesehen zu werden verleiht einem Achtung und Beachtung. Wo man zu sich stehen kann, erhält man eher Wertschätzung von außen und eine natürliche Autorität. Das Zu-sich-Stehen, verbunden mit der Wertschätzung seinem Inneren gegenüber, eröffnet den Zugang zum Gewissen. Die Erfahrung damit, dem Gewissen zu folgen, führt zum personal verankerten Selbstwert. Das Gefühl, man selbst und sein Handeln sind stimmig und richtig, macht außerdem Lust am Sosein.

Tab. 9: Wichtigkeit und Dürfen beim Ändern von mir nicht Entsprechendem

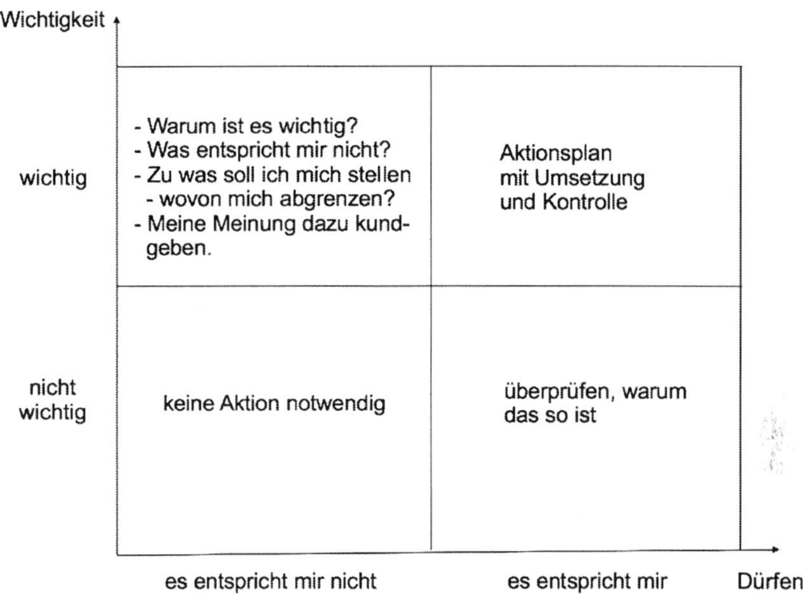

Wenn man ein inneres Ja zu seiner Person gefunden hat, entstehen wie von selbst Ausstrahlung, Respekt und Würde. Auch dies ist eine der Quellen für mehr Leben und für Erfüllung in der Arbeit.

6.3.4 Beispiele aus der Praxis

a) Organisationale Ebene:

Der Eigentümer eines Privatunternehmens erkennt, dass die Probleme im Unternehmen mit der Corporate Identity zu tun haben dürften. Er lädt ein Team der Firma ein, sich mit der Frage zu befassen.

PEA-0: Die Beschreibung der aktuellen Corporate Identity führt zwangsläufig in die Geschichte des Unternehmens. Es ist allen klar, dass kein wirkliches Bild des Unternehmens besteht. Niemand hat sich noch ernsthaft und systematisch mit der Unternehmensphilosophie befasst oder zusammengetragen, was zum Selbstverständnis des Unternehmens gehört. Man hat klein angefangen, hat einfach gearbeitet, Aufträge erhalten, Strukturen aufgebaut und ist gewachsen. Nun hat der Betrieb aber über

600 Mitarbeiter (vor sieben Jahren waren es 30), hat sich inzwischen von der reinen Metallverarbeitung gelöst und betreibt auch Handel. Zwischen den Sparten im Unternehmen entstehen mitunter Spannungen, weil nicht mehr so klar ist, wofür das Unternehmen eigentlich steht: für Innovation und Entwicklung, Verarbeitung und Kundenbetreuung, Handel und Internationalisierung? Aber nicht nur die Mitarbeiter melden einen Bedarf an. Auch von der Führungsseite wird es dringlich, sich genauer zu definieren, und zwar sowohl für die Innenausrichtung, um wieder an einem Strick zu ziehen und Rivalitäten abzubauen, als auch für die Integration in die Unternehmenslandschaft. Der Marktauftritt hat im letzten Jahr zu leiden begonnen, die Werbung und Akquisition verläuft mehr nach dem Gießkannenprinzip.

PEA-1: Welches Gefühl haben die einzelnen Mitglieder des Teams angesichts dieser Situation? Das Wirkenlassen der Situation auf das eigene Empfinden dreht sich um vorwiegend negative Gefühle, hier die wichtigsten: Es fehlen der „Mumm" und die Struktur im Unternehmen. Das Unternehmen ist aus den Fugen geraten. Es herrscht das Gefühl von Unsicherheit im Unternehmen und in der Kundenerfahrung vor. Es ist verwirrend, aber auch positiv: Da ist eine Größe, ein Wachstum, das beeindruckt. Was vermittelt die Lage? Die Botschaft ist für alle eindeutig: Wir haben noch nicht die Zeit gehabt, über uns selbst nachzudenken, sondern waren nur mit Wachstum befasst.

PEA-2: Verstehen die Teammitglieder, wie das so kommen konnte? Aufs Erste scheint es klar zu sein: Man konzentrierte sich zu sehr auf das operative Geschäft und nützte die Gunst der Stunde. Bei genauerem Besehen wird aber deutlich, dass die Führung es verabsäumt hat, die Organisation strukturell und kulturell mitwachsen zu lassen und nach Entwicklungsplänen zu gestalten. Denn in dem Zusammenhang wären Grundsatzreflexionen nötig gewesen. Jeder versteht (was aber nicht explizit ausgesprochen wird), dass hier eine persönliche Führungsschwäche des Eigentümers vorliegt und auch eine gewisse Scheu vor dem Delegieren. Die bisherige Entwicklung wird gewürdigt und die Stärken werden herausgearbeitet, aber es wird von allen als ein Fehler empfunden, nicht schon früher am Selbstbild (Corporate Identity) und der aus ihm abzuleitenden Strategie gearbeitet zu haben. Selbst der Eigentümer stimmt dem zu: Hier wurde er dem Unternehmen und der rasanten Entwicklung nicht gerecht.

Was halten die Teammitglieder vom Unternehmen, wie schätzen sie es ein? Die kognitive Stellungnahme ist ziemlich eindeutig: Es ist ein Unternehmen mit viel Potenzial, es hat bestens Marktlücken entdeckt und sich

aktiv in sie hineinentwickelt, aber es ist „verwahrlost“ und hat deshalb auch schon einige Chancen vergeben. Im Moment ist es in einer kritischen Lage. Wenn nicht bald strukturell nachgebessert wird, ist zu befürchten, dass sich die Wachstumsrate verflachen wird oder sie gar zurückgehen wird, auch weil die Konkurrenz jüngst schlagkräftig aufgetreten ist.
Was „will“ man nun tun, was wäre das Beste? Es braucht eine Organisationsentwicklung, die das Unternehmen von Grund auf strukturiert, eine Teilung in zwei Firmen ist zu überlegen, wenn die Entwicklung der Spannungen schon zu weit fortgeschritten ist. Jede Firma würde dann ihre eigene Kernkompetenzen haben (sicherlich mit Überlappungen).
PEA-3: Es wird ein Strategiepapier erarbeitet: Womit begonnen wird, hat sich bereits abgezeichnet. Die Struktur der Organisation ist zuerst zu festigen und eine neue Führungsebene einzuziehen. Dies wird den Mitarbeitern auch mitgeteilt, aber nicht z.B. die mögliche Aufteilung in zwei Firmen, weil man zuerst die Prozesse abwarten will und die Auswirkung einer definierten Corporate Identity. Damit wird unverzüglich begonnen und externe Berater sollen damit beauftragt werden. Es werden als zusätzliche Mittel Mitarbeiterseminare eingerichtet, in denen das Verständnis der Mitarbeiter vom Unternehmen und seiner Zukunft angefragt und als Information zusammengetragen wird. Das soll als Grundlage für die Entwicklung der Corporate Identity dienen. Diese soll im Rahmen des bestehenden Teams in zwei bis drei Monaten ausformuliert werden.

b) Führungsebene:

Eine neu bestellte Führungskraft, die mit ihrer Beförderung sehr glücklich ist und sich besonders bemüht, kommt immer wieder in zeitliche und nun auch energetische Engpässe, weil sie es immer wieder nicht schafft, sich abzugrenzen und Nein zu sagen. Dies zeigt sich sowohl bei ihrer Schwierigkeit, neue Aufgaben abzulehnen oder an die Mitarbeiter zu delegieren, als auch bei der Abgrenzung gegenüber privaten Problemen ihrer Mitarbeiter. Auch hier kann die Führungskraft mit dem personalen Prozess an sich arbeiten und sich helfen:
PEA-0: Wo habe ich heute eine Aufgabe übernommen, die mir eigentlich zu viel ist (auch wenn ich sie vielleicht gerne mache)? Wie ist es dazu gekommen, von wem kam sie, was war die Erwartung, warum wurde ich gefragt? Was ist die reale Schwierigkeit, sie weiterzudelegieren und nicht selbst durchzuführen?
PEA-1: Welches Gefühl bekam ich, als ich gefragt wurde? Fühlte ich mich aufgewertet, wichtig oder in die Verantwortung genommen, von einer Pflicht bedrängt, unwohl, weil ich nicht auskam? Wie geht es mir bei

dem Gedanken, diese Aufgabe an einen bestimmten Mitarbeiter zu delegieren? Welche Gefühle stellen sich da bei mir ein? Was würde ich am liebsten tun, wenn es einfach nach meiner Lust ginge? Was vermittelt mir eigentlich so eine Situation, wenn ich gefragt werde? Was bedeutet das für mich?
PEA-2: Verstehe ich, warum ich so fühle? Warum es mir schwerfällt, es abzulehnen oder jemand anderem weiterzugeben? Ist da etwas dabei, das ich nicht darf? Wie verstehe ich, dass eine Ablehnung oder Delegation für den anderen wäre? Wie würden es die anderen Mitarbeiter verstehen? Gibt es etwas dabei, das ich nicht verstehe?
War das Annehmen dieser Arbeit aus meiner Sicht passend, „stimmig"? Bin ich mir und meinem Job damit gerecht geworden? Würde ich mit dem Delegieren oder Ablehnen jemandem unrecht tun? Wenn etwas nicht stimmt, was ist es? Finde ich, dass der Bittsteller mein Verhalten „verdient" hat, dass es ihm zusteht, nach allem, was er geleistet hat? Was halte ich von dieser Situation? Ist die Vorgangsweise des Mitarbeiters üblich, gehört sie zu meinem Job? Oder ist sie ungehörig, missbräuchlich? Spüre ich, was ich nun eigentlich tun will, was jetzt ansteht, was es eigentlich bräuchte? Will ich es so machen in vergleichbaren Situationen oder fühle ich, dass ich solche Aufgaben fortan delegieren will?
PEA-3: Falls ich spüre, dass ich etwas ändern will, was genau ist es? Was soll ich sagen und was bei mir behalten? Wie soll ich es durchführen? Mit wem mache ich es so? Wenn ich etwas ablehne, bin ich mit dem Menschen alleine oder besser im Team, um solche Aufgaben öffentlich zu verteilen? Sage ich Ablehnungen und Delegationen gleich oder nehme ich die Anfrage erst einmal an und sage, dass wir es im Team besprechen werden?

c) **Individuelle Ebene:**
Wir bringen aus den schon genannten Gründen wieder ein etwas ausführlicheres Beispiel:

Herr Huber ist langjähriger Mitarbeiter und leitender Angestellter im Bereich Finanz- und Rechnungswesen in einem mittelständischen Betrieb.
PEA-0: Deskription – sachliche Beschreibung der Fakten: Was liegt vor?
Da der Stellvertreter des Geschäftsführers in Pension geht und Herr Huber viel Praxiserfahrung hat, erwartete er, dass er zum Stellvertreter ernannt wird. Aber dem ist nicht so. Es wird ein viel jüngerer Kollege aus dem Be-

reich Marketing und Verkauf zum Nachfolger bestellt. Dieser hat zwar ein Hochschulstudium, was Herr Huber nicht hat, kann ihm aber in puncto Verdienste und Erfolge noch lange nicht das Wasser reichen.
Er denkt sich, dass diese Stellvertreterfunktion eindeutig ihm als verdientem und erfolgreichem Mitarbeiter zugestanden wäre. Nun verhält er sich ruhig und denkt, dass er nichts überstürzen will, doch es nagt in ihm. Er spürt körperlich, wie er müde und matt wird, und seelisch wird er lustlos.

PEA-1: Gefühl: Wie ist das für ihn?
Auf sein Gefühl schauend, spürt er einen tiefen Schmerz. Er wurde übergangen, nicht gesehen, nicht geschätzt.
Ärger kommt auf – und Angst, dass er schon zum „alten Eisen" gezählt wird und in naher Zukunft auch er durch einen jüngeren, sich selbst gut verkaufenden und für den Betrieb nicht so teuren Mitarbeiter ersetzt werden wird. Der Gedanke irritiert ihn sehr, weil er sich bisher stark mit dem Betrieb identifiziert hat und die Arbeit seinen Hauptlebensinhalt darstellt.
Seine spontane Reaktion ist, sowohl dem Geschäftsführer als auch seinem neuen Stellvertreter aus dem Weg zu gehen (= Schutzreaktion „auf Distanz gehen zu anderen"). Aber eigentlich – wenn er sich das erlauben dürfte – würde er am liebsten alles hinschmeißen und dem Chef so richtig seine Meinung sagen.
Was vermittelt ihm die Situation? Er merkt intuitiv, dass er bisher viel zu wenig über seine Erfolge gesprochen bzw. sich intern zu wenig vermarktet hat. Auch wird ihm klar, dass er in der Vergangenheit viel offener mit seinem Vorgesetzten (= Geschäftsführer) hätte sprechen sollen, beispielsweise über Missstände, die er erkannt hat, oder darüber, dass er nicht alles macht, nur weil er es aufgetragen bekommt. Denn bisher hat er die Arbeit als Pflichterfüllung verstanden, bei der der Chef sagt, was zu tun ist.

PEA-2: Stellungnahme: Was hält er davon?
Herr Huber versteht seine verletzten Gefühle: Er ist übergangen und in seiner Leistung und seinem Engagement für den Betrieb nicht gesehen worden. Das wertet ihn ab.
Jetzt versteht Herr Huber auch, warum sein Kollege, der sich besser „vermarktet hat", Stellvertreter wurde. Unklar ist ihm, ob der Inhalt seiner Angst, er sei zu alt und zu teuer, ein realer Grund gewesen sein könnte, dass er nicht genommen wurde.

In der inneren, gespürten Stellungnahme aber empfindet er eindeutig, dass seine Leistungen nicht gebührend wertgeschätzt wurden und dass er ungerecht behandelt wurde. Er schätzt die Situation als typisch ein für die Art, wie der Geschäftsführer operiert.
Herr Huber spürt, dass er nicht weiter still bleiben möchte und in diesem Fall etwas tun will.

PEA-3: Verhalten: Wie kann er das umsetzen, was er will?
Herr Huber will etwas ändern und kann es auch. Er will sich fortan nicht mehr so still verhalten und dienstbeflissen die Aufgaben machen, sondern auch von seiner Tätigkeit sprechen. Er will also lernen, Selbst-Marketing zu betreiben.
Aber er möchte auch mit seinem Chef über die aktuelle Situation sprechen. Der Zeitpunkt ist günstig, sein Mitarbeitergespräch ist in drei Wochen sowieso angesetzt. Das scheint ihm auch der geeignete Rahmen zu sein.
Er bereitet sich gründlich auf dieses Gespräch vor und überlegt, was genau er dem Chef sagen soll und kann. Ganz wichtig ist es ihm, dem Chef seine Leistungen aufzuzählen, um dann damit anzuschließen, dass er auf dieser Basis schon damit gerechnet hat, nachzurücken. Er will den kritischen Teil etwa so aufbauen, wie es unter „Mitteilung von Kritik und Peinlichem" (Kapitel 5.3.6) beschrieben ist. Er möchte ihn auch fragen, warum die Entscheidung so ausgefallen ist, um die Situation besser verstehen zu können oder um eine Entschuldigung zu bekommen.

6.4 Vierter Schritt: Im Sollen liegt der Sinn

Der Mensch will fruchtbar werden, will erleben, dass er für etwas gut ist, das über ihn hinausgeht. Er möchte sozusagen in etwas „aufgehen". Dazu braucht er ein Betätigungsfeld, das in einem größeren Kontext steht, und Werte in der Zukunft. Dann wird das Dasein und das Handeln sinnvoll (vgl. Kapitel 5.4). Man kann sein Leben darauf anlegen. Wir haben bei den Burnout präventiven Maßnahmen (auch in Kapitel 5.4) davon gesprochen, was man lebensgestalterisch tun kann. Aber man kann auch in größere Probleme geraten. Defizite, Verluste und Hindernisse können diese Dimension beeinträchtigen, sodass ein tieferes Vorgehen mit der Personalen Existenzanalyse angebracht ist.

Psychologisch gesprochen, geht es in dieser vierten Dimension des Weges zu mehr Leben und Erfüllung in der Arbeit um das persönliche Gefragtsein. Kann ich meine Erwartungen und Vorstellungen zurückstellen und offen für die einzelnen Situationen sein bzw. auf Personen zugehen? Aber kann ich trotz dieser Offenheit in mich hineinspüren, welche Fragen und Antworten ich in mir trage?
Es ist nur menschlich, sich zu fragen: Wofür arbeite ich als Mitarbeiter in dieser Organisation? Wozu bin ich hier? Soll ich mich bei der Arbeit einbringen und wie, nur ausführend oder auch gestalterisch? Kann ich den größeren Zusammenhang erkennen und ihn als sinnvoll sehen?
Es dreht sich in dieser Dimension also darum, mein eigenes Dasein in meiner aktuellen Arbeitssituation mit ihren Anfragen an mich persönlich antwortend zu gestalten.

Nach Leibovici-Mühlberger (2013, S. 58 f.) gilt es, die Unternehmenskultur neu zu reflektieren und zu definieren. Dabei solle in größerem Umfang eine Sinnfrage gestellt werden und daraus abgleitet eine organisationale Neustrukturierung erfolgen. Eine Arbeitgeberseite, die den individuellen menschlichen Aspekt der Einbettung in eine Sinnstruktur verleugnet, werde Schiffbruch erleiden. Und eine Arbeitnehmerseite, die einer Wehleidigkeitskultur anhängt und jede Leistungsanforderung als Zumutung erlebt, sei letztlich in Analogie zu Eltern zu sehen, die dem Erziehungsstil des Laisserfaire anhängen und damit ihre Kinder hart an die Wand der Realität sozialer Grenzen und Machbarkeiten knallen.

Sie vertritt weiters die Ansicht (wie auch die Autoren), dass sich hinter Burnout-Patienten eine fehlgeleitete Gesellschaft versteckt, eine Gesellschaft, in der das, was das Leben ausmacht, zu kurz kommt. Leibovici-Mühlberger bringt Burnout in Zusammenhang mit Sinnleere. Sie schreibt (ebd., S. 49): „Als eindeutig unhaltbar stellte sich mir jedoch ... die Beschuldigung der ‚bösen Arbeitswelt' als Verursacher des Ausbrennens dar. Die Arbeitswelt ist lediglich der hauptsächliche und sichtbarste Austragungsort des persönlichen Sinnverlusts und Entfremdungskonflikts des Einzelnen. Diese Erkenntnis spiegeln meine Erfahrungen in beiden Arbeitsfeldern, sowohl als Behandlerin von Burnout-Betroffenen wie auch als Beraterin in der Organisationsentwicklung von Unternehmen, wider. Burnout und damit die Entfremdung vom privaten Lebensumfeld, die Automatenhaftigkeit, mit der oft schon jahrelang nicht aus einer inneren Überzeugungskultur vorgegebene Zielsetzungen verfolgt werden, verläuft lediglich unsichtbarer, dem öffentlichen Blick entzogener. Der ‚Leistungseinbruch', der zunehmende Mangel an Identifikation, der zumeist mit Konsum und Betäubung in Schach gehalten wird, bleibt gleichsam ein privates Drama. Im Berufsfeld, am Arbeitsplatz jedoch, wo zumindest viel eindeutiger nach dem Kriterium der Leistung beurteilt wird, nimmt die bestehende Dissonanz einen hässlichen, weithin hörbaren Klang an."

Der eigenen Sinnentleerung sei man nicht in konstruktiver Weise auf der Spur, wenn man Entspannung und Balance konsumiere und kommerzialisiere wie beispielsweise in Form von Wellness oder Selfness. Sie schreibt (ebd., S. 129), dass wir die Lösung selbst an der Hand hätten, aber dafür Verantwortung übernehmen müssten. „Denn wenn ich mich tatsächlich in meiner speziellen ‚Seinsweise' mit meinen Talenten und Fähigkeiten, Eignungen und Vorlieben zu erkennen vermag, dann muss ich in einem nächsten Schritt an den Platz gehen, an dem ich mich am besten einbringen kann, um dort für die Erreichung eines ‚Metaziels' (etwas, das außerhalb von mir selbst liegt und zu dem ich sinnvoll beitragen kann) meinen Einsatz zu geben und dabei einen Sinn zu finden ... Aber es ist meine Wahl und damit meine bewusst gefühlte Verantwortung." (ebd.). Dies entspricht voll und ganz der Sicht der Existenzanalyse.

Nach Leibovici-Mühlberger (ebd., S. 199 f.) braucht der Mensch neben Selbstbewusstsein „Love, Work und Pray" zum sinnerfüllten Leben. Dabei stehe „Love" für unsere Einbettung in ein unmittelbares Beziehungsnetzwerk, „Work" für den Aspekt der Beschäftigung oder der Herstellung von was auch immer (was Frankl mit schöpferischen Werten meint) und „Pray" richte sich an den reflexiven, über uns und unsere unmittelbare Existenz hinauswachsenden Teil der unerlässlichen „Sinnbefüllung" (in ihrer Diktion) unseres Seins. Der Aspekt des Glaubens wird in der Logotherapie nicht als Bedingung für sinnerfülltes Leben angesehen (und wurde empirisch auch nicht gefunden – cf. Frankl 2005, 2011). Aber letztlich steht unser Dasein auch unter der Frage der Transzendenz, des Über-Sinns, wie Frankl ihn bezeichnet.

Im Rahmen der betrieblichen Gesundheitsförderung stößt man immer wieder auf den von Antonovsky (1997) postulierten „Sense of Coherence" bzw. die Salutogenese (vgl. auch Bengel J, Strittmatter R, Willmann H 2001). In seinen Forschungen zur Resilienz, d.h. zur Erhaltung bzw. Wiedererlangung seelischer Gesundheit, gibt es drei Faktoren, die Aspekte des existentiellen Sinns darstellen: Verstehbarkeit, Handhabbarkeit bzw. Bewältigbarkeit der Geschehnisse und den Sense of Coherence, das Gefühl der Bedeutsamkeit bzw. Sinnhaftigkeit. Nach seinen Untersuchungen gehört das Gefühl der Sinnhaftigkeit zur Gesundheitsförderung im Berufsleben. Wir haben es schon als notwendig zur Prävention von Burnout beschrieben (Kapitel 5.4).

Geradezu drastische Worte für diese Bedeutsamkeit hat der Neurobiologe und Mediziner Joachim Bauer (2013, S. 50) gefunden: „Sinnsuche – das Erkennen von Zusammenhängen – gehört zu den biologischen Grundeigenschaften und Grundbedürfnissen des menschlichen Gehirns. Wer fortwährenden schweren Sinnlosigkeitserfahrungen ... ausgesetzt ist, wird am Ende verrückt."

Wenden wir uns nun der Bearbeitung des behinderten Sollens zu, was *zu mehr Leben und Erfüllung in der Arbeit* verhelfen soll. Der einzelne Mitarbeiter soll Ja sagen können zu seiner Tätigkeit, weil er ihren Sinn einsieht und für eine Zukunft arbeitet, sodass er sich dort als zugehörig empfindet und arbeiten will.

6.4.0 Die Faktenlage: Was liegt vor? (PEA-0)

Auch in dieser letzten Dimension sind die Fakten zu berücksichtigen, denn Fakten und Bedingungen können sich ebenso förderlich wie hinderlich auf das Sinnerleben und das sinnvolle Handeln auswirken. Ganz wesentlich in dieser Dimension ist, sich mit den Anforderungen und Angeboten der Welt persönlich abstimmen zu können. Der Mensch soll sich „einbetten" können in seine Welt, sich vernetzen und Wurzeln schlagen. Die Klammer zwischen ihm, seinem Dasein, seinem Leben und seinem ganz und intim Eigenen stellt den Sinn dar. Das Sinnerleben, also das Erleben der fruchtbaren Ausrichtung auf einen Wert in der Zukunft, hängt aber vom Wert des Kontextes, in dem man steht, und vom Wert des sich darin ergebenden Tätigkeitsfeldes ab. Diesen Fakten ist nachzugehen und den sich ergebenden Problemen soll man sich widmen, um die Basis zu schaffen für eine fruchtbare Entwicklung und ein Werden. Wir gehen den Fakten wieder in den gewohnten drei Bereichen nach: organisationale Ebene, Führungsebene und individuelle Ebene.

1. **Organisationale Ebene:**
   a) *Die organisationale Basis:*
   Das Thema Sinn ist auch eine Frage an die Vision des Unternehmens, an seine Strategie und daran, wie es sich sozial und philosophisch ausrichtet und einbettet (wobei hier die Unterscheidung zwischen Zweck

und Sinn bedeutsam ist – vgl. Kapitel 5.4.3). Das impliziert auch eine Frage an die Geschichte des Unternehmens: Wozu wurde es gegründet und wofür existiert es heute und wird es weitergeführt? Die wesentlichen Inhalte davon sollten für die Mitarbeiter transparent sein, damit sie den größeren Kontext ihrer Tätigkeit verstehen und sich mit ihm abgleichen können. Nur so kann er ihnen eine Orientierung bieten.
Um die Sinnbasis im Unternehmen zu verbreitern und zugänglich zu machen und damit den Weg zu mehr Leben und Erfüllung bei der Arbeit zu ebnen, ist auf die *Werte und die Wertekultur* zu achten. Von welchen Werten des Unternehmens sind die Mitarbeiter angesprochen, für welchen erlebbaren und nachvollziehbaren „Bedarf" (von Seiten der Kunden oder innerbetrieblich) stehen sie zu Diensten und wird dieser Bedarf von ihnen als Wert (oder als Gefahr für einen Wert, d.h. als eine Not) gesehen? Wird also der Eigenwert (vgl. Kapitel 6.2.0) der Produkte und ihr Wert für den Kunden gesehen oder nur ihr Funktionswert wie beispielsweise, dass damit Geld verdient werden kann? Hier geht es nicht darum, den Funktionswert schlechtzureden, sondern um die Vermeidung der Gefahr einer zu einseitigen Fokussierung. Selbstverständlich ist es vorteilhaft, wenn man durch ein gutes Wirtschaften eine hohe Qualität zu einem erschwinglichen Preis anbieten kann und durch effiziente und effektive interne Prozesse trotzdem einen guten Deckungsbeitrag erzielt. Aber die alleinige Fokussierung darauf würde zu kurz greifen. Sinnstiftend kann es für die Mitarbeiter nur sein, wenn sie daneben auch den Wert des Produktes (insbesondere für den Kunden) sehen können. Wenn sie z.B. sehen, dass der verkaufte Mantel nicht nur gute (und dennoch leistbare) Qualität besitzt, sondern auch noch schön aussieht und dem Kunden ein wärmendes Gefühl gibt.
Für welchen Wert engagieren sich die Mitarbeiter („in den Dienst stellen" heißt auf Französisch „en-gager"), d.h. gehen sie eine „existentielle" Verbindung mit ihrer Tätigkeit ein? Denn alles, wofür wir Zeit aufwenden, und noch mehr, wenn wir dafür auch noch Kraft und Mühe einsetzen, ist unsere Lebenszeit, unsere Lebenskraft – ist daher „existentiell". Und wenn da die Parameter nicht stimmen, dann nehmen wir das mit dem ganz feinen geistigen Wahrnehmungsorgan wahr – und empfinden es als sinnlos oder sinnarm.
Zusätzlich zur Erhebung der Werte im Unternehmen und ihrer Übernahme bzw. Selbstfindung durch die Mitarbeiter kommt es unweigerlich auch zur Frage, ob der Eigenwert der Menschen in diesem Unternehmen gesehen wird, wie in Kapitel 5.3.3 besprochen. Wir sehen hier, wie sehr das Sinnthema vernetzt ist. Denn wenn zwar Unterneh-

menswerte gesehen und erlebt werden, aber der wertschätzende Umgang miteinander fehlt, dann wird es für den Einzelnen auch sinnlos, dabeizubleiben. Er erlebt eine Entwertung seiner selbst. – Kann hier weiterzumachen dann noch gut sein?

Bei dieser vierten Dimension wird der Blick auch darauf gerichtet, wie das Unternehmen im größeren Ganzen eingebunden ist (innerhalb der Branche, der Region etc.) und in welchem Kontext es steht bzw. es sich sieht. Um es an einem Beispiel zu verdeutlichen, werden hier verschiedene Ebenen in einem Unternehmen skizziert:

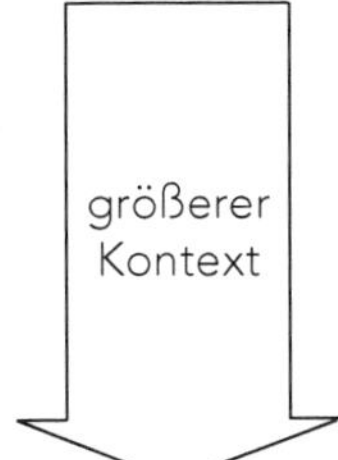

1. Ebene = Unternehmensbereich „Stahlwasserbau"
2. Ebene = Nutzung der Wasserkraft zur Energiegewinnung
3. Ebene = Umweltschonung (im Dienste des Gemeinwohls: Umweltschonung und Effizienz)
4. Ebene = im Dienste des Menschen und der Natur

Abb. 23: Ebenen/Kontexte in einem Unternehmen

Erfolgt eine solche Eingliederung in eine Wertekette, dann haben das Unternehmen und die Arbeit darin für die Mitarbeiter einen gut nachvollziehbaren existentiellen Sinn.
Es ist auch gut, sich selbst mit der Sinnfrage des Unternehmens zu konfrontieren, ganz direkt mit:

- Was erlebe ich als den Sinn des Unternehmens, in dem ich bin? Empfinde ich ihn persönlich so oder denke ich nur, es müsste so sein?
- Was erlebe ich von meiner Arbeit in diesem Rahmen des Unternehmens als sinnvoll, weil es im Dienst des Ganzen steht?
- Habe ich das Gefühl, dass das Unternehmen auch Bereiche oder Aktivitäten hat, in denen ich keinen wertvollen größeren Zusammenhang sehen kann?
- Wobei konkret habe ich das Gefühl, dass das, was ich tue, keinem größeren Wert oder Gefüge dienlich ist?

Kinast und Milz (2013, S. 29) nennen in ihren existenzanalytischen Ausführungen den Begriff „Kultur des Gestaltungswillens von Herausforderungen". Sie meinen damit, dass die Herausforderungen bei den kleinsten Einheiten bzw. bei den Betroffenen gelassen werden müssten, der Ziel- und Gestaltungsrahmen transparent sein müsse und es auch eine Kultur der Eigenverantwortung in den Gestaltungsräumen geben müsse, damit die Mitarbeiter mehr Sinn erleben könnten. Als fördernde Aktivitäten geben sie an:

- Fachliche Themen in den kleinsten Einheiten lassen.
- Situative Anliegen (auch Werte), die von Mitarbeitern kommen, ernst nehmen, sich dafür Zeit nehmen und sie bearbeiten.
- Sowohl Themen, die „von oben" kommen, als auch solche, die „von unten" kommen, bearbeiten (lassen).
- Fragen, Herausforderungen und Problemstellungen bei den Mitarbeitern halten: Lösungskompetenz einfordern.
- Den Blick für weitere Möglichkeiten und verborgene Chancen weiten.
- Lösungsansätze und Projektideen bei der Umsetzung (zur Realisierung des eigentlichen Anliegens) unterstützen.
- Die Sinnhaftigkeit der strategischen Ziele, in die sich die meisten Lösungsansätze einzuordnen haben, am Leuchten halten.
- Spannung halten zwischen Sinn-Ausrichtung der gesamten Organisation und den Sinn-Ausrichtungen der kleinen Einheit.

Die Kontrastkultur dazu bezeichnen sie als eine Kultur der Sinnlosigkeit, gekennzeichnet durch Dienst nach Vorschrift und standardisiertes Verhalten.

b) *Problembereiche:*

- Die Themen Vision, Inhalte und Werte des Unternehmens bilden häufig ein Problem. Denn es herrscht oft ein *utilitaristischer Geist* in Unternehmen, die z. B. nur auf Kapitalvermehrung oder strategische, geradezu kämpferische Ziele ausgerichtet sind. Damit ist zwangsläufig ein Sinnverlust verbunden. Wenn man darauf fixiert ist, sein Ziel zu erreichen, schaut man nur auf die Mittel zur Zielerreichung. Das macht deutlich, dass mit einer Zielfixierung eine Fixierung auf den *Zweck* verbunden ist (vgl. Kapitel 5.4.3). Man lebt dadurch vorwiegend funktional und mit eingeschränkter Aufmerksamkeit, weil sie auf die Mittel zur Zielerreichung fokussiert ist. Dadurch fehlt einem die Offenheit für das Angesprochen-Werden von den Werten und Angeboten, von einem Bedarf oder einer Notwendigkeit der Situation. Das widerspricht dem Sinn des Daseins, nämlich wirklich in der Welt zu sein, ganz da zu sein, in atmend-offenem Austausch mit dem anderen und den anderen, mit denen wir in einer Gemeinschaft leben. Erst durch solche Offenheit kann man in einen Dialog mit den anderen und der Umwelt treten und sich auf Werte einlassen. Das ist die Basis für Sinn, dadurch kommt Sinn ins Leben.

- Auch die Vernetzung des Sinns mit der Wertschätzung der Person und dem Sehen des Eigenwertes führt oft zur Unterhöhlung des Sinnerlebens in einem Unternehmen, wie oben ausgeführt.
- Vor allem größere Organisationen definieren ihre Werte. Die Definition allein reicht aber nicht aus. Denn erst wenn die Werte die Mitarbeiter ansprechen, sie für sie bedeutsam sind, sie sich mit ihnen identifizieren können und ein Gefühl für sie haben, können sie ihr Sinnpotenzial entfalten. Werte, die nur „auf dem Papier" stehen, sind sinnlos.

2. Führungsebene:

Auf der Führungsebene liegen die gängigen Bereiche „Fordern" (Zielvorgabe/Pläne und Kontrolle) und „Fördern" (Mitarbeiterentwicklung). Doch geht eine Sinnorientierung darüber hinaus.

Sehr verbreitet ist bei Unternehmen das sogenannte „Management by Objectives", bei dem sich die individuellen Ziele aus der Unternehmens- und Bereichsstrategie ableiten, wobei die Kompetenzen des Einzelnen berücksichtigt werden sollen. Das hat einen klaren Vorteil für die Orientierung der Mitarbeiter, genügt alleine jedoch nicht, wenn auch die persönliche Erfüllung im Berufsleben und die Sinnhaftigkeit für den Einzelnen Berücksichtigung finden sollen. Denn dafür sind auch die Werte und der Sinn ins Auge zu fassen.

Oft werden an sich wertvolle Hinweise gegeben, worauf Führungskräfte zu achten haben, um eine Sinnorientierung ins Unternehmen einzubauen. Pircher-Friedrich (2000) z.B. nennt ihr Konzept „GEBEN", das sie im Rahmen einer logotherapeutisch orientierten Anleitung zur werte- und wertorientierten Führung entwickelt hat. Ihre Vorschläge sind gut, aber in ihrer Form wenig greifbar (wir geben sie wieder, weil sie vielleicht einige Anregungen enthalten):

„**G**eisteshaltungen entwickeln, die Sinn-möglichkeiten zulassen und Erfolg ‚er-folgen' lassen.

Engagement, ‚sein Bestes' geben, Sinn-findung durch Werteentwicklung.

Begeisterung durch authentische, zwischenmenschliche Beziehungen, Zulassen und Fördern von Individualität.

Entwicklung der Potenziale bei Führenden und Mitarbeitern und Erschließen neuer Wachstumspfade.

Nachhaltiger Erfolg im Sinne von Gewinn, Umsatz, Sinn-fülle, Freude, Wertschätzung, Lebensqualität und Gesundheit." (ebd., S. 115).
Vielleicht kann manches von dem, was Pircher-Friedrich hier meint, in der existenzanalytisch entwickelten Unterstützung für die Sinnfindung durch die Führungskraft greifbarer werden. Demnach hat die Führungskraft vor allem drei Aufgaben:

a) *Kontextaufgabe*:
   In welchem Feld, bei welcher Aufgabe kann ein bestimmter Mitarbeiter fruchtbar werden, d. h. sich entfalten, seine Potenziale entwickeln, kreativ sein, Neues entwickeln usw.? Das meint nicht nur, seine Fähigkeiten zu kennen, sondern auch den Bedarf im Unternehmen; und zu sehen, wo er sich als gefragt und benötigt erleben kann. Die Führungskraft achtet darauf, welche Strategien für die Umsetzung erforderlich sind und unterstützt den Mitarbeiter in der Realisierung, sodass der Mitarbeiter erleben kann, dass er für etwas gut ist und gebraucht wird.
b) Eine andere sinnorientierte Führungsaufgabe ist, *Werte aufzuzeigen* und erlebbar zu machen:
   Die Mitarbeiter sollen sehen und fühlen können, worum es im Unternehmen geht, und davon angesprochen und berührt sein. Sie sollen verstehen, worauf das Unternehmen oder Projekt ausgerichtet ist, und fühlen können, wofür die Leute im Unternehmen da sind. Mit „Werten" ist eine ganze Palette gemeint: der Wert der Produkte, ihr Nutzen, ihre Schönheit, Eleganz; die Werte des Unternehmens, des Arbeitsplatzes, des Gewinns; Beziehungswerte, Selbstentfaltungswerte; der Wert des Unternehmens in der Gesellschaft; der Wert der Arbeit für einen selbst, inklusive dem Geldverdienen etc.
c) Die Führungskraft ist daran interessiert, dass die Mitarbeiter mit möglichst viel *innerer Zustimmung* arbeiten:
   Das hat mit praktisch all dem zu tun, was wir in Kapitel 5 und 6 besprochen haben. Da geht es um Themen wie
   - Vertrauen und Selbstvertrauen
   - Offenheit für Probleme und Hindernisse
   - Die Beziehung zum Mitarbeiter und eine adäquate Anteilnahme an seinem Leben und Befinden, speziell am Arbeitsplatz
   - Freiheit, Eigenverantwortung und Selbstentfaltung
   - Vorbild zu sein: Die Führungskraft schaut selbst, dass sie möglichst nur das tut, wofür sie eine innere Zustimmung hat
   - Eine Abkehr von der reinen Zielorientierung und eine Hinwendung zu einer Prozessorientierung: Man achtet mehr darauf, dass die Pro-

zesse in der Arbeit gut gehen, als darauf, ob die Ziele erreicht werden, denn mehr als das Beste zu tun, kann man nicht usw.

Eine Führungskraft, die sinnstiftend arbeiten will, braucht viel Intuition und eine gut entwickelte Authentizität.

Auch Frank (2010) verweist auf die Bedeutung des Führungsstils für eine gesundheitsorientierte Unternehmensleitung. Denn laut den Ergebnissen einer Bertelsmann-Befragung von 2002 bis 2006 (Forst 2007) wird der Gesundheitszustand der Mitarbeiter zu einem Drittel davon beeinflusst, inwieweit sie selbstbestimmt handeln und Verantwortung übernehmen können. Weiters sei, der zehnjährigen Forschungsarbeit von Prof. Johanni Ilmarinen zufolge, gutes Führungsverhalten und gute Arbeit von Vorgesetzten der einzige hochsignifikante Faktor, für den eine Verbesserung der Arbeitsfähigkeit zwischen dem 51. und 62. Lebensjahr nachgewiesen wurde. Nach Frank (ebd.) wollen die Mitarbeiter im Team durch solide Arbeit sinnvolle Ziele erreichen können – und genau das mache gesund. Zusammenfassend fördern seiner Meinung nach folgende Führungsqualitäten die Gesundheit und somit den Unternehmenserfolg:

- Den Mitarbeiter als Individuum begreifen und ihm genau das Maß an Autonomie zugestehen, welches für ihn motivierend ist. Die guten Leistungen sollten thematisiert und wertgeschätzt werden. Dies deckt sich mit der 3. Grundmotivation der Existenzanalyse, dem Tun-Dürfen des Eigenen (vgl. Kapitel 5.3 und 6.3).
- Unternehmensziele transparent darstellen (wie in Dimension 1 beschrieben).
- Erfolg als nachhaltiges Unternehmensziel den Mitarbeitern vermitteln. In der Nachhaltigkeit zeigt sich auch das Potenzial zum sinnvollen Handeln (vgl. Kapitel 5.4 und 6.4).
- Die soziale Unterstützung der Mitarbeiter und auch das soziale Umfeld fördern, was ganz im Sinne der 2. Grundmotivation – des Mögens – der Existenzanalyse ist.

Wenn nun eine Führungskraft vor dem Problem steht, dass sie nicht weiß und ihren Mitarbeitern auch nicht vermitteln kann, wofür ein bestimmtes Projekt in ihrem Bereich gut sein soll, oder es selbst als sinnlos empfindet, dann kann ihr die prozessuale Vorgangsweise helfen, die Sinnhaftigkeit zu klären und vielleicht einen Weg zu finden, zu dem sie stehen und mit dem sie sich identifizieren kann.

3. **Individuelle Ebene**

Für die Stressreduktion und somit die Gesundheitsförderung ist es wichtig, dass Vision, Leitbild und Unternehmensstrategie jeweils klar, verständlich, transparent und mit den persönlichen Zielen und Werten des einzelnen Mitarbeiters vereinbar sind und er sie als sinn- und wertvoll, eingebettet in einem größeren Ganzen wahrnimmt. Dadurch kann sich der Mitarbeiter orientieren, er weiß, was von ihm erwartet wird, und kennt seinen Beitrag zum gesamten Unternehmenserfolg, hinter dem er auch stehen kann. In einem existentiellen Verständnis ist jeder Mitarbeiter als kleiner Unternehmer in seinem Bereich zu sehen.

Es gibt saloppe Kürzel, die in der Arbeitswelt gerne gemocht werden, z. B. zur Beschreibung des Tätigkeitsfeldes, das SMART sein soll, d. h. specific, motivating, attainable/ambitious/attractive, relevant/realistic und trackable/timed. Manche mögen auch wissen, dass eine Zielbeschreibung AROMA haben soll, d. h. das Ziel soll aussagekräftig, realistisch, objektiv, messbar und akzeptabel sein. Diese Kürzel haben eine gewisse Schnittfläche mit den existentiellen Themen, decken sie aber nicht ab. Dafür haben sie den Vorteil, dass sie gut erinnert werden können (wenn man sich merkt, wofür jeder Buchstabe steht). Damit das Tätigkeitsfeld herausfordernd ist und dem Mitarbeiter eine Möglichkeit zur Entfaltung und Selbstverwirklichung gibt, ist es wichtig, dass die Ziele nicht vorgegeben, sondern vereinbart werden: Dadurch kann sich der Mitarbeiter besser mit ihnen identifizieren und Zustimmung dazu geben, in ihre Verwirklichung Zeit, Kraft und Energie zu investieren.

Die einzelne Person hat sich – und das dürfte durch die Beschreibung der Sinndimension deutlich geworden sein – anfragen zu lassen. Um persönlich Sinn zu finden, hat sie sich den Fragen der Situation im Betrieb, aber auch den Fragen der Bedeutung der Arbeit in der Gesellschaft und des Stellenwertes des Unternehmens im Großen (sozial, wirtschaftlich, unternehmerisch, ökologisch usw.) zu stellen. Durch die Priorisierung der Werte und die Formulierung dessen, was einen anspricht, wird subjektiv herausgearbeitet, wofür es sich für diese Person lohnt, sich einzusetzen (vgl. auch Kinast und Milz 2013, S. 29). Kein Profil von Unternehmenswerten kann das dem Subjekt abnehmen. Der Sinn muss durch das „Nadelöhr" der persönlichen Wahrnehmung hindurch – andernfalls kann er kein tragender Sinn sein.

„Erfüllung in der Arbeit ist der beste Burnout-Schutz." (Längle 2000, S. 108). Um sich vor Burnout zu schützen und bei der Arbeit gesund zu

bleiben, ist es wichtig, hin und wieder innezuhalten und sich abzustimmen mit dem Innen und dem Außen. Im Innen ist das Können, Mögen und Dürfen heranzuholen, im Außen das Sollen, das Benötigtwerden. Beides muss zusammenpassen, sich ineinander fügen, damit man persönlich fruchtbar in der Welt sein kann. Das Können muss ausreichend sein, damit man nicht überfordert ist. Den Wert meines Handelns zu fühlen und ein Erleben bei der Arbeit als wertvoll zu empfinden, ist eine Voraussetzung. Wie sehr interessiere und öffne ich mich dabei? Das ist die dritte Grundmotivation. Beim Thema Selbstwert ist wichtig zu sehen, was einen für die Tätigkeit bzw. im Berufsleben wirklich motiviert. Wenn man bei einer noch so sinnvollen Tätigkeit als Person keine Wertschätzung erfährt, sondern auf Abwertung stößt, nur Kritik erntet oder einfach immer übergangen wird und nicht gesehen wird, leidet auch die Sinnhaftigkeit der Tätigkeit darunter. In ähnlicher Weise sind ja auch die anderen Grundmotivationen mit dem Sinn verbunden. – Das ist ja gerade die Neuerung in der Existenzanalyse gegenüber der klassischen Logotherapie, dass Sinn als etwas Vernetztes zu verstehen ist und dass die einzelnen Grundmotivationen nicht isoliert nebeneinander aktiv sind, sondern nur im Verbund. Sie sind vernetzt und überlappend, stellen eine Ganzheit dar im Dienste der inneren Zustimmung.
Und dieses innere Kapital und diese Bereitschaft treffen auf die Anfragen, Angebote und Probleme der Situation. Und da stellt sich die Frage: Will ich das? Mache ich das mit innerer Zustimmung? Innere Zustimmung im Berufsleben gibt Erfüllung und Leben in der Arbeit.

Mit diesem vierten Schritt soll erreicht werden, dass die Beschäftigten sowohl in dieser Organisation sein wollen als auch diese Arbeit und Tätigkeit tun wollen. Sie sollen erleben können, dass sie sich bei ihrer Arbeit verwirklichen können. Das geht nur, wenn sie wissen und spüren, wozu Ihre Tätigkeit gut ist. Dazu sollen sie den Zusammenhang, das größere Ganze sehen, in dem sie in dieser Organisation, in ihrem Aufgabenbereich und Tätigkeitsfeld stehen und für das sie arbeiten. Am besten ist diese Dimension ausgeschöpft, wenn sie spüren, dass sie diese (auch in ihrem Erleben wichtige) Arbeit hier machen sollen, dass sie dabei an der richtigen Stelle sind und dass sie das Gefühl haben, gebraucht und benötigt zu werden und etwas zum größeren Ganzen beitragen zu können. Sollten dabei Fehler passieren, so sind sie in dem größeren Ganzen aufgehoben und integrierbar und stehen nicht für sich.

6.4.1 Gefühl: Wie ist das für mich? (PEA-1)

Die Fakten, wie in PEA-0 beschrieben, wirken auf uns ein. Sie lösen entweder Schutzreaktionen aus, wenn wir überfordert sind (wir haben sie in Kapitel 5.4.5 beschrieben), oder führen zu einem inneren Verarbeitungsprozess, dessen erste Stufe PEA-1 ist und der zu einem Sollen bzw. Sinnerleben führt. Es gelten alle Regeln, die bereits weiter oben zu PEA-1 beschrieben wurden: Offenheit für das Vorliegende, sich berühren lassen, Reihenfolge. Und natürlich kann der Prozess auf jeder Ebene – der Organisation, Führungsebene und individuellen Ebene – durchgeführt werden.

1. Zuerst wird nach Innen auf das spontane Gefühl und die begleitenden Körperempfindungen geachtet.
   - Im Blick auf den Wert des Unternehmens, seine Entwicklungsmöglichkeiten im Unternehmen, auf das Tätigkeitsfeld und die Werte in der Zukunft kann es zunächst einmal immer gut sein, sich ganz allgemein die Frage zu stellen: Was empfinde ich dabei? Wie erlebe ich das? Wie geht es mir damit?
   - Danach wird es schon etwas konkreter: Welches Gefühl habe ich beim Blick auf das Unternehmen und auf mein Tätigkeitsfeld? Fühle ich mich orientierungslos und leer? Spüre ich eine Wertlosigkeit und Sinnlosigkeit? Merke ich einen Widerstand, eine Abneigung, ein Desinteresse in mir? Für welche Bereiche spüre ich dies? Was macht es mit mir?
   - Spüre ich diese innere Zähheit, Leere, Lustlosigkeit, Apathie, Demotivation, einen Widerwillen, vielleicht sogar körperlich?
2. Stellt sich zu dem Gefühl eine Bewegung spontan ein, ein Impuls? – Denn wo ein Gefühl ist, ist eine impulsive Bewegung.
   - Wonach ist mir?
   - Wenn ich so ganz tun könnte, wonach mir ist, ohne Rücksicht nehmen zu müssen, so ganz spontan, ohne Überlegung, was würde ich da am liebsten tun? Welche Bewegung stellt sich spontan ein? Spüre ich da einen Impuls? Welchen?
3. Nun wird der Blick gehoben und auf die Situation gerichtet und nach der Botschaft Ausschau gehalten, die mit ihr verbunden ist. Dadurch kommt man zur Tiefe, zu dem, was man intuitiv spürt:
   - Wenn ich die Situation offen auf mich wirken lasse, was sagt sie mir? Hat mich etwas getroffen? Was ist das Eigentliche in der Situation? Was ist die Botschaft, die bei mir angekommen ist?

- Was bedeutet das für mich? Was gibt es mir im Klartext zu verstehen?

4. Nach der phänomenologischen Analyse wird der Blick wieder auf die Emotion und den Impuls (aus der derzeitigen Sicht) gerichtet.
   - Was empfinde ich jetzt dabei? Wie geht es mir damit?

6.4.2 Stellungnahme: Was halte ich davon? (PEA-2)

Nun wollen wir uns um die ganz persönliche, innere Stellungnahme bemühen. Dazu braucht es ein Verstehen der gesamten Wertzusammenhänge, ein Urteilen und Entscheiden. Ziel ist, das Neue mit dem Bestehenden in der folgenden Reihenfolge in Verbindung zu bringen:

1. **Verstehen:**
   Das Verstehen umfasst wieder drei Bereiche:
   - Selbstverständnis:
     Verstehe ich, dass es mir dabei so geht? Verstehe ich, was mich bewegt? Verstehe ich mein Gefühl? Verstehe ich mich? Was fehlt mir da? Was bewegt mich dabei?
   - Fremdverständnis:
     Verstehe ich den anderen? Was hat es mit mir zu tun (Eigenanteil) und was mit dem anderen?
   - Unverständnis:
     Was verstehe ich nicht?
2. **Gewissen – die personale Einschätzung:**
   Damit die innere Stellungnahme auch wirklich personal ist, braucht es ein Abwägen mit dem innersten persönlichen Gespür. Ein so verstandenes personales „Gewissen" führt alle Werte der Person zusammen. Dieser Schritt schafft den Boden für den Umgang mit dem Erlebten oder Vorgefallenen.
   Es wird hier auf das Innerste, auf die innere Stimmigkeit und darauf, was wir dabei zu spüren bekommen, geachtet. Das innere Gespür zeigt einem an, ob man es persönlich als richtig empfinden kann, was einem widerfahren ist bzw. was man selbst getan hat. Die Fragen sind:
   - Was sagt es eigentlich in der Tiefe meiner Seele dazu? Was halte ich persönlich, ganz im Innersten („insgeheim") davon?
   - Finde ich, dass es gut/richtig war? Ist es gerechtfertigt? Ist mir recht geschehen?
3. **Kognitive Stellungnahme und Urteil:**
   Um das Gespürte auch in die äußere Realität einzubauen, braucht es

auch ein Einbinden von Überlegungen, Wissen und Erfahrungen. Dazu dienen Fragen wie:

- Was halte ich von einem solchen Verhalten?
- Wie beurteile ich das? Was soll man von einem Menschen halten, der so etwas tut?
- Was halte ich von dem, was da passiert ist? Was für Gedanken gehen mir da durch den Kopf? Was halte ich grundsätzlich davon?
- Was ist meine persönliche Meinung von diesem Menschen? Was kann/mag ich persönlich dazu sagen?

4. **Wille:**
   Aus dem Verstehen und der Stellungnahme folgt ganz natürlich der Wille, etwas zu tun. Man ist vorbereitet für das Handeln. Den Willen fassen wir konkreter mit einigen Fragen:
   - Spüre ich, dass ich etwas tun möchte/sollte, um die Situation zu verändern? Spüre ich, dass das jetzt an der Reihe wäre, dass es das von mir bräuchte?
   - Was würde ich am liebsten tun? Wie möchte ich eigentlich damit umgehen? Welches Verhalten wäre gut?
   - Will ich es wirklich? Was soll daraus werden? Spüre ich eine Kraft? Was würde ich da am liebsten und im Grunde tun wollen?

6.4.3 Verhalten: Wie kann ich das umsetzen, was ich will? (PEA-3)

Den Abschluss des personalen Prozesses bildet wie immer der Schritt PEA-3, bei dem es um eine effiziente Umsetzung der Wirkmächtigkeit der Person geht. Dazu werden folgende strategische Bereiche bedacht:

1. **Was** konkret will ich tun, **wie viel** davon jetzt angehen?
2. Mit **wem** will ich es angehen?
3. **Wie**, mit welchen Mitteln?
4. **Wann** ist der beste Zeitpunkt?

Was Vertrauen, Werte und Authentizität in den drei vorangegangenen Dimensionen sind, ist hier die *Orientierung* und das *Sicheinlassen auf den Sinn* der Situation. Die existentielle Orientierung fällt uns nicht einfach zu, sie verlangt ein Sichabstimmen mit der Situation (mit der „Welt") und ein Sichdafür-Entscheiden. Immer kann man fehlgehen in der Orientierung, kann man sich verlaufen, verfahren, den Weg verlieren, vor unerwarteten Hindernissen stehen, sodass man einen Umweg machen muss. Was hier bildlich beschrieben ist, gilt genauso für die geistige Orientierung: Worum soll es gehen in meinem Leben, aktuell, für die nächste Zukunft, überhaupt? Worum soll es im Unternehmen gehen? – Es ist immer dieselbe Frage der Ausrichtung auf ein konstruktives Werden, sodass man nicht vergeblich arbeitet, sich müht, erlebt, lebt. Um so leben zu können, braucht es eine *Eingewöhnung* in die Lebenssituation, eine Adaptabilität an die akzeptierten Umstände, um zu fühlen, dass es so zu einem passt und dass man die Hände frei hat zur Gestaltung.

Wie schon erwähnt, sind die meisten Unternehmen mehr auf funktionale Ziele und Ergebnisse und weniger auf erlebbare Werte ausgerichtet, was auch die Zielvorgaben des einzelnen Mitarbeiters prägt. Daher kann eine Reflexion und Besinnung auf jene Werte, die sinnstiftend sind, als eine weitere personale Aktivität empfohlen werden, die zur zielführenden, erfolgsversprechenden Bewältigung der Stress verursachenden Situation bzw. zur Steigerung des Erlebens von Erfüllung und Sinn führen kann. Darum werden die drei Wertekategorien von Frankl ausführlicher beschrieben. Nach der Vorstellung der Fallbeispiele werden abschließend noch die Sinnerfassungsmethode und die Willensstärkungsmethode von Längle als tools zur Verfügung gestellt.

Die drei Wertekategorien von Frankl

Voraussetzung, um Sinn zu finden, ist nach Frankl das Angesprochensein von Werten: sich gefragt fühlen, gefordert und benötigt sein oder Angebote bekommen, mit denen wir etwas tun können. Frankl (2005, S. 202) meint: „Den Sinn des Daseins erfüllen wir – unser Dasein erfüllen wir mit Sinn – allemal dadurch, dass wir Werte verwirklichen." Frankl abstrahierte aus der Wertelehre von Max Scheler die drei Wertekategorien, die den gesamten Bereich abdecken, in dem Sinn gefunden werden kann. Wir beschreiben sie hier bezogen auf die Arbeitswelt.

1. Erlebniswerte

Bei den Erlebniswerten geht es darum, dass Werte in der (Arbeits-)Welt erlebt werden, d. h. dass da etwas Gutes und Interessantes ist, an dem man sich erfreuen kann. Haben die einzelnen Mitarbeiter das Gefühl, dass sie etwas Wertvolles (außer ihrem Gehalt) bekommen, etwas erleben können, was sie als gut oder schön empfinden und was ihnen etwas gibt, was sie bereichert, ihnen Freude macht, was sie genießen können, woran sich ihr Herz wärmt? Das kann zum Beispiel sein, wenn man sein Büro mit einer positiv eingestellten Kollegin teilen kann, die einem guttut und einem die Stimmung aufhellt; oder wenn man in einer Hilfsorganisation arbeitet und durch die unmittelbare Hilfe für die „Ärmeren" Freude und Dankbarkeit erlebt.

Jeder kann sich fragen: Gibt es etwas, das mir Freude in der Arbeit macht? Was kann ich genießen? Was wärmt mir das Herz, was gibt mir etwas? Wie sehr erlebe ich die Arbeit und den Arbeitsplatz positiv (z. B. anregende Begegnungen oder meine persönliche Entwicklung) und wie sehr negativ (z. B. eine Arbeitsbelastung, die (er-)drückt)?

Sehr viele Erlebniswerte in der Arbeit hängen mit den sozialen Beziehungen zusammen, die man dort erleben kann. Aber es kann auch der Arbeitsablauf Bereiche des Genießens mit sich bringen, z. B. durch den Wechsel zwischen Innen- und Außendienst, durch das Herumfahren oder durch den schönen Blick aus dem Fenster etc. Die Quellen für Erlebniswerte sind vielfältig und können im Großen und im Kleinen liegen.

Da es in diesem Bereich darum geht, was man bekommt (und nicht darum, was man sich nimmt), ist es empfehlenswert, die eigene Wahrnehmung zu schärfen und achtsamer durch den Berufsalltag zu gehen und immer wieder seine Aufmerksamkeit auf das Schöne und Freudvolle zu richten, das vielleicht doch mehr da ist, als man glaubt.

2. Schöpferische Werte

„Schöpferisch" beinhaltet schon, dass man etwas schöpfen, schaffen kann. „Werte" bedeutet, dass es etwas Wertvolles, Gutes und Wichtiges ist, das man schafft, nicht einfach „irgendwas". Es geht um ein Geben – nicht wie bei den Erlebniswerten um ein Bekommen. Schöpferisch kann man sein, indem man ein Werk schafft (eine Arbeit macht) oder eine Tat setzt, indem man sich beispielsweise für einen Kollegen einsetzt.

Dazu ein paar praktische Hinweise:

- Auch im Kleinen produktiv sein zu können, ist schöpferisch (wenn beispielsweise ein Konflikt gelöst oder ein Vertrag aufgesetzt wird).
- Bei der Arbeit ausreichende Kreativität leben können, macht die Arbeit sinnvoller, beispielsweise bei der Gestaltung des Arbeitsplatzes, des Aufgabenbereiches oder der eigenen Rolle.
- Ziele vereinbaren (statt vorgeben): Wertschätzende und sinnvolle Mitarbeitergespräche führen, die nicht nur eine Pflichterfüllung, sondern wirklich dialogische Gespräche sind, bei denen sich beide Gesprächspartner einbringen und Einfluss aufeinander nehmen können.

- Produktivität und Leistung nicht nur als Nutzwert sehen, sondern auch als Eigenwert der jeweiligen Aufgabe. Das Augenmerk neben der Effizienz (Leistung in der Zeiteinheit) auch auf die Effektivität (Wirksamkeit überhaupt) legen.
- Die Sinnhaftigkeit nimmt zu, wenn man dort schöpferisch werden kann, wo man gebraucht wird oder etwas Positives tun kann.

Auch auf der Unternehmensebene können schöpferische Werte zum Tragen kommen:

- Gemeinsam etwas Neues und Wertvolles schaffen, z. B. durch ein neues Produkt, den Eintritt in einen neuen Markt oder ein Joint Venture mit einem anderen Unternehmen.
- Unternehmensentwicklung hin zu etwas Wertvollem: Entwicklung bedeutet sowohl Aufbau als auch „Abbau" von z. B. nicht mehr benötigten Geschäftsbereichen oder auch Make-or-Buy-Entscheidungen bei der Produktionstiefe. Einzelne Bereiche und Prozesse anpassen: Für welche Produkte ist es sinnvoll, sie weiterzuentwickeln? Richten sich die Verbesserungsprozesse (z. B. KVP – kontinuierlicher Verbesserungsprozess) nur auf ein Ziel oder greifen sie auch einen fühlbaren Wert auf?

3. Einstellungswerte

Frankl versteht unter Einstellungswerten die Weise, wie wir in einer unabänderlichen, schwierigen Situation noch einen Wert finden können. Da die Situation unabänderlich ist (z. B. die Kündigung ausgesprochen, das Unglück geschehen ist), kann der Wert nicht mehr im Außen geschaffen oder erlebt werden, sondern nur noch im Innen gefunden werden. Der Wert liegt darin, wie wir uns zu der Situation einstellen. Denn die Einstellung kann so sein, dass das Unglück noch größer wird oder dass es sich in Schranken hält. Und die Einstellung kann eine Verbundenheit zum Leben zum Ausdruck bringen, sodass man weiterkämpft und sich nicht unterkriegen lässt, indem man das Beste aus der Situation macht, „dem Leben zuliebe".

In der Arbeitswelt kann jemand beispielsweise eine Situation als unausweichlich empfinden, wenn er eine belastende Arbeit verrichten muss und sich nicht beschweren oder kündigen kann, weil er von dem Einkommen abhängig ist. Da kann die Person darauf achten, *wie* sie es trägt und damit umgeht: klagend, sich betäubend, still, aggressiv usw.? In den unterschiedlichen Verhaltensweisen wird unterschiedlich viel Wert verwirklicht. Und in der Frage, *für wen* man etwas macht, ist auch noch eine kleine Zone von Freiheit enthalten. Für wen mache ich das? Für die Familie, für die Kunden, für mich selbst, um anständig zu sein und mir in die Augen schauen zu können etc.? Durch diese beiden Bereiche kann Sinn auch in ausweglosen Situationen gefunden werden – denn Sinn bedeutet allemal, Werte zu verwirklichen.

Pircher-Friedrich (2011, S. 198 f.) gibt Führungskräften als Unterstützung für schöpferische Werte eine Menge von Fragen, die vielleicht inspirieren können. Darum geben wir hier einige aus ihrem Pool wieder:

- Welche Möglichkeiten haben Sie und Ihre Mitarbeiter, Neues zu schaffen, Ihre Ideen einzubringen?
- Werden konstruktive Verbesserungsvorschläge akzeptiert und anerkannt?
- Nutzen Sie die Möglichkeiten, von Kunden zu lernen?
- Denken Ihre Mitarbeiter in Problemlösungen für die Kunden?
- Haben Sie genügend Spielraum, Beschwerden sofort und selbstständig zu behandeln?
- Wie können repetitive Arbeiten gestaltet werden, damit keine Langeweile aufkommt?
- In welchen Bereichen außerhalb des Arbeitsinhaltes könnten Sie sich noch zusätzlich engagieren? Was würden Sie aufgrund Ihrer Fähigkeiten noch gerne einbringen wollen?
- Bekommen Ihre Leute die Arbeitsmittel, die sie zur Ausübung ihrer kreativen Möglichkeiten brauchen?
- Kann sich jeder Mitarbeiter gemäß seinen Stärken einbringen?
- Können Sie und Ihre Mitarbeiter bei der Gestaltung des Arbeitsplatzes mitwirken?
- Werden alle Unternehmensmitglieder gefordert, ständig über Qualitätsverbesserungen nachzudenken?
- Wird Wissen weitergegeben?
- Spüren Sie und Ihre Mitarbeiter eine Herausforderung, ständig an den Zielen des Unternehmens mitzuwirken?

Classen (1999, S. 71 f.) vergleicht die Logotherapie mit der St. Galler Managementlehre. Die zusammenfassenden Ergebnisse sind in Tabelle 10 dargestellt. So ist beispielsweise die Betrachtungsebene der Logotherapie das Individuum, das der St. Galler Managementlehre die Organisation. Die Logotherapie sieht den Sinn als situative Einschätzung einer konkreten Person, der sich durch Werteverwirklichung erfüllen lässt, bei der St. Galler Managementlehre werden nur Facetten und Aspekte herausgearbeitet.

Tab. 10: Zusammenfassung der vergleichenden Betrachtung von Logotherapie und St. Galler Managementlehre (Classen, 1999, S. 71 f.)

Logotherapie	Kriterien-katalog	St. Galler Managementlehre
Individuum	Betrachtungs-ebene	Organisation
Führungskonzept	Einordnung in die Organisationslehre	Organisationskultur
Sinn als situative Einschätzung einer konkreten Person; lässt sich durch Werteverwirklichung erfüllen	Sinn-Begriff	Bleibt unkonkret, es werden nur Facetten und Aspekte herausgearbeitet: z. B. Orientierungsaspekt
Gewissen des Mitarbeiters	Sinn-Organ	Manager
Direkte Abhängigkeit vom Sinnbegriff – Sinnerfüllung durch Werteverwirklichung	Werte-Begriff	Entstehung durch normative Aussagen als eine Aufgabe der Sinnvermittlung
‚Träger' des Sinns	Rolle der Mitarbeiter	Empfänger des vom Vorgesetzten erzeugten Sinns
Schafft Rahmenbedingungen für sinnorientiertes Handeln der Mitarbeiter – nur indirektes Eingreifen	Rolle des Vorgesetzten	Durch Erzeugen des Sinns sorgt er für Ordnung im Geiste – direktes Eingreifen
Mensch hat ein Sinnorgan, kann damit sein Leben bewältigen = ‚Ordnung' schaffen durch Sinnerfüllung – Komplexitätsreduktion durch Zusammenpassen von Sinnstruktur und Sinnanruf	Menschenbild	Zwei Menschenbilder: Mitarbeiter: Unordnung im Geiste, kann vom Menschen selbst nicht behoben werden – Welt zu komplex; „fundamentales menschliches Bedürfnis nach Erklärung seiner Wirklichkeit" (S. 10) Vorgesetzter: hat Fähigkeit zur Komplexitätsbewältigung, schafft sich selbst Ordnung im Geiste und kann diese vermitteln
Leitet sich aus der Systemtheorie her, Unterscheidung zwischen Mittel, Zweck und Sinn	Organisations-verständnis	Leitet sich aus der Systemtheorie her; Sinn als Kennzeichen humaner Systeme

Man kann das Sinnverständnis in der Arbeit vielleicht so zusammenfassen: Existentieller Sinn ist definiert als wertvollste Möglichkeit in der jeweiligen Situation. Das bedeutet einerseits, die Situation auszukosten und zu genießen, wo immer es möglich ist (Erlebniswert). Es bedeutet andererseits, das für mich und mein Umfeld jeweils Beste daraus zu machen, meinen Beitrag zu leisten (schöpferische Werte). Und es bedeutet schließlich, bei unabänderlichem Leid mich zu verändern, zu vertiefen, eine Einstellung und Haltung einzunehmen, die das Unglück nicht eskalieren lässt.

Zur Erlangung von existentiellem Sinn hat die Offenheit eine Schlüsselrolle. Sie lässt sich im Spiegel der vier existentiellen Grundmotivationen folgendermaßen zusammenfassen (Längle, 2007b, S. 128):

- Offen sein für all das, was ist, vielleicht sogar manchmal neugierig sein auf das, was es in der Welt gibt.
- Offen sein für die Werte, also für das, wie wir die Welt und uns selbst erleben; offen auch für das, was in uns vorgeht und was uns die Gefühle mitteilen zu dem, was wir erleben und wie wir handeln.
- Offen sein für die eigene Kreativität und Schöpfungskraft. Sie wird im Willen fassbar und im Entschluss komplett. Sie macht bereit, sich Tag für Tag auf die wichtigsten Fragen einzulassen und auf sie zu antworten.
- Offen sein für die Zukunft, für das, was durch einen selbst werden kann in dieser Welt und offen für das, was ansteht, was zu tun oder genießen ist; offen also für eine Zukunft für uns alle, für ein Miteinander und Füreinander, an dem jeder Mensch unvermeidlich beteiligt ist und sich daher auch beteiligen soll.

Letztendlich geht es beim vierten Schritt auf dem Weg zu mehr Leben und Erfüllung in der Arbeit darum, hinspürend Stellung zu nehmen, sich abzugrenzen und sich im Angesicht der Anfrage der Situation auf sich zu beziehen (sein Innerstes ernst zu nehmen). Es geht darum, seine Vorstellungen einzuklammern, erneut hinzuschauen und sich zu fragen: Wie soll ich in dieser Organisation sein, wie kann ich mich einbringen? Will ich es? Will ich in dieser Organisation diese Arbeit verrichten? Wofür und wozu kann ich mich mit innerer Zustimmung einlassen? Es geht darum, innerlich Ja sagen oder zustimmen zu können zu seinen Handlungen, seinen Zukunftsaussichten, zur Entwicklung und zu den Arbeitsinhalten. Dann habe ich das Gefühl, eine sinnvolle und erfüllende Arbeit zu haben. Ich sehe Werte in der Zukunft und habe Orientierung, kann produktiv sein und mich entwickeln.

Diese Dimension beinhaltet, sich in Übereinstimmung zu bringen und entschieden zu handeln. In Übereinstimmung bringen bedeutet, zu prüfen, ob der Kontext gesehen wird und ob man in ihm sein will; bedeutet, sein Arbeitsfeld anzuschauen, in dem man eingebettet ist, und sich mit dem abzustimmen, was jetzt benötigt wird.

Wo sinnvolles Handeln möglich ist, erkennt man an dem Geforderten bzw. Angebotenen der jeweiligen Situation. Bringt man es in Übereinstimmung mit sich selbst und prüft dabei, ob es auch gut ist für andere und für die Arbeitswelt, wird die Sinnmöglichkeit zum persönlichen Sinn. Das beinhaltet eine Offenheit, ein sich Hingeben und Handeln. Gelingt dies, so bewahrt es einen vor Leere, existentieller Frustration, Verzweiflung und Sucht. Sinn ist eine der Quellen für mehr Leben und Erfüllung in der Arbeit.

6.4.4 Beispiele aus der Praxis

a) Organisationale Ebene:

Der Sinn des Unternehmens kann vielen Bereichen zum Problem werden. Wozu gibt es uns? Das ist eine häufige Frage in den übersättigten Märkten, in denen manchmal spürbar ist, dass sowieso schon zu viel Angebot vorliegt, zu viele Produkte erzeugt werden und sich Unternehmen vorwiegend Kämpfe liefern, um möglichst bald eines zu Fall zu bekommen, damit man selbst (besser) überleben kann oder noch mächtiger wird. Lohnt es sich wirklich, dafür Leben und Kraft einzusetzen? Ist das in einem größeren Stil wertvoll, ein „Wert in der Zukunft", durch den etwas besser wird in der Welt, oder ist es nicht vielmehr Anlass für Verschlechterung und Leid, Menschbelastung und umweltschädlich? – Einige steigen aus, machen nicht mehr mit, weil es ihnen persönlich zu leidvoll ist. Man hat dann vielleicht weniger Einkommen, aber mehr vom Leben.

Wir nehmen eine Begebenheit her, der wir in unserer Arbeit häufig begegnet sind: Die unbefriedigende und menschlich entleerende Unternehmensstrategie, der es vorwiegend um Nützlichkeit geht. Wir haben sie oben unter „Problembereiche" beschrieben.

PEA-0: Das Unternehmen – Zulieferer für Autoindustrie – wird einem Sparkurs unterworfen, Kürzungen werden überall angesetzt. Selbst in Abteilungen, die schon jetzt unter Personalmangel leiden, werden keine neuen Mitarbeiter eingestellt. Unbezahlte Überstunden werden als erforderliche Haltung für die Stützung des Unternehmens eingefordert. Entwicklungsprojekte werden „verschoben" (oder vielleicht doch gestoppt?) und viele der Personalentwicklungsmaßnahmen gestrichen. In Wahrheit geht es dem Unternehmen aber nicht schlecht, nur sind die Zuwachsraten der letzten Jahre nicht so gut ausgefallen.

Eine Zuspitzung erfährt die Situation, als auch der betriebseigene Kindergarten geschlossen wird und gleichzeitig das Chefbüro, das der Vorgänger vor drei Jahren neu und teuer eingerichtet hat, um einen erheblichen Betrag erneuert wird.

PEA-1: Welches Gefühl bekomme ich, wenn ich mein Unternehmen so betrachte, mit der Entwicklung, die es nun genommen hat, und der Ausrichtung, die das Unternehmen derzeit bestimmt? – Es wird der Person kalt, sie fühlt sich freudlos und nicht dazugehörig. Gefühle der Abneigung kommen auf. Sie würde am liebsten nicht mehr in Berührung kommen wollen mit dieser unmenschlichen Atmosphäre und könnte im Grunde weinen, dass das Unternehmen, in dem sie schon seit über zwanzig Jahren arbeitet und bereits eine gehobene Position innehat, nun so ausgepresst wird. Aber sie würde sich diese Gefühle außerhalb des Coachings nicht erlauben und hält sie sich möglichst fern. Doch in dem geschützten Rahmen tut es ihr gut, so offen sein zu können.
Sie spürt, es geht im Unternehmen nun nicht mehr um die Mitarbeiter und um eine kultivierte Produktentwicklung und –pflege, sondern nur noch um das EBIT.
PEA-2: Wie sind diese schmerzlichen Gefühle zu verstehen, wo die Person doch in einer guten Position ist und auch ein befriedigendes Einkommen hat? – Im Coaching äußert sie ganz klar, dass sie sich mit dem Unternehmen identifiziert hat und nun einen langsamen, inneren, mehr gefühlten als gewollten Trennungsprozess erlebt. Sie kann sich mit dem Unternehmen, in dem so viel ihrer Kraft und ihres Engagements steckt, nicht mehr identifizieren, ja, sie lehnt diese Orientierung ab.
Ist ein Verständnis für die Neuausrichtung des Unternehmens da? – Ja, es wird verstanden als allgemeiner Druck der Kapitalgeber und als Philosophie des neuen CEO, dessen Verbleib von den Ergebnissen sichtlich abhängig gemacht wird. Aber es ist nicht zu verstehen, dass die Strategie nicht mehr in Abstimmung mit anderen Ebenen im Unternehmen gemacht wird, so wie das früher der Fall war.
In ihrem tiefsten Gefühl spürt sie, dass dem Unternehmen, seiner Tradition und den Mitarbeitern unrecht getan wird. Und sie weiß nicht so recht, ob es für sie noch stimmt, da dabei zu sein. Sie hält die rein sachliche Vorgangsweise für eine Führungsschwäche und den CEO für zu ängstlich. Darum kommt es zu diesen strengen Vorgaben, die mithilfe einer Unternehmensberatungsfirma von extern durchgezogen werden. Die Person spürt, dass sie das nicht einfach so weiterlaufen lassen kann, sondern dass sie nun, wo sich ihr persönliches Leiden schon so angehäuft hat, Schritte setzen will. Sie will etwas ändern – die Situation oder ihre Lage.
PEA-3: Sie will zunächst offener mit ihren Kollegen sprechen und mit denen, die offen sind, darüber beratschlagen, was sie gemeinsam als Gruppe von Führungskräften tun können, um wieder mehr Menschlichkeit ins Unternehmen zu bekommen. Sie will nicht mehr warten damit

und stellt sich eine eingeforderte Aussprache zwischen der Gruppe der Führungskräfte und dem CEO vor mit einer Unterstützung von außen (aber nicht von dem derzeitigen Beratungsunternehmen). Falls das nicht klappen sollte oder sich nichts verändern ließe (was sie realistischerweise annimmt, weil der CEO kaum fähig ist, aus seinen Angstschleifen auszusteigen, und den Posten behalten will), wird sie auch die nötigen Konsequenzen ziehen, was ihr sehr leid täte. Aber um des inneren Friedens willen würde sie kündigen – und vielleicht jetzt schon die Fühler ausstrecken, wo sie dann hingehen könnte.

In diesem Falle zeigte die eingeschlagene Strategie doch Wirkung und es sah zunächst ganz positiv aus. Doch nach zwei weiteren Jahren waren die hoffnungsvollen Ansätze weitgehend versandet oder wegoperationalisiert worden. Die Person schickte sich an, zu gehen, und war schon intensiv auf der Suche nach einem neuen Betrieb, als der CEO auf äußeren Druck gehen musste, was für alle überraschend war. Die unsensible und rücksichtslose Vorgangsweise des CEO (z. B. Schließen des Kindergartens und gleichzeitig unnötige Renovation des Büros) und die Unruhe im Betrieb blieben dem Aufsichtsrat nicht verborgen und er ortete die Quelle richtig – manchmal kann man doch auch Glück haben ...

b) Führungsebene:

Eine häufige Aufgabe von Führungskräften ist es, ihren Mitarbeitern zu vermitteln, wofür Projekte oder strukturelle Änderungen im Betrieb nötig sind. Wenn die Mitarbeiter keine Perspektiven und Entwicklungsmöglichkeiten sehen, sind sie vernünftigerweise nicht zu motivieren und „ins Boot zu holen". Mitarbeiter sollen von der Führung gefördert, zumindest aber nicht behindert oder schlechter gestellt werden. Der personale Prozess kann angeleitet werden mit den folgenden Schritten:

PEA-0: Der Blick auf die Faktenlage ist die Grundlage. Was ist der reale Anlass für die Zusammenlegung der beiden Abteilungen? Welche Probleme sind an die Führung herangetragen worden, welche hat sie selbst bemerkt? Ist es vorwiegend ein Struktur-, Ressourcen- oder Personalproblem?

PEA-1: Welches Gefühl stellt sich bei mir ein bei der Vorstellung, dass die beiden Abteilungen zusammengelegt werden? Ist es erleichternd oder wird es mir irgendwie eng dabei? Kommt eine Unsicherheit auf, wie die Mitarbeiter sich verhalten werden? Oder werden sie froh sein? Verspüre ich einen Impuls, es möglichst rasch umzusetzen oder doch noch lieber zuzuwarten? Was vermittelt mir die aktuelle Lage im Unternehmen und

in den beiden Abteilungen, wenn ich sie unter dem Blickpunkt der Zusammenlegung betrachte? Drängen sich mir der sachliche Bedarf oder personelle Schwierigkeiten in den Vordergrund?
PEA-2: Verstehe ich, was mir daran schwerfällt und verstehe ich die guten Gefühle? Verstehe ich die zu erwartenden Reaktionen der anderen? Was verstehe ich nicht (z. B. dass der eine Abteilungsleiter, der seinen Job damit verlieren wird, so sehr darauf drängt)? Da wäre es gut, ihn zu fragen …
Habe ich selbst ein Gefühl der Stimmigkeit für diesen Schritt? Spüre ich persönlich, dass das das Richtige ist? Und was ist meine kognitive Einschätzung des Vorhabens: wie teuer ist es, wie riskant, welche Folgen sind zu erwarten? Was spüre ich nun: was will ich aktuell tun? Bin ich nach all den Abwägungen nun noch mehr entschlossen, es anzugehen?
PEA-3: Welche Information gebe ich weiter, an wen und in welcher Reihenfolge? Rufe ich eine Versammlung der einzelnen Abteilungen ein, getrennt oder gemeinsam? Wen soll ich alles zu Rate ziehen, wer fühlt sich durch den Schritt betroffen und sollte daher wie beigezogen werden, um inneren Widerstand zu vermeiden? Welche Feedbackschleifen baue ich ein, wo braucht es vielleicht Unterstützung von außen zur Entlastung des Innenverhältnisses?

c) **Individuelle Ebene:**
Letztlich liegt der Schlüssel zum Sinn in der Einzelperson. Sie allein hat die „Sinnhoheit“. Wir bringen wieder ein ausführlicheres Beispiel:

Herr Gök ist 42 Jahre alt, verheiratet und hat vier Kinder im Alter von sieben bis sechzehn Jahren. Er ist Mitarbeiter in der Informatikabteilung eines internationalen Industriebetriebes mit knapp 8.000 Mitarbeitern weltweit. Sein Aufgabenbereich umfasst in erster Linie die Arbeit am IT-Helpdesk als Hilfe bei EDV-Problemen der Mitarbeiter im deutschsprachigen Raum. Weiters ist er zusammen mit zwei Kollegen dafür verantwortlich, dass das IT-Netzwerk in einem bestimmten Bereich weltweit optimiert wird. Wenn Anfragen bezüglich Änderungen, Verbesserungen oder Erweiterungen aus den Verkaufsniederlassungen oder anderen Bereichen kommen, hat er diese zusammen mit seinen beiden Kollegen umzusetzen.

PEA-0: Deskription – sachliche Beschreibung der Fakten: Was liegt vor?
Herr Gök hat klare Zielvorgaben. Allerdings hat er für die Zielerreichung kaum Freiheiten, da sowohl von der Kundenseite als auch von den An-

forderungen her alles vorgegeben ist. Um Unternehmensziele, Vision und Strategie hat er sich bisher nicht gekümmert (diese wären im Intranet nachzulesen), da er ohnehin so viel zu tun hat, dass er nicht weiß, wie er seine Arbeitsmenge bewältigen soll.

Herr Gök hat diese Arbeitsstelle gewählt, weil er nichts Besseres gefunden hat und mit seinem Verdienst gut für seine Familie (inkl. Ausbildung der Kinder) sorgen kann. Er ist Alleinverdiener. Die Arbeit ist für ihn eine Pflichterfüllung. Die Arbeitsinhalte sprechen ihn nicht an. Seine Arbeit erfüllt ihn nicht und er braucht den Feierabend und das Wochenende, um sich wieder zu regenerieren. Aber das Regenerieren und Erholen fällt ihm immer schwerer.

Wenn er sich die Frage stellt, ob er das will bzw. mit innerer Zustimmung macht, muss er sich sagen, dass er die Arbeit so nicht will, diese aber in Kauf nimmt wegen des Verdienstes.

Mit Blick auf die Schutzreaktionen wird ihm bewusst, dass er nur noch Dienst nach Vorschrift macht und einzelne Aufgaben so lange hinausschiebt wie möglich.

PEA-1: Gefühl: Wie ist das für ihn?

Wenn Herr Gök an seine Tätigkeit am IT-Helpdesk denkt, geht es ihm nicht gut. Denn dort hört er fast nur Beschwerden und Vorwürfe (obwohl er die Probleme nicht verursacht hat). Auch sind die meisten Anrufer sehr ungeduldig und setzen ihn unter Druck. Eigentlich sieht und schätzt niemand, was er dort leistet. Er merkt einen Widerstand in sich – er macht diese Tätigkeit widerwillig. Es wird ihm bewusst, dass er sehr nervös und verspannt ist.

Am liebsten würde er den ungeduldigen Anrufern einmal so richtig seine Meinung sagen, oder noch besser: alles hinschmeißen und diese Tätigkeit nicht mehr ausüben.

Er merkt, dass er durch die Arbeitsmenge und vor allem den Umgang mit aggressiven Anrufern überfordert ist.

Herr Gök wird wütend, einerseits auf sich selber, da er das alles so hingenommen hat, und andererseits vor allem auf seinen Chef, der ihm die Arbeit aufbrummt, und auf die Anrufer, die so aggressiv mit ihm umgehen.

PEA-2: Stellungnahme: Was hält er davon?

Herr Gök versteht, dass es ihm dabei so geht und er wütend wird. Er versteht auch, dass die Anrufer ungeduldig sind, da sie selber unter Zeitdruck stehen und sehr unter Stress leiden. Allerdings versteht er nicht, dass sie so mit ihm umgehen und dass da niemand etwas sagt und sie einbremst.

Er findet es richtig, dass er innerhalb seines Aufgabenbereiches die Anrufer beim Lösen ihrer Probleme anleiten muss. Er hält aber nichts von der Art und Weise, wie sich bestimmte Anrufer ihm gegenüber verhalten. Grundsätzlich meint er, die Leute sollten ihren Stress nicht an anderen auslassen.
Er spürt, dass er da etwas tun will. Er wird versuchen, mit den aggressiven Anrufern anders am Telefon umzugehen. Auch möchte er ein Seminar besuchen mit dem Titel „Umgang mit Reklamationen" und einen erfahrenen Kollegen fragen, wie er mit diesen Situationen umgeht. Denn davon erhofft er sich Tipps zur Erleichterung der Gespräche.
Herr Gök wird auch mit seinem Chef über seinen Arbeitsumfang, die Arbeitsmenge und neue Herausforderungen (bei denen er sich mehr einbringen kann) beim nächsten Mitarbeitergespräch sprechen.
Weiters will er seine beiden Kollegen zu einem Gespräch einladen, bei dem es darum gehen soll, wie sie besser vorgehen könnten (z.B. klarere Aufgabenteilung untereinander und Verbesserung von Prozessen).

PEA-3: Verhalten: Wie kann er das umsetzen, was er will?
Abgesehen von dem, was er sich da vorgenommen hat, will Herr Gök eine existenzanalytische Beraterin oder Psychotherapeutin kontaktieren. Er bevorzugt eine Frau, da er der Meinung ist, dass bei diesen Psychothemen Frauen besser geeignet sind. Mit ihr möchte er mittels der Sinnerfassungsmethode und/oder Willensstärkungsmethode erarbeiten, wie er ein erfüllteres Arbeitsleben erlangen kann. Darüber hat er nämlich schon gelesen und es hat ihn sehr angesprochen. Jedoch schaffte er es nicht, alleine die Methoden bei sich anzuwenden.
Er wird sich bemühen, offener auf die Menschen und Situationen zuzugehen. Um sich daran zu erinnern, kauft er eine Kaffeetasse mit einem Smiley drauf und stellt diese auf seinen Schreibtisch.
Durch das Befassen mit den drei Wertekategorien von Frankl erkennt er Folgendes:
Seine Arbeit kann er als wertvoll erleben, indem er sieht, dass die anderen Mitarbeiter durch seine unterstützende Tätigkeit ihre Arbeit (effizienter) ausführen können. Durch die Effizienzsteigerung wird das Unternehmen konkurrenzfähiger (durch geringeren Aufwand) und der einzelne Mitarbeiter hat evtl. auch weniger Stress, was sich auf seine Gesundheit auswirkt. Somit trägt Herr Gök zum größeren Ganzen bei: Das Unternehmen kann seine Mitarbeiter beschäftigen und diese können dadurch sich selbst und gegebenenfalls auch ihre Familien ernähren. Auch kommt weniger Stress der Mitarbeiter und somit auch ein besserer Gesundheitszustand

wiederum ihnen selbst bzw. deren Angehörigen und sogar dem gesamten Gesundheitssystem zugute!
Herr Gök erkennt, dass er innerhalb seiner Arbeit doch noch Handlungsspielraum hat. Den schöpferischen Wert erhält er durch die Art und Weise, wie er mit den Anrufern im Rahmen des IT-Helpdesks umgeht und indem er mit seinen beiden Kollegen ihre gemeinsame Arbeit verbessert. Seine Einstellung möchte Herr Gök auch ändern: Bei den einzelnen Anforderungen wird er versuchen, nicht zuerst an seine Arbeitsmenge zu denken und wie er das überhaupt bewältigen soll, sondern versuchen, froh zu sein, dass er in diesem Unternehmen gefragt ist und somit hoffentlich noch länger seine „Geldquelle" erhalten wird.

6.4.5 Personale Methoden rund um den Sinn

a) Die Sinnerfassungsmethode von Längle (1988)

Wonach fragt der Mensch eigentlich, wenn er nach Sinn fragt? Er fragt danach, wie er etwas ihm Wertvolles und Gutes leben und sein Leben so auf eine Zukunft hin ausrichten kann.

Über die Voraussetzungen zur Sinnfindung ist schon gesprochen worden (vgl. Kapitel 5.4). Hier geht es nun darum, an den Ressourcen anzusetzen und über methodische Schritte zur Sinnfindung zu kommen. Der existentielle Sinn ist dabei immer definiert als die wertvollste Möglichkeit in der jeweiligen Situation. Der Sinnerfassungsmethode (SEM) liegt das logotherapeutische Sinnverständnis zugrunde.
Die Schritte der Sinnfindung folgen dieser Definition von Sinn und sind im Überblick:

1. Wahrnehmen der Realität und der Möglichkeiten (Bewusstsein): Was liegt vor, was wäre möglich?
2. Werten der Möglichkeiten (Gefühl): Wie wichtig und wertvoll sind die einzelnen Möglichkeiten?
3. Wählen des Wertvollen (Wille): Was will ich?
4. Wirken (Handeln) in der Situation (Motivation): Wann und womit kann ich es tun?

Da alle vier Schritte mit einem „W" beginnen, kann man auch von der „4-W-Methode" sprechen.
Oft ist es bei Sinnarmut oder fehlendem Sinn so, dass es vor allem am emotionalen Bezug fehlt. Am häufigsten geht es bei der Sinnerfassungsmethode darum, die Möglichkeiten in einen emotionalen Bezug zu bringen. Gehen wir aber die Schritte im Einzelnen etwas ausführlicher durch:

1. **Wahrnehmen** der Realität und der Möglichkeiten durch Informationsverarbeitung und Erkennen
   Im ersten Schritt der Sinnerfassungsmethode geht es um das Wahrnehmen von dem, was ist, sowohl der Gegebenheiten und Bedingungen als auch dessen, was nicht festgelegt ist, nämlich der Möglichkeiten. Das nochmalige und genaue Hinschauen auf die Realität stellt eine Prüfung der Sichtweise dar. Eine solche ist durchaus gelegentlich erforderlich, da unsere Wahrnehmung durch Erfahrungen, Erwartungen oder fixierte Vorstellungen teilweise verzerrt sein kann.
   Neben dem klaren Blick auf diese faktischen Gegebenheiten gilt es auch, die Spielräume zu finden und zu nutzen (z.B. Reihenfolge der Handlungen innerhalb der Arbeitszeit oder die Art, wie eine Aufgabe erfüllt wird).
   Im ersten Schritt soll durch eine erweiterte Sicht das Sichfestklammern an Wünschen, Ängsten und Vorstellungen aufgelockert werden.

2. **Werten** der Möglichkeiten durch Fühlen und Wert-Empfinden
   Die wahrgenommenen Möglichkeiten sollen nun gewertet werden, d.h. ihr Wert soll erfasst werden, um herauszufinden, ob sie auch eine reale Sinnmöglichkeit darstellen. Die Inhalte sollen gefühlt werden und in Beziehung zum eigenen Leben und zu dem, was einem wichtig ist, gebracht werden. Das geht nur, indem man eine innere Beziehung aufnimmt. Emotionale Blockaden werden gelockert. Es können auch wichtige und wertvolle Möglichkeiten weiterverfolgt werden, die ansonsten durch eine spontane Neigung zu schlechtem Gewissen, Minderwertigkeit, Unsicherheit oder Schuldgefühlen nicht beachtet würden.
   Es kann vorkommen, dass eine Möglichkeit aus Vernunftgründen als wertvoll angesehen wird (z.B. die Arbeitsstelle zu behalten, weil ein Karrieresprung zu erwarten ist), sie aber keine Sinnergiebigkeit darstellt, da sie sich für das eigene Leben nicht als wertvoll und wichtig anfühlt (z.B. monotone, zu wenig herausfordernde, uninteressante Arbeit). Wichtig ist eben, dass die Werte persönlich als wertvoll, gut, interessant, wichtig gefühlt werden – was über die Rationalität hinausgeht.
3. **Wählen** des Wertvollen durch Urteilen und Entscheiden
   Am Ende des vorigen Schrittes hat man eine Reihe von Möglichkeiten, die bezüglich ihrer Wertigkeit gewichtet sind. Nun geht es darum, die derzeit wertvollste Möglichkeit zu finden und sich für sie zu entscheiden. Neben dem Wert der Möglichkeit werden jetzt auch die Mühe, das

Risiko, die Unsicherheit und die Gefahr von Misserfolgen in Betracht gezogen. Es geht um die Konsequenzen, die die Entscheidung für diese Möglichkeit mit sich bringt. Sich wirklich persönlich für die momentan beste Möglichkeit entschieden zu haben, ist wesentlich für den Sinn. Denn Sinn will einen selbst in die Welt hereinholen und mit dem Dasein „verklammern".

4. **Wirken** (Handeln) in der Situation durch Ausführung und Praxis
   Der Sinn wird erst vollständig, wenn gehandelt wird. Dabei geht es um ganz praktische Fragen, die im Schritt PEA-3 der Personalen Existenzanalyse auch gefasst sind, wie z. B.: Wie wird die Möglichkeit am besten realisiert? Wann wird mit der Umsetzung begonnen? Welche Mittel werden eingesetzt? Wird sonst noch etwas oder jemand dazu benötigt? – Dabei wird ständig überprüft, ob die gewählte Möglichkeit mit ihren Auswirkungen tatsächlich auch so zielführend ist, wie ursprünglich angenommen.

In der Praxis zeigt sich häufig, dass man mit den realistischen Problemen nicht zurechtkommt. Somit wird auch nicht getan, wofür man sich entschieden hat. In diesem Fall gilt es, die Motivation genauer zu betrachten: Ist der Wert gefühlt? Gibt es Ängste? Wenn ja, welche? Ist wirklich eine Entscheidung gefallen? – Unterstützend kann hier mit der Willensstärkungsmethode gearbeitet werden, die daher im Anschluss noch besprochen wird.

Wenn man bereits unter Sinnlosigkeit leidet, kann es sein, dass es nicht genügt, die Sinnerfassungsmethode allein mit sich durchzumachen. Es ist dann besser, sie mit einem existenzanalytischen Berater oder Psychotherapeuten durchzuführen, damit durch die Gelegenheit des Dialogs eine Aufweitung der Sichtweise leichter möglich wird und die „blinden Flecken" nicht mehr so sehr ihr Unwesen treiben können.

b) Die Willensstärkungsmethode (Längle 2000b)

Aus Sicht der Existenzanalyse ist ein Wille dann frei, wenn er auf das Können (Dimension 1), Mögen (Dimension 2), Dürfen (Dimension 3) und Sollen (= dem situativen Anspruch) abgestimmt ist. Das haben wir schon bei den Grunddimensionen der Existenz besprochen. Dabei können diese Dimensionen gegenseitig gewisse Mängel kompensieren. Man kann z. B. etwas wollen, ohne es zu mögen. Dann hat es mit übergeordneten Zielen zu tun, wenn jemand beispielsweise einen Konflikt lösen will, damit er

zusammen mit seinem Team wieder erfolgreich am Projekt weiterarbeiten kann, oder wenn jemand seine Freizeit für eine Weiterbildung hergibt, damit er eine Führungsfunktion übernehmen kann. Je mehr Kompensationsstücke der Wille enthält, desto brüchiger und schwächer ist er.
Mögen kann auf zwei Ebenen stattfinden: auf der psychischen Ebene („weil es angenehm ist") und auf der personalen, noetischen Ebene („weil es wertvoll ist").
Der Wille ist dann stark, wenn er die ersten drei Dimensionen (Können, Mögen, Dürfen) zur Grundlage hat und man durch das Gefühl, dass etwas durch einen selbst und sein Handeln werden soll, herausgefordert ist.

Alfried Längle (2000b, S. 4) beschreibt die Willensstärkungsmethode folgendermaßen: Sie ist eine „Methode der Existenzanalyse und Logotherapie zur Entscheidungsfindung bzw. Stärkung der Entschiedenheit, der Durchhaltekraft und des Ausführungsverhaltens bei willentlich angestrebten Vorhaben. Theoretischer Ausgangspunkt ist das existenzanalytische Willenskonzept, dem zufolge eine „Willensschwäche" primär ein Defizit in der Wertberührung und/oder eine Unklarheit in der Entschiedenheit (Wille) darstellt. Die Willensstärkungsmethode ist klassischerweise indiziert bei Situationen, in denen etwas zwar gewollt, aber nicht getan wird (klinisch besonders bei Motivation zur Suchtentwöhnung), oder wenn Unklarheit bezüglich des eigenen Wollens besteht. Die auf der Grundlage der Sinn- und Wertelehre der Existenzanalyse und sozialpsychologischer Forschungen entwickelte Methode besteht aus fünf Schritten:

1. Grundarbeit (Sachebene): Konturierung der spontanen Beweggründe, z. B. zur Alkoholabstinenz.
2. Problemebene (Problembewusstsein schaffen und Bearbeitung der Zielhemmung): Problematisierung durch Sammeln der Gegengründe, der konkurrierenden Motive, Relativieren möglicher Ziele, Beschreibung zu erwartender Probleme; kognitive Festigkeit der Einstellung durch Kenntnis der (zu bearbeitenden) Gegengründe. Führt zum Abwägen der Wertigkeit und stellt vor Entscheidungen.
3. Verinnerlichung (Beziehungsaufnahme): Wecken der Emotionalität durch Fühlbarmachen der impliziten Werte, die auf sinnlicher Ebene „schmackhaft", „begreifbar" werden sollen (kognitive Entlastung). Ziel: Wertgefühl, Beziehungsfestigung.
4. Sinnhorizont (Beziehungserweiterung und Selbstfindung): Reflexion des Lebenssinns, Zeitstruktur zur Verwirklichung mit Beginn im Heute; Einbindung der Motivation ins Lebenskonzept.

5. Festigung: Entschiedenheit, Vorbauen und Üben (Realisierung): In jeder Situation neuerlich die Entschiedenheit einholen. Erleichterung der Umsetzung durch Strategien, Methodik und Prophylaxe (z.B. Medikamente, Verhaltenstraining, sozialpädagogische Maßnahmen, systemische Veränderungen, Einstellungsarbeit, Traumarbeit usw.)."

Die Methode kann bei typischen Willensproblemen wie bei Überforderung, kognitiver Dissonanz oder Willensschwäche angewendet werden:
Überforderung:
Überforderung kann entstehen durch ein Überangebot (z.B. wenn ich beim Einkauf ein Warenangebot habe, dass sich zwischen den einzelnen Anbietern kaum unterscheidet) oder durch Entscheidungen, die zu rasch gefällt wurden, nicht fundiert sind und daher nicht halten, weil man zu viel will.
Kognitive Dissonanz:
Kognitive Dissonanz besteht, wenn man Wertvolles sieht, es erstrebenswert findet und es auch will, aber nicht tut. So will beispielsweise jemand seine Arbeit im weltweiten Verkauf beenden, weil er merkt, dass die ständigen Reisen in die unterschiedlichen Zeitzonen schädlich für ihn sind, tut es aber nicht.
Willensschwäche:
Eine weitere Anwendung findet die Willensstärkungsmethode, wenn man seine Handlungen bei den ersten Schwierigkeiten immer wieder abbricht, öfters von vorne anfängt, aber selten zu einem Ende kommt.

Das bedeutet, dass die Willensstärkungsmethode bei allen Störungen des Willens gut eingesetzt werden kann, bei denen es um

- Überwindung von Unangenehmem geht (z.B. Konflikt lösen, Weiterbildung am Wochenende).
- Unentschiedenheit, Unklarheit oder Zweifel geht (z.B. Soll ich meinen Job kündigen?).
- mangelnde oder fehlende Durchhaltekraft und Ausdauer geht.

Die Schritte werden anhand folgenden Beispiels erklärt: „Ich sollte mich mehr bewegen."

1. **Grundarbeit auf der Sachebene** (positive Gründe sammeln) = Vorteile sammeln
   Warum soll ich mehr Bewegung machen? Weil Bewegung gesund ist. Warum ist das für mich ein Wert? Damit ich gesund bleibe, beruflich

und privat nicht beeinträchtigt bin, mich wohlfühle und weil ich merke, dass es mir guttut (= persönlicher Wert).
Hilfreiche Fragen für das Sammeln von Vorteilen sind:
- Wofür ist es gut, wenn ich ... ? Weshalb möchte ich ... machen?
- Was hat mich dazu bewogen, wie ist das entstanden, was ist mir dabei wichtig?
- Was habe ich konkret erlebt, woraus schließe ich, dass es gut ist?
- Was weiß ich darüber? Welche Vorstellungen habe ich? Was erwarte ich mir? Für wie realistisch halte ich meine Erwartungen (Wissen, Vorerfahrungen, Vorstellungen, Erwartungen, wie realistisch ist die Spontanmotivation)?

Die Grundarbeit auf der Sachebene zielt ab auf:
- Das Achten auf Konkretheit. Es genügt nicht, zu sagen: „Ich will es machen, weil es besser ist für mich." Es soll möglichst die ursprüngliche Motivation, der erste Impuls, das primäre Angesprochensein erfasst werden.
- Das Erlangen von Klarheit über die Vorteile und spontanen Beweggründe.

2. **Problemebene:** Problembewusstsein schaffen und bearbeiten = Gründe dagegen sammeln
Warum mache ich nicht mehr Bewegung? Ich habe sicherlich auch meine guten Gründe, warum ich es nicht tue. – Es geht in diesem Schritt darum, die Vorteile zu finden dafür, wenn ich mich nicht so viel bewege. Ich bewege mich aus zeitlichen und energetischen Gründen nicht mehr: Da ich arbeitsmäßig überlastet bin, kostet mich mein Beruf alle Zeit und Kraft und daher bin ich am Abend zu müde, um mich noch sportlich zu betätigen, und will auch die noch knapp bemessene Freizeit mit meinem Partner und meinem Kind verbringen.
Ein erster Erfolg für mich wäre, wenn ich meine Freizeit am Wochenende anders gestalten würde: Ich könnte beispielsweise mit der Familie eine Radtour machen und die kleine Tochter auf dem Kindersitz mitnehmen oder eine Wanderung, bei der ich zu Fuß auf den Berg gehe und der Rest der Familie mit der Seilbahn fährt. Dann hätte ich mich bewegt und wäre mit der Familie zusammen.

Hilfreiche Fragen für das Sammeln von Gründen, die dagegen sprechen:
- Was könnte mir Schwierigkeiten/Probleme machen?
- Was ist der Vorteil, wenn ich es jetzt nicht tue, sondern sein lasse?

- Was spricht dagegen, es zu tun?
- Gibt es andere Möglichkeiten, mit dem Problem fertig zu werden, die leichter für mich wären? Hier am „Tiefpunkt“ dieses Schrittes kann ich mir das Gegenteil vorstellen: Wie wäre es für mich, wenn ich das jetzt nicht machen könnte? Was würde ich tun?
- Zum Schluss dieses Schrittes geht es um eine Konkretion der Zielvorstellung: Was wäre für mich bereits ein erster Erfolg? Könnte es auch nur ein kleiner Schritt sein? Welche Bedingungen bin ich dafür bereit, zu akzeptieren?

Bei diesem Schritt ist darauf zu achten, dass das Hemmende auch wirklich umfassend angesprochen wird. Dann kann man sehen, dass die Gegengründe eine Bedeutung haben und es daher nicht angeht, sie einfach zur Seite zu schieben.

Ziel dieses Schrittes ist das realistische Überblicken der Lage mit ihrem Für und Wider. Die Einstellung bzw. der Wille kann nur gefestigt werden, wenn Gegengründe gesehen werden und gefühlt wird, dass die konkurrierenden Motive auch ihren Wert haben. Sonst werden sie einen wieder einholen und man wundert sich später, dass man „so einen schwachen Willen hat“. Wenn man die Gegengründe entkräften kann und sie beim bloßen Betrachten und Aufzählen verblassen, dann wird die Motivation schon an dieser Stelle gefestigt.
Manchmal kommt es auch vor, dass die Gegengründe schwerer wiegen als die Gründe, warum man etwas machen will – dann ist von dieser Willensintention vorerst zu lassen. Es braucht dann einen umfassenderen Zugang oder eine Klärung, ob der Wille einem wirklich entspricht. Man kann z. B. aus sozialer Erwünschtheit einen „Wert“ übernehmen, der einem nicht wirklich entspricht oder so viel bedeutet, dass der Aufwand in Kauf genommen wird (was etwa beim Abnehmen oft anzutreffen ist).

3. **Verinnerlichung:** Beziehungsaufnahme ist das Einbeziehen von Emotionalität
Wenn ich das so umsetzen würde, was würde ich da erleben? Wie wäre das für mich? Welche konkreten Werte könnte ich genießen, würden mich ansprechen und wie bzw. was würde ich dabei fühlen? – Durch dieses innere Nachzeichnen und konkrete innerliche Anfühlen soll eine innigliche Beziehung und Nähe zu dem hergestellt werden, wofür man sich entschieden hat.

Ich bekomme schon beim Gedanken an den Familienausflug ein gutes Gefühl. Ich habe mehr Kontakt zu meiner Tochter, die für mich neben meinem Partner das Wichtigste im Leben ist. Aus Erfahrung weiß ich auch, dass ich durch einen Ausgleich und die Bewegung in meinem Berufsalltag wieder erfolgreicher arbeiten kann und es auch lieber mache. Ich habe das z.B. nach dem letzten Urlaub erlebt. Da bin ich viel mit dem Fahrrad gefahren, während die Familie baden war. Ich habe die Belastungen aus dem Beruf ganz vergessen können, habe eine Freude erlebt, als ich so alleine durch die Landschaft fuhr, und habe gemerkt, dass ich keine so schlechte Kondition habe. Und zurück bei der Arbeit fühlte ich mich frischer, erneuert, fühlte eine Kraft im Brustkorb, atmete leicht. – Ich merke, ich möchte auch Bewegung machen, ohne mit der Familie zusammen zu sein, sondern zwischendurch auch einfach für mich alleine.

Allgemeine Fragen zur Stärkung der Emotionalität im Willensprozess sind:

- Habe ich das, was ich anstrebe, schon einmal erlebt?
- Wie war es? Was hat mir gefallen, was war das Schöne daran?
- Wie hat sich das ausgewirkt, wie habe ich das erlebt, was hat es bewegt, was war anders, was war der Vorteil?
- Auch Meditation des Themas oder kreative Darstellungen (Malen, Ton, Musik, Rollenspiel, Imagination etc.) sind hilfreich. Verbreitet ist auch, es jemandem ausführlich zu erzählen, wie es einem dabei geht (die Anwesenheit eines anderen hilft oft zur Verdichtung von Themen).

Ziel der Beziehungsaufnahme:

- Den Wert ins Erleben zu bringen und dadurch ich-nahe zu machen. Erst durch das „leibnahe“ Anfühlen des Wertes wird seine Auswirkung auf das eigene Leben erfasst.
- Entlastung der Kognition, weil der Wert die Kraft seiner Attraktivität entfalten kann. Statt viel Aufwand in die Disziplin zu stecken, kann man jetzt erleben: „Ich muss ja gar nicht wollen – die Kraft kommt mir von außen zu, wenn ich es mir so konkret vorstelle!“
- Durch diese Übung beginnt man, den Wert zu lieben und er wird ein Teil von einem selbst. Es braucht dann fast schon Widerstand, ihn nicht zu leben. Durch diese Achtsamkeit und „Verkostung des Wertes von innen“, wie es Ignatius von Loyola einmal formulierte, entsteht

ein Zuwachs an Wert mit jedem Tag, jeder Geste, jedem Schritt, der gemacht wurde. Man wird wert-sensibler.

4. **Sinnhorizont:** Erweiterung der Wertbeziehung und Selbstfindung, was bedeutet, den Sinn für das eigene Leben zu sehen
Welchen Stellenwert hat es für mein Lebenskonzept und meine Sinnerfüllung, Bewegung zu machen? Erhält mein Leben dadurch mehr Sinn, wenn ich das tue? Wofür konkret ist es sinnvoll, es zu tun? Geht anderes Sinnvolles verloren? – Es geht nicht einfach darum, Bewegung zu machen, um gesund und leistungsfähig zu sein. Das wäre vorwiegend Nutzwert. Es geht mir auch darum, meiner Freude an der Bewegung wieder mehr Raum zu geben, weil sie meine Lebensfreude steigert. Ich habe dadurch auch mehr vom Leben. Ich möchte mich nicht zu viel zurückstellen mit meinen privaten und persönlichen Bedürfnissen. Ich möchte auch für mich leben, auch mir selbst etwas Gutes tun. Da ist neben der Verantwortung für mich auch meine Beziehung zu mir, die mir wichtig ist. Die ist nicht nur für mich sinnvoll, sondern auch für die Beziehung zu anderen und zu meiner Familie. Wenn ich mit mir gut sein kann, dann kann ich auch besser mit den anderen sein. Und ich möchte meiner Tochter kein schlechtes Vorbild sein, sodass sie später einmal sagt: „So wie du möchte ich nie leben!" Darum ist es auch sinnvoll, wenn ich die Bewegung möglichst mit der Familie koordinieren kann, denn Tochter und Partner sind mir wirklich ans Herz gewachsen.

Durch die Einbettung des Willens in den größeren Lebensbezug wird der Entschluss ganzheitlich, man könnte auch sagen „existentiell", und ins Leben eingebettet.

Allgemeine Fragen zur sinnvollen Einbettung des Willens in das eigene Leben:

- Wofür will ich das eigentlich tun? Wird mein Leben dadurch sinnvoller? Bringt das einen Beitrag zu dem, was mir wichtig ist im Leben?
- Was steht derzeit in meinem Leben an? Brauche ich es für diese Entwicklung? Ist das jetzt wichtig für die derzeitige Lebensausrichtung?
- Was sind die Anforderungen meiner jetzigen Lebenssituation, was braucht es jetzt von mir für die gegenwärtige Bewältigung? Ist dieses Vorhaben eine Voraussetzung oder Erleichterung dafür?
- Wofür habe ich eigentlich zuletzt gelebt? Früher gelebt? Wofür wollte ich eigentlich immer leben?

- In welchen Sinnstrebungen bin ich enttäuscht worden (Sinnfrustration)?
- Wofür, glaube ich, lebt der Mensch? Was kann ich heute dafür tun? Entspricht mir dieses Lebensziel, möchte ich so sein?
- Perspektivenshifting: Wie wird es in fünf Jahren sein und was werde ich dann von dem halten, was ich heute entscheide und tue? Wird es dann auch noch wichtig sein?

Ziel dieses Schrittes ist die existentielle Einbettung des Entschlusses, indem sein Sinn und seine Bedeutung für das eigene Leben gesehen werden.

5. **Entschluss festigen:** Entschiedenheit, vorbauen, üben, realisieren und somit den Willen trainieren
Um mich gleich am kommenden Wochenende zusammen mit meiner Familie zu bewegen, spreche ich mit meinem Partner und wir planen es im Voraus; nicht mehr so ad hoc. Das klassische Beispiel: Wir werden bei schönem Wetter gemeinsam eine Radtour machen und bei schlechtem Wetter ins Hallenbad gehen. Ich werde auch deponieren, dass ich mich bei einer längeren Rast noch etwas mehr austoben möchte und einen Abstecher alleine fahren möchte, um meine Kraft zu spüren, oder noch zwanzig Längen in meinem Tempo ziehen möchte. Damit ist auch schon vorgebaut dafür, dass ich auch auf meine Rechnung komme, und es wird keine langen Diskussionen mehr geben oder stillschweigendes Nachgeben von der Art „Du kannst jetzt doch nicht …“. Zudem ist zweimal die Woche eine Stunde Jogging am Abend fix eingeplant.

Allgemeine Fragen zur Festigung des Entschlusses:
- Was kann mir bei der Durchführung helfen?
- Was brauche ich zur Erleichterung?
- Vor jeder Handlung frage ich mich: Will ich das wirklich tun? Kann ich spüren, was mir wichtig ist? Welche Erschwernisse sind zu erwarten? Was sind besonders rückfallgefährdende Situationen? Wie kann ich denen vorbeugen? Was tue ich im Fall eines Rückfalls? Was kann ich als kontinuierliches Training tun?
- Mit welchem Bild könnte ich den Inhalt meines Willens am besten vergleichen? Was schützt in so einem Bild am besten?
- Womit kann ich mich belohnen, wenn mir ein Schritt gelingt?
- Rückfälle und Einbrüche gehören dazu: Was mache ich, wenn ich es einmal nicht mache?

Ziel der Entschiedenheit: Es auch wirklich tun.

Man kann die Willensstärkungsmethode – wie die Sinnerfassungsmethode – gut für sich alleine anwenden. Bei stärkeren Problemen oder bei wiederholtem Misslingen ist es aber wie immer hilfreich, mit anderen darüber ins Gespräch zu kommen, evtl. sogar mit einem existenzanalytischen Experten. Es ist leicht vorstellbar, dass ein Durchführen-Können des eigenen Willens mannigfaltige Auswirkungen und Rückwirkungen hat. Man wird effizienter, stabiler, verlässlicher usw. Als Rückwirkung ist v. a. die Stärkung des Selbstwertes zu nennen. Denn man kann sich mehr als „Herr im eigenen Hause" fühlen, um ein schönes Bild von Sigmund Freud zu verwenden.

Literaturverzeichnis

Akre V, Falkum E, Hoftved BO & AAsland O (1997) The Communication Atmosphere between Physician Colleagues: Competitive Perfectionism or Supportive Dialogue? A Norwegian Study. In: Social Science and Medicine 44, 519–526

Antonovsky A (1997) Salutogenese. Zur Entmystifizierung der Gesundheit. Dt., erw., hg. v. Franke A. Tübingen: dgvt

Batthyany, A (2016) The State of Empirical Research on Logotherapy and Existential Analysis. In Batthyany A (Ed.): Logotherapy and Existential Analysis: Proceedings of the Viktor Frankl Institute, Vienna. Cham: Springer

Bauer J (2013) Arbeit – Warum unser Glück von ihr abhängt und wie sie uns krank macht. München: Karl Blessing

Bengel J, Strittmatter R, Willmann H (2001) Was erhält Menschen gesund? Antonovskys Modell der Salutogenese – Diskussionsstand und Stellenwert. Köln: BZbA (Bundeszentrale für gesundheitliche Aufklärung)

Benien K (2009) Schwierige Gespräche führen. Modelle für Beratungs-, Kritik- und Konfliktgespräche im Berufsalltag. Hg. v. Friedemann Schulz von Thun. Reinbek bei Hamburg: Rowohlt

Bostelmann M (2013) Einflüsse von Arbeitszufriedenheit und Persönlichkeitsmerkmalen auf die Entstehung des Burnout-Syndroms: Eine Analyse von dispositionellen und situativen Aspekten innerhalb des Lehrerberufes. Hamburg: Diplomica

Burisch M (2006) Das Burnout-Syndrom. Theorie der inneren Erschöpfung. Heidelberg: Springer

Cherniss C (1995) Beyond Burnout. Helping Teachers, Nurses, Therapists and Lawyers Recover from Stress and Disillusionment. New York: Routledge (deutschsprachig: [1999] Jenseits von Burnout und Praxisschock. Hilfen für Menschen in lehrenden, helfenden und beratenden Berufen. Weinheim, Basel: Beltz)

Classen M (1999) Die Bedeutung von Sinn für Individuum und Organisation – Eine vergleichende Betrachtung von Logotherapie und Managementlehre. Diplomarbeit an der Fernuniversität Gesamthochschule in Hagen

Forst M (2007) Gesundheitsmanagement 2007/08. Strukturen, Strategien und Potentiale deutscher Großunternehmen. Hoehner Research & Consulting Group

Frank G (2010) Gesundheitsorientierte Unternehmensführung – Ein Plädoyer für einen Paradigmenwechsel. Skript 4 im Rahmen einer Veranstaltung in Wolfsberg

Frankl VE (1959) Grundriss der Existenzanalyse und Logotherapie. In: Frankl VE, v. Gebsattel V, Schultz JH (Hg.): Handbuch der Neurosenlehre und Psychotherapie. München: UBT, 663–736

Frankl VE (1982) ... trotzdem Ja zum Leben sagen. Ein Psychologe erlebt das Konzentrationslager. München: dtv

Frankl VE (1992) Psychotherapie für den Alltag. Freiburg i. B.: Herder

Frankl VE (1997) Am Anfang war der Sinn. Franz Kreuzer im Gespräch mit V.E. Frankl. München: Piper

Frankl VE (2005) Der leidende Mensch. Anthropologische Grundlagen der Psychotherapie. Bern: Huber

Frankl VE (2007) Ärztliche Seelsorge. Grundlagen der Logotherapie und Existenzanalyse. München: dtv Sachbuch

Frankl VE (2011) Der Mensch vor der Frage nach dem Sinn. Eine Auswahl aus dem Gesamtwerk. Vorwort von Konrad Lorenz. München: Piper

Furnica C (1998) Die „paraexistentielle" Persönlichkeitsstörung. In: Existenzanalyse 15(3), 13–17

Grobner M (2015) Burn-out-Prophylaxe in der betrieblichen Praxis – Vitale Menschen in einer vitalen Organisation. In: Arbeits- und Sozialrechtskartei 19(5), 185–193

Grobner M (2016) Lust auf Führung – FührungsKRAFT entwickeln. Hamburg: Kreutzfeldt

Haller R (2015) Die Macht der Kränkung. Wals bei Salzburg: Ecowin

Johner P, Bürgi D, Längle A (in Vorb. f. 2017) Existential Leadership zum Erfolg. Philosophie und Praxis der Transformation. Freiburg: Haufe

Kaluza G (2011) Salute! Was die Seele stark macht. Stuttgart: Cotta

Karazmann R (1994) Das Burnout-Syndrom. Phänomenologie, Verlauf, Vergleich. Vortrag an der österreichischen van Swieten-Tagung vom 27.10.1994

Karazman R, Karazman-Morawetz J (1996) Sinnfindung und zwischen-menschliche Entwicklung als Kriterien betrieblicher Gesundheitsförderung. Evaluationsversuche mittels „Existenz-Typologie" und „Effekt-Typologie". In: Lobnig H, Pelikan J (Hg.): Gesundheitsförderung in Settings: Gemeinde, Betriebe, Schule und Krankenhaus. Eine österreichische Forschungsbilanz. Wien: Facultas, 87–100

Kinast R, Milz A (2013) Existenzanalyse und Organisationsentwicklung. In: Existenzanalyse 30(1), 15–37

Kolbe C (2001) Gesundheit als Fähigkeit zum Dialog. Zum Personverständnis der Existenzanalyse und Logotherapie. In: Existenzanalyse 18(2–3), 54–61

König A (2014) Im Spannungsfeld zwischen persönlich erfüllter Existenz und Burnout – Eine Untersuchung am Beispiel des Gesundheits- und Krankenpflegepersonals in einer Privatklinik aus existenzanalytischer Sicht. Diplomarbeit an der Sigmund Freud Universität Wien

Künz I (1995) Die psychologische Seite von Geschäftsbeziehungen zwischen Unternehmungen. Dissertation an der Universität Innsbruck

Lalouschek W (2013) Raus aus der Stressfalle. Die besten Strategien gegen Burnout & Co. Wien: Kneipp-Verlag

Längle A (1992) Der Krankheitsbegriff in Existenzanalyse und Logotherapie. In: Pritz A, Petzold H (Hg.): Der Krankheitsbegriff in der modernen Psychotherapie. Paderborn: Junfermann, 355–370

Längle A (1997) Die Angst als existentielles Phänomen. Ein existenzanalytischer Zugang zu Verständnis und Therapie von Ängsten. In: Psychotherapie, Psychosomatik und Psychologie 47, 227–233

Längle A (2000a) Burnout – Existentielle Bedeutung und Möglichkeiten der Prävention. In: Psychologie in Österreich 20(2–3), 106–112

Längle A (2000b) Die Willensstärkungsmethode. In: Existenzanalyse 17(1), 4–16

Längle A (Hg.) (2000c) Praxis der Personalen Existenzanalyse. Wien: Facultas

Längle A (2002) Lehrbuch der Existenzanalyse (Logotherapie). 3. Teil: Zweite Grundmotivation. Wien: GLE-Verlag

Längle A (2004) Dialogik und Dasein. Zur Initiierung des psychotherapeutischen Prozesses und der alltäglichen Kommunikation. In: Daseinsanalyse 20, 211–226

Längle A (2005) Lehrbuch der Existenzanalyse (Logotherapie). Grundlagen. Wien: GLE-Verlag

Längle A (2007a) Sinnvoll Leben – Eine praktische Anleitung der Logotherapie. St. Pölten, Salzburg: Residenz

Längle A (2007b) Lernskriptum zur Existenzanalyse (Logotherapie). Die Grundbedingungen der Existenz: Sein-Können in der Welt oder Die 1. Grundmotivation. Wien: GLE-Verlag

Längle A (2009a) Lernskriptum zur Existenzanalyse (Logotherapie). Dritte Grundmotivation. Wien: GLE-Verlag

Längle A (2009b) Die Sinn-Macht. Leadership und Führungs-Sinn. In: Dahinden L, Freitag T, Schellenberg F (Hg.): Mythos Coaching. Was bringt's? Wie funktioniert es? Zürich: Füssli, 67–78

Längle A (2010) Lernskriptum der Existenzanalyse (Logotherapie). Vierte Grundmotivation. Vollzug der Existenz. Wien: GLE-Verlag

Längle A (2011) Erfüllte Existenz. Entwicklung, Anwendung und Konzepte der Existenzanalyse. Wien: Facultas

Längle A (2013) Lehrbuch zur Existenzanalyse – Grundlagen. Wien: Facultas

Längle A (2016) Existenzanalyse. Zugänge zur existentiellen Psychotherapie. Wien: Facultas

Längle A, Bürgi D (2016) Wenn das Leben pflügt. Krise und Leid als existentielle Herausforderung. Göttingen: Vandhoeck & Ruprecht

Längle A, Orgler C, Kundi M (2000) Existenzskala. Göttingen: Hogrefe

Leibovici-Mühlberger M (2011) Burn On statt Burn Out. Schriftenreihe des Wirtschaftsförderungsinstituts Nr. 347

Leibovici-Mühlberger M (2013) Die Burnout-Lüge – Was uns wirklich schwächt – Wie wir stark bleiben. Wien: edition a

Leiter M, Maslach C (2007) Burnout erfolgreich vermeiden. Sechs Strategien, wie Sie Ihr Verhältnis zur Arbeit verbessern. Wien: Springer

Lévinas E (1978) De l´existance à l´existant. Paris: Gallimard

Lichtenberg R (2001) It's Not Business, It's Personal: The 9 Relationship Principles that Power Your Career. New York: Hyperion

Linneweh K, Heufelder A, Flasnoecker M (2010) Balance statt Burn-out. Der erfolgreiche Umgang mit Stress und Belastungssituationen. München: Zuckschwerdt

Markowetz A (2015) Digitaler Burnout – Warum unsere permanente Smartphone-Nutzung gefährlich ist. München: Droemer Knaur

Maslach C, Leiter MP (2001) Die Wahrheit über Burnout – Stress am Arbeitsplatz und was Sie dagegen tun können. Wien: Springer

Meier Kernen G, Kernen H (2013) Sinnerleben und Burnout-Prophylaxe – Aus Sicht des Ressourcen-Mamagements und der Existenzanalyse. In: Existenzanalyse 30(1), 80–90

Milz A (2014) Widerstände in der Organisationsentwicklung – Hilfreiche Ressourcen oder störende Begleiterscheinungen? Vortrag im Rahmen des Internationalen Kongresses der GLE International in Berlin

Nindl A (2001) Zwischen existentieller Sinnerfüllung und Burnout – Eine empirische Studie aus existenzanalytischer Perspektive. In: Existenzanalyse 18(1), 15–22

Panse W, Stegmann W (2007) Angst Macht Erfolg – Erkennen Sie die Macht der konstruktiven Angst. München: Volk

Pattakos A (2005) Gefangene unserer Gedanken. Viktor Frankls 7 Prinzipien, die Leben und Arbeit Sinn geben. Wien: Linde

Pircher-Friedrich AM (2011) Mit Sinn zum nachhaltigen Erfolg – Anleitung zur werte- und wertorientierten Führung. Berlin: Erich Schmidt

Schütz A, Sellin I (2006) Multidimensionale Selbstwertskala. Göttingen: Hogrefe

Steinert K (2014) (Wie) sprichst Du mit Dir? Anleitung zum inneren Dialog. In: Existenzanalyse 31(2), 46–49

Stumm G (Hg.) (2013) Psychotherapie. Schulen und Methoden. Eine Orientierungshilfe für Theorie und Praxis. Wien: Falter

Sykes B-M (2010) Questioning Psychological Health & Well-Being. Historical & Contemporary Dialogues. Macon GA: Mercer Univ Press

Audio:

Burisch M (2006) in Ö1 Radiodoktor: Medizin und Gesundheit. Burnout

Internet:

Dorsch: Lexikon der Psychologie. Verlag Huber (Juli 2014): https://portal.hogrefe.com/dorsch/depersonalisation/

Gabler Wirtschaftslexikon (August 2014): http://wirtschaftslexikon.gabler.de/Definition/corporate-identity.html

Hogrefe Testzentrale (Jänner 2016): www.testzentrale.de

ICD-Code (2016): http://www.icd-code.de/icd/code/Z73.html

Institut für Sucht- und Gesundheitsforschung ISGF Zürich: Fragebogen zur Erfassung von Mitarbeiterzufriedenheit und Burnout in der Suchthilfe – QuaTheTeam-58: http://www.isgf.uzh.ch/projects/addiction/polysubstance/QuaTheTeam-58/Q_Team_58_kurzversion_2010_DE.pdf

Jiménez P, Dunkl A, Bramberger C (2013): http://new.research-team.at/leistungen/burnout-praevention/

Satow L (2013) Burnout-Mobbing-Inventar (BMI): http://www.drsatow.de/tests/burnout-mobbing-inventar.html Schermuly CC et al. (2011): https://lehrbuch3.s3.amazonaws.com/files/asset/4fc6783c01d53b000100000e/Empowerment__Arbeitszufriedenheit_und_Burnout.pdf

Schermuly CC et al. (2011): https://lehrbuch3.s3.amazonaws.com/files/asset/4fc6783c01d53b000100000e/Empowerment__Arbeitszufriedenheit_und_Burnout.pdf <https://lehrbuch3.s3.amazonaws.com/files/asset/4fc6783c01d53b000100000e/Empowerment__Arbeitszufriedenheit_und_Burnout.pdf
Der Web-Exkurs gehört zum u. g. Lehrbuch und stammt von www.lehrbuch-psychologie.de. © Springer-Verlag Berlin Heidelberg 2011. Aus: Kauffeld, S (2011) Arbeits-, Organisations- und Personalpsychologie – für Bachelor. Berlin, Heidelberg: Springer

Fragebogen LIDA zur Selbsteinschätzung – Leben in der Arbeit

LIDA steht für „Leben in der Arbeit". Die nachfolgenden Fragen dienen der Selbsteinschätzung und Reflexion zu wesentlichen Dimensionen, die Grundlagen darstellen, um aktiv sein Arbeitsleben gestalten, seine Tätigkeit mit innerer Zustimmung verrichten und mehr Leben in seine Arbeit bringen zu können. Dieser Fragebogen richtet sich an Personen, die ein Burnout bei sich vermuten, weil es ihnen in der Arbeit nicht mehr gut geht, oder die vielleicht schon an einem solchen leiden, aber auch an all jene, denen ihre Gesundheit ein Anliegen ist und die sich für mehr Lebendigkeit bei der Arbeit einsetzen möchten.

1. „Können": Gegebenheiten, Bedingungen und Möglichkeiten

Wenn ich an meine Tätigkeit in dieser Organisation denke, dann fühle ich mich:

❍ unsicher ❍ sicher

Warum?

....

....

....

Welche Unsicherheiten, Befürchtungen oder Ängste habe ich?

....

....

....

Was habe ich an Kompetenzen und Potenzial? Was kann ich gut für diese Tätigkeit?

....

....

....

Was fehlt und was davon bräuchte ich, um mich sicher zu fühlen?

- ❍ bessere Kenntnis von Strategien, Strukturen und Kulturen
- ❍ genügend Ressourcen (finanziell, personell)
- ❍ klare Rollen, Erwartungen und Ziele
- ❍ klare Abläufe und Prozesse
- ❍ Vertrauensbekundungen
- ❍ Unterstützung durch die Führungskraft
- ❍ Austauschmöglichkeiten (Know-how, Erfahrungen usw.)
- ❍ Personalentwicklung: persönliche Entwicklung – Qualifizierung, Weiterbildung, Coaching
- ❍ Sonstiges, und zwar:

Aktionsplan – Was mache ich?

1. Gewissheit schaffen: Strategie nachfragen, Unklarheiten klären etc.

   ....

   ....

   ....

2. Kompetenzen erweitern (Personalentwicklung)

   ....

   ....

   ....

3. Erfahrungsaustausch

   ....

   ....

   ....

4. Beziehungen knüpfen

....

....

....

Ziel: Ich kann so arbeiten, dass ich mich sicher fühle.

2. „Mögen": Wert der Arbeit, des Geschäftslebens und seiner Beziehungen

Gerne mache ich bei meiner Tätigkeit bzw. dabei motiviert mich:

....

....

....

Ich mag nicht in meinem derzeitigen Arbeitsleben / ungern mache ich bei meiner Tätigkeit bzw. dabei demotiviert mich:

....

....

....

Wo steht mein Mögen im Widerstreit mit meinem Pflichtbewusstsein?

....

....

....

Welche Lern- und Lebenserfahrungen spielen eine Rolle?

....

....

....

Wo stelle ich mein Mögen zurück? Stelle ich es wirklich zurück oder ordne ich es einem höheren Wert unter?

....

....

....

Was hätte ich gerne anders? Was kann ich selbst ändern oder in Gang bringen? z. B. Anregung beim Chef

....

....

....

Aktionsplan – Was mache ich?

Was?	Wie?	Was/wen brauche ich dazu?	Bis wann?

Ziel: Ich mag so arbeiten und fühle mich dabei wohl.

3. „Dürfen": Anerkennung und Wertschätzung

Darf ich in diesem Unternehmen so sein, wie ich bin – mit meinen Kompetenzen (Begabungen, Fähigkeiten, Fertigkeiten), Entscheidungen und meinem Verhalten? Bin ich hier auch als Mensch gesehen? Darf ich mich einbringen? Werde ich mit meinen Einstellungen und mit meinem Verhalten wertgeschätzt? Wird meine Leistung geschätzt? Fühlt es sich für mich richtig an?

❍ ja ❍ teilweise ❍ nein

Warum? Was habe ich?

....

....

....

Was fehlt und was davon bräuchte ich?

....

....

....

Was hätte ich gerne anders? Was kann ich selbst ändern oder in Gang bringen?

....

....

....

In unserem Unternehmen/meiner Abteilung wird vor allem geschätzt und anerkannt …
Welche Werte gibt es? Motto? Etc.

....

....

....

Ich erhalte von meiner Führungskraft genügend Lob und Anerkennung für meine Arbeit:

❍ ja ❍ nein

Warum?

....

....

....

Möchte und kann ich etwas verändern?

❍ ja ❍ nein

Wenn ja, was?

....

....

....

An meiner Tätigkeit schätze ich:

....

....

....

Aktionsplan – Was mache ich?

Was?	Wie?	Was/wen brauche ich dazu?	Bis wann?

Ziel: Ich darf so arbeiten, wie es mir und meinen Fähigkeiten entspricht.

4. „Sollen und Wollen": Orientierung und Sinn

Will ich in dieser Organisation sein? Will ich dieses Arbeitsleben und diese Tätigkeit?

Ich weiß und spüre, wozu meine Arbeit gut ist. Ich sehe den Zusammenhang, das größere Ganze, in dem ich hier in dieser Organisation, in meinem Aufgabenbereich und Tätigkeitsfeld stehe und wofür ich arbeite. Ich spüre, dass ich an dieser Arbeitsstelle benötigt werde und auch, dass ich das machen soll. Ich fühle mich an der richtigen Stelle.

❍ ja ❍ teilweise ❍ nein

Warum? Was habe ich?

....

....

....

Was fehlt und was davon bräuchte ich?

....

....

....

Was hätte ich gerne anders? Was kann ich selbst ändern oder in Gang bringen?

....

....

....

Aktionsplan – Was mache ich?

Was?	Wie?	Was/wen brauche ich dazu?	Bis wann?

Ziel: Ich will so arbeiten. Ich kann mich entfalten und verwirklichen und die Arbeit ist für mich sinnvoll und erfüllend. Ich bin mit innerer Zustimmung bei der Arbeit!

Silvia Längle, Barbara Gawel (Hg.)

Themen der Existenz – Existenz in Themen

Ein Lesebuch zur Existenzanalyse

facultas 2016, 236 Seiten, broschiert
EUR 22,90 (A) / EUR 22,30 (D) / sFr 28,50 UVP
ISBN 978-3-7089-1386-5

Wenn man in der Psychologie von der Existenz des Menschen spricht, geht es auch um das Dasein. Existieren bedeutet Ausgerichtet-Sein auf größere Zusammenhänge, in denen wir stehen, wie etwa Familie, Arbeitsplatz, Umwelt, Berufung. In diesem Eingebettet-Sein und Aufgehen in anderem findet sich der Sinn des Lebens. Dieses Buch fächert die Existenz des Menschen in Themen auf und betrachtet sie einzeln: Das Streben nach Glück und Liebe, die Offenheit sich selbst, dem Leben und dem anderen gegenüber, der Umgang mit verletzten Gefühlen, Orientierungssuche, aber auch Ethik, Lebenssinn und Hoffnung werden in 19 Essays besprochen. Themen, mit denen jeder Mensch auch im eigenen Leben zu tun hat und die die existenzanalytische Praxis herausfordern. Damit ist dieses Buch eine Sammlung an Beispielen und Grundlagen für Ausbildung, Weiterbildung und therapeutische Praxis.

www.facultas.at/verlag

facultas